CHONGGOU HAIZI DE SHIJIE
YOUERYUAN JINGDIAN ZHUTI
HUODONG CHUANGXIN SHEJI

小班

重构孩子的世界

幼儿园经典主题活动创新设计

牟秀玲◎主编

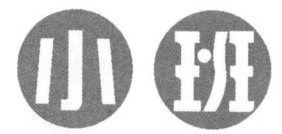

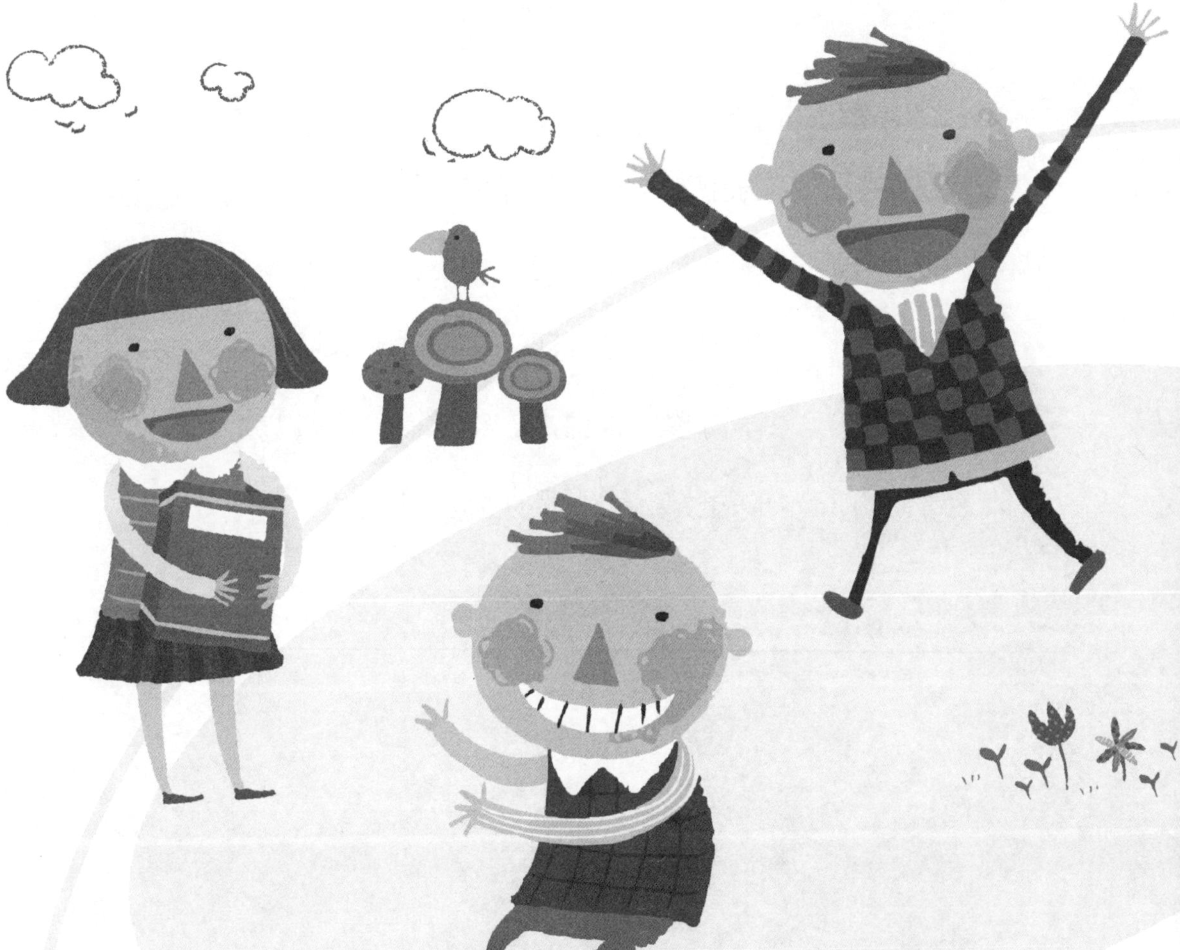

宁波出版社
NINGBO PUBLISHING HOUSE

本书编委会

主　编　　牟秀玲

副主编　　陈淑蓉　朱　珏　洪　艳　吴沁芳

成　员　　胡　敏　陈　夏　胡忠丽　张琛轶

　　　　　　忻罗增　戴应萍　王银儿　吴晓贞

　　　　　　李海珍　张锦杰　张微微　舒丹丹

　　　　　　陈圣婷　张　璐　陈霁虹　叶　彦

前　言

献给一线的幼儿教师

当我们问一位年轻教师,怎样备课最方便,答案多半是"参考教材"！我们完全能够理解这种想法。一本优质的教师参考教材可以为一线教师制订教育计划提供有用的参照和指导。

但是,随着《3～6岁儿童学习与发展指南》(以下简称《指南》)的正式颁布,我们有必要反思使用多年的课程教材是否还适用于今天课程改革的需要。在相互调适的课程实施取向下,对于原来使用的课程教材我们要进行怎样的二度开发,才能满足儿童学习与发展的需要,为儿童的学习与发展提供保障呢？带着这样的思考,我们尝试着对浙江省编《幼儿园课程指导》进行了本土化的研究和实践。

我们的骨干教师们在教育教学实践中,以《幼儿园课程指导》为蓝本,充分挖掘相关课程资源,对原有的课程教材进行了深度加工,经过价值判断、慎重选择和精心设计,我们梳理重构了8～10个最贴近幼儿生活的主题,涉及季节、节日、动物、自我等方面,形成了小、中、大三个年龄段经典主题课程的雏形。这本书呈现给大家的就是我们在《指南》背景下,在保留并重构原有课程教材中经典集体教学内容的基础上,对幼儿生活、个别化学习、游戏等内容进行了相关拓展,将幼儿的学习真正融入一日活动的整体设计中。

年轻的教师们,当你们翻开这本书,会发现它给予你们的是围绕每一个主题所涉及的主要活动的展开思路以及集体、个别、小组学习和游戏活动的详细方案；同时,考虑到环境和家长也是重要的课程内容,我们设置了结合主题的环境创设和家长工作板块,希望能给你们一定的参考；此外,为了不打破幼儿园数学活动的系统性,你们会看到,除了系列主题活动外,这本书还附有完整的数学教学活动计划,便于教师系统地实施幼儿园数学教学。

我们期望通过这本书,教师们能够更加清楚"一日活动皆课程"不仅仅是口号,而是真正落实在幼儿园一日活动的生活、学习、游戏、运动的过程以及环境中；我们期待通过这本书，教师们能够增强课程实施意识，即通过实施完整的主题课程来实现《指南》所提出的对儿童发展的合理期望。

为年轻教师在备课时提供一个方向性的参考只是我们的一个小愿望，我们之所以对课程进行二度开发，其中还有深层的愿景。

我们期待——教师能够在我们对经典主题内涵与外延的阐释中增强对主题内容的判断与选择能力。

我们期待——我们提供的每一个修订后更吻合《指南》的主题目标能使你明白，怎样的目标指向才是孩子们经过主题内容的学习可以自然达到的，而不需要额外的学习或训练。

我们期待——通过对原有集体教学的减量增质、保留经典集体教学活动的方式引导你去思考：怎样的集体教学既凸显了主题教育的关键，又适合以集体学习的方式来开展。

我们更期待——年轻的教师通过参阅我们将经典主题教育内容进行延伸，拓展生活、区域内容的做法，受到启发，能围绕一个主题，以个别化的学习、日常生活、游戏等形式来开展教学，灵活创造地使用教材。

我们也贪心地期待——通过学习对跟随主题、追加游戏与活动内容的设计，教师们学会积聚力量，将与主题相适应的规则游戏以及创造性的游戏有机地渗透到主题课程中去，解决教学中游戏缺失的问题。

总之，课程是儿童成长的生命之根，它要求教育要立足"自然"，扎根"自然"。为此，我们付出了巨大的努力，但这更需要年轻教师们的积极回应，才能让我们在实践过程中跟随幼儿的发展，不断调整和完善我们的课程，给予孩子们最美好的童年。

大家一起努力！

牟秀玲

2016年5月于初夏的宁波

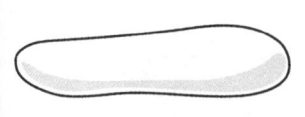

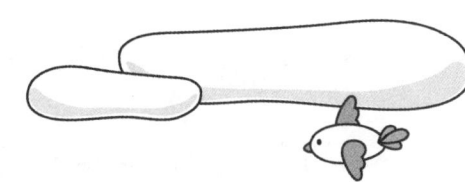

目 录

前言　献给一线的幼儿教师　　　　　　　　　　　01

上 册

我上幼儿园了　　　　　　　　　　　　　　　03

开心宝宝 / 05
手拉手做朋友 / 17

秋天到了　　　　　　　　　　　　　　　　　29

秋叶飘　桂花香 / 30
秋天好　果实多 / 41

亲亲小动物　　　　　　　　　　　　　　　　57

小兔乖乖 / 59
乌龟爬爬 / 73
家有宠物 / 85

冬天里　　　　　　　　　　　　　　　　　　103

北风娃娃 / 104
过新年 / 117

数学活动　　　　　　　　　　　　　　　　　　　　　　　　　　　　129

活动1：送片片回家／130

活动2：将相同颜色的物体归类／131

活动3：分水果／132

活动4：排除大小干扰按颜色分类／133

活动5：排除形状干扰按大小分类／134

活动6：按大小排序／135

活动7：一一对应1／136

活动8：一一对应2／137

活动9：按形状归类／138

活动10：排除其他特征干扰按颜色分类／140

活动11：上下关系／141

活动12：里外关系／142

活动13：毛毛虫的花衣裳／144

活动14："1"和"许多"／145

活动15：1~3 按数量排序／146

下　册

过年真好　　　　　　　　　　　　　　　　　　　　　　　　　　　　151

红红火火／153

甜甜蜜蜜／166

我爱你　　　　　　　　　　　　　　　　　　　　　　　　　　　　　181

妈妈的节日／183

在一起真开心／193

　　我自己来 / 204

春娃娃来了　　　　　　　　　　　　　　　　　　　　213

　　小草绿了 / 214

　　小动物醒了 / 228

我来试一试　　　　　　　　　　　　　　　　　　　　245

　　吹泡泡 / 247

　　方方和圆圆 / 256

热乎乎的夏天　　　　　　　　　　　　　　　　　　　265

　　虫虫飞 / 267

　　清洁宝宝 / 283

　　夏天真好玩 / 297

数学活动　　　　　　　　　　　　　　　　　　　　　311

　　活动 1：用实物再现图片中的造型 / 312

　　活动 2：比比哪个多哪个少 / 313

　　活动 3：小刺猬的项链 / 314

　　活动 4：长短排序 / 315

　　活动 5：认识多、少、一样多 / 316

　　活动 6：4 以内的等量集合 / 317

　　活动 7：5 以内的等量集合 / 318

　　活动 8：按点数取物（5 以内）/ 319

　　活动 9：点物接龙（5 以内）/ 320

　　活动 10：点子卡排序 / 322

　　活动 11：做颜色标记 / 323

活动12：认识5以内的数量／324

活动13：礼物（按点数取物）／325

活动14：摄影展（按数量分类）／326

活动15：认识比5少的数量／327

上 册

我上幼儿园了

主题说明

宝宝上幼儿园了！当幼儿第一次离开家、离开爸爸妈妈，走进陌生的幼儿园，总会不同程度地表现出紧张、无助、恐慌、委屈和忧伤。有的会以哭闹、喊叫的方式宣泄自己的情绪，有的会表现为固执、压抑和抗拒。这时，教师们在新学期面临的第一个课题就是安抚宝宝们紧张的情绪，缓解他们入园的焦虑，使幼儿能尽快适应幼儿园的集体生活。

幼儿在幼儿园里表现出紧张不安的原因是多方面的，如：婴儿期建立起来的深刻的亲子依恋让幼儿产生了"分离焦虑"；幼儿园陌生的环境和与家庭不同的行为方式给幼儿带来了不安全感；幼儿认知水平的限制等等。因此，让幼儿较快地融入幼儿园的集体生活并不是一件容易的事。需要教师在幼儿入园初期时用十二分的爱心和耐心营造一个充满爱的环境，缩小幼儿园与家庭环境的差异，让幼儿逐渐喜欢老师、喜欢幼儿园，慢慢产生"幼儿园像我家，老师像妈妈"的认同感。

在活动的开展中，应重点通过有趣的玩具和游戏吸引幼儿的注意，使他们暂时忘记和家人的分离。如：在幼儿园娃娃城玩耍、荡秋千、玩各种好看的木偶、区域材料，和老师、同伴一起唱歌、游戏等等。在这些有趣而丰富多彩的游戏中，使他们逐渐亲近老师、亲近同伴，感受幼儿园里大家庭的温暖，能高高兴兴地上幼儿园。

新生入园，环境的创设主要要体现温馨、宽松的氛围，活动区的材料要丰富、有趣、易操作，能吸引幼儿。在入园初期，有些家长也非常焦虑，因此老师在工作中要真诚、尊重、平等地对待家长，减少家长的焦虑，指导家长养成正确的教养习惯，取得家长的信任和配合。

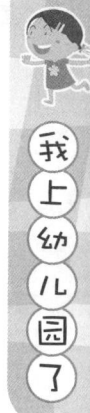

主题目标

1. 稳定幼儿情绪,引导他们乐意上幼儿园,乐意认识和亲近教师、同伴,减轻入园焦虑。
2. 乐意参与各项集体游戏活动,感受集体活动带来的乐趣。
3. 认识自己的标记,学习简单的幼儿园集体生活的行为规则,逐步适应幼儿园的生活。

主题活动一览表

主题	形式	活动名称	活动目标	侧重领域与涉及领域
开心宝宝	集体学习活动	高高兴兴上幼儿园	1. 喜欢看手偶表演,愿意说出自己的认识和感受,学说故事中的简单对话 2. 知道要高高兴兴上幼儿园	语言 社会
		见到你呀真高兴	1. 认识小朋友,知道小朋友的姓名 2. 体验与同伴在一起的快乐	社会 语言
		吹泡泡	1. 尝试用圆形(三角形、正方形)吹泡器吹泡泡,感知不同形状的吹泡器吹出来的泡泡的特点,并能用语言描述泡泡的形状 2. 喜欢吹泡泡活动,体验成功吹出泡泡的乐趣	科学 语言
		我爱我的幼儿园	1. 理解歌词内容,初步学习用自然的声音愉快地歌唱 2. 积极参与歌唱活动,并体验与别人一起歌唱的欢乐	艺术 社会
		玩具找朋友	1. 能把同类的玩具放在一起,发展幼儿的观察力和初步的归类能力 2. 对计算活动有兴趣,能按老师的要求去做	计算 社会
	备选集体学习活动	吹泡泡	1. 在看看、玩玩、说说中,愉快地学习儿歌《吹泡泡》,发音正确 2. 体验与同伴共同游戏的快乐	社会 语言

续表

主题	形式	活动名称	活动目标	侧重领域与涉及领域
开心宝宝	个别、小组学习活动	美工区	学习用瓶盖蘸各种颜色印画泡泡,感受玩色活动的乐趣	
		益智区	引导幼儿按物体的颜色、形状、大小等进行分类	
		阅读区	提供图片或指偶,通过说一说、演一演,感受和同伴一起玩的快乐	
		生活区	通过用小勺、夹夹子等操作活动,锻炼幼儿小肌肉,提高手指运动能力	
		角色区	通过在娃娃家的模仿游戏,丰富幼儿的生活经验,发展幼儿的语言交往能力和想象能力	
	规则游戏活动	找小动物	1. 练习四散跑和听信号跑,感受和同伴一起游戏的快乐 2. 懂得一起游戏时不碰撞、不拥挤	
		大气球	1. 愿意参与集体游戏活动,能在活动中按教师的指令做动作 2. 学习大家合作拉圆圈	
		让我猜猜你是谁	熟悉同伴的声音和外貌特征。乐意参与游戏,体验游戏的快乐	
		笑着动一动	能跟着教师的指令做相应的动作,体验大家一起玩游戏的快乐	
		照镜子	能模仿教师或同伴的动作	

环境创设与区域设置

环境创设

⊙ 主题墙

环境布置体现温馨、舒适。主题墙可以选用动物形象创设"高高兴兴上幼儿园"的主题。还可以收集幼儿全家福的照片来布置主题墙,使幼儿产生熟悉感。

区域设置

⊙ 美工区

学习用瓶盖蘸各种颜色印画泡泡,感受玩色活动的乐趣。

⊙ 益智区

提供各种小拼图等玩具。

通过"喂小动物"游戏引导幼儿按物体的颜色、形状、大小等进行分类。

⊙ 阅读区

提供"高高兴兴上幼儿园"的图片或指偶,通过说一说、演一演,感受和同伴一起玩的快乐。

⊙ 生活区

提供珠子、小勺、夹子等小肌肉动作练习的材料,锻炼幼儿的小肌肉。

⊙ 角色区

设立娃娃家,进行模仿游戏。

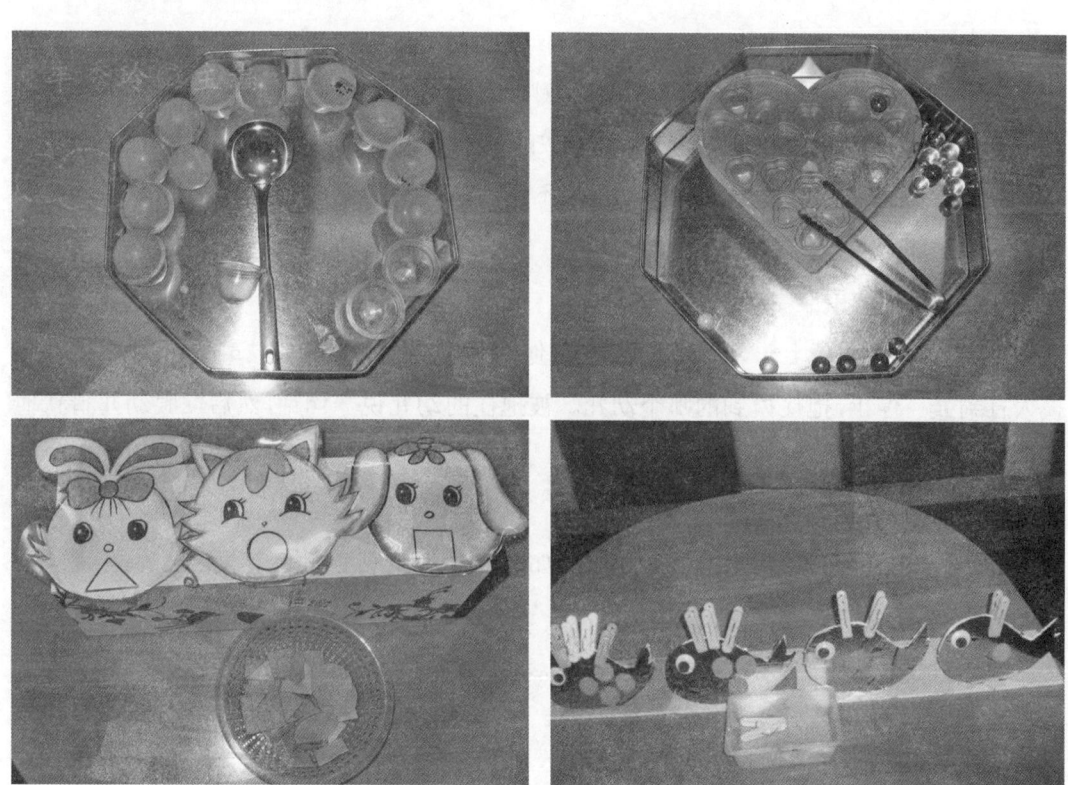

日常活动与游戏

日常活动

⊙ 我的动物朋友

在日常生活中认识自己的标记,知道要使用有自己标记的物品。

⊙ 开火车

用开火车的游戏形式组织排队和散步。

⊙ 我们的幼儿园真大

通过散步活动参观幼儿园,认识幼儿园的环境。

游戏

⊙ 找小动物

教师说儿歌,幼儿说出儿歌中找的是谁,并跑到小动物的家找小动物,找到后说:"我找到××了!"并学这一动物的叫两声,或学其走路姿势,再跑回来。

⊙ 大气球

教师和幼儿手拉手围成一个大圆圈。教师说"漏气"的时候,所有幼儿手拉手一起往圈中心走,以示气球漏气变小(不能松手);教师说"打气"的时候,所有幼儿手拉手一起向外退,把圆圈变大,以示气球充气后变大(也不能松手);教师说"气球爆炸了",所有幼儿一起把手放开,四散跑,以示气球破了。

⊙ 让我猜猜你是谁

游戏开始,用布蒙上一名幼儿的眼睛,其他幼儿在座位上站好。鼓声响起,蒙眼的幼儿摸人直到鼓声停止,抱住摸到的那个幼儿。被抱住的幼儿说一句话,然后蒙眼幼儿猜猜他是谁。

⊙ 笑着动一动

引导幼儿根据教师的提示做相应的动作,如带着微笑跑、踮着脚走、摸摸自己的耳朵等等。

⊙ 照镜子

教师做什么动作,幼儿就跟着一起做什么动作。教师换动作,幼儿马上换动作。

家长工作

1. 建议家长每天按时送幼儿上幼儿园,不随便请假或迟到,让孩子尽快适应幼儿园的生活。在送幼儿入园后及时离开,中途不随意来探望幼儿。

2. 召开家长会,向家长介绍小班幼儿的年龄特点、稳定幼儿情绪的方法。向家长反馈幼儿在园的情况,取得家长的信任和支持。

集体学习活动方案

活动1：高高兴兴上幼儿园

活动目标

1. 喜欢看手偶表演,愿意说出自己的认识和感受,学说故事中的简单对话。
2. 知道要高高兴兴上幼儿园。

活动准备

1. 《幼儿园课程指导》第5页。
2. 小花猫、小白兔、小鸭子手偶。
3. 磁带、录音机。

活动过程

(一)出示小白兔手偶,引出手偶戏

(教师出示小白兔手偶,和小朋友们打招呼。)小朋友们你们好！知道我是谁吗？

今天我要给大家表演一个节目,请小朋友们仔细地看。等一会儿,我要考考你们,请你们说说我表演了一个什么样的节目。

(二)表演手偶戏"高高兴兴上幼儿园",幼儿观看表演

(教师表演一遍手偶戏)木偶表演里有哪些小动物高高兴兴地上了幼儿园？

上幼儿园的路上,小白兔先碰到了谁？后碰到了谁？(帮助幼儿理解"先"和"后")

小结：原来,故事讲的是小兔子、小鸭子、小花猫一起高高兴兴上幼儿园的事。

(三)再次表演手偶戏,鼓励幼儿学说各角色的对话

接下来,我们再来听听这个故事,故事里都有谁？

提问：小白兔高高兴兴地要到哪里去？

后面来了什么小动物？它是怎么叫的？

小白兔是怎么说的？小鸭子又是怎么回答的呢？它们一起怎么样地上幼儿园了？

路上又遇到了谁？两个好朋友是怎么问的？小花猫又是怎么回答的呢？

三个好朋友是怎样上幼儿园的？

(四)我们宝宝是怎样上幼儿园的？(幼儿自由回答)

小结：故事中的小白兔、小鸭子、小花猫三个好朋友手拉手,高高兴兴地一起上幼儿

园。刚刚很多小朋友也告诉老师,要高高兴兴上幼儿园,对吗?宝宝们在幼儿园里可以和老师、小朋友们一起玩很多好玩的游戏呢!所以,宝宝们要笑眯眯地、高高兴兴地上幼儿园呀!

附:故事

高高兴兴上幼儿园

今天,幼儿园开学了。小白兔起得特别早,它笑眯眯地、高高兴兴地去上幼儿园。它走着走着,忽然听见后面有人叫:"嘎嘎嘎,嘎嘎嘎。"小白兔回头一看,噢,原来是小鸭子。小鸭子笑眯眯地,一摇一摆地走过来了。小白兔问:"你早!小鸭子,你上哪儿去?"小鸭子说:"我上幼儿园!"两个好朋友,手拉手,高高兴兴上幼儿园。它们走呀走呀,忽然听见后面有谁在叫:"喵喵……喵喵……"他们回过头一看,噢,原来是小花猫。"你早!你上哪儿去?"它俩一起问。小花猫说:"我上幼儿园!"三个好朋友手拉手,高高兴兴地去上幼儿园。

活动2:见到你呀真高兴

活动目标

1. 认识小朋友,知道小朋友的姓名。
2. 体验与同伴在一起的快乐。

活动准备

1. 《幼儿园课程指导》第16页。
2. 幼儿活动操作材料人手一份。

活动过程

(一)谈话导入

宝宝们,你们早上来幼儿园时看到班里有哪位小朋友已经到了?

(二)温馨点名

老师叫小朋友的名字,叫到的小朋友要从座位上跑到大家面前,边跑边说:"哎,我来啦。"接着这位小朋友要对大家说:"大家好,见到你们真高兴。"我们所有的小朋友就跟着老师一起回应"××小朋友你好,见到你呀真高兴。"

（三）认识我邻座的小朋友

跟老师一起来念儿歌《见到你呀真高兴》,我们一起边念边做动作。

（四）幼儿念儿歌数遍

宝宝们,你们能告诉大家,你旁边的小朋友叫什么名字吗？一个一个轮流说。

一起和旁边的小朋友拉手念儿歌。

（五）阅读幼儿用书

翻开幼儿用书,书上的小朋友在做什么呢？

你能说说你自己有哪些好朋友吗？以后见到他可以怎么说、怎么做呢？

附：儿歌

见到你呀真高兴

你呀,我呀

你呀,我呀

我们都是好朋友

拉拉手呀,抱一抱呀,见到你呀真高兴！

活动3：吹泡泡

活动目标

1. 尝试用圆形（三角形、正方形）吹泡器吹泡泡,感知不同形状的吹泡器吹出来的泡泡的特点,并能用语言描述泡泡的形状。

2. 喜欢吹泡泡活动,体验成功吹出泡泡的乐趣。

活动准备

1. 南京版《科学》小班第77页。

2. 肥皂水一盆。

3. 用铁丝自制的圆形、方形、三角形吹泡器,杯子。

活动过程

（一）谈话引出课题

小朋友,我们洗手时要用到什么?手上擦了肥皂之后,再搓一搓,你会发现什么?

（二）引导幼儿吹泡泡,激发幼儿兴趣

教师示范用圆形吹泡器吹泡泡,再请个别幼儿吹泡泡,请大家观察泡泡的形状。

（三）尝试探索用不同形状的吹泡器吹泡泡,感知泡泡的形状

用它能吹出什么形状的泡泡?（出示圆形的吹泡器）

用它能吹出什么形状的泡泡?（出示正方形的吹泡器）

（教师示范用正方形的吹泡器吹泡泡,请幼儿看）你看到的泡泡是正方形的吗?

猜猜三角形的工具吹出来的泡泡会是什么样子的?（出示三角形的吹泡器）用它能吹出什么形状的泡泡?

（请幼儿选择自己喜欢的吹泡器,尝试吹泡泡,感知泡泡的色彩、大小和多少。并交流自己在其中的发现）

你用的是什么形状的吹泡器,吹出的泡泡又是什么形状的?（幼儿自由讨论、发言）

小结:不管用圆形、正方形还是三角形的吹泡器,吹出的泡泡都是圆形的,这和吹泡器的形状没有关系。

活动 4：我爱我的幼儿园

活动目标

1. 理解歌词内容,初步学习用自然的声音愉快地歌唱。

2. 积极参与歌唱活动,并体验与别人一起歌唱的欢乐。

活动准备

1. 《幼儿园课程指导》第 4 页。

2. 幼儿在园内生活的照片若干张（幻灯片形式）。

活动过程

（一）欣赏小朋友在幼儿园的生活照片,聆听教师示范唱歌

共同分享照片的内容,教师启发幼儿说说照片上是什么。

教师边指照片,边示范唱歌一遍。

教师以愉快的情绪边做动作边示范唱歌曲两遍。

(二)学唱歌曲

教师用留白的方式提问歌词,引导幼儿有重点地学唱。

引导幼儿跟唱,并尽可能带领幼儿边唱边做相应的动作。

(三)师生共同演唱歌曲

唱到"大家一起真快乐"时,引导幼儿和周围的好朋友搂一搂、抱一抱。

(四)简单创编歌词进行表演

自由创编歌词来替换"又唱歌来又跳舞"这句,如"又画画来又游戏"等等,边唱边做动作。

附:歌曲

我爱我的幼儿园

1=C 2/4　　　　　　　　　　　　　　　佚 名词
　　　　　　　　　　　　　　　　　　　佚 名曲

1 2 3 4 | 5 5 5 | 5 5 3 1 | 2 3 2 |
我爱我的 幼儿园， 幼儿园里 朋友多。

1 2 3 4 | 5 5 5 | 5 5 3 1 | 2　3 | 1　0 ‖
又唱歌来 又跳舞， 大家一起 真　快　乐。

活动 5:玩具找朋友

活动目标

1. 能把同类的玩具放在一起,发展幼儿的观察力和初步的归类能力。

2. 对计算活动有兴趣,能按老师的要求去做。

活动准备

1. 南京版《科学》小班第 42 页。

2. 积木、雪花片、木珠宝宝的头饰,纸箱 3 个。

3. 积木和雪花片、木珠若干。

活动过程

(一)3位大班幼儿戴着头饰分别扮演积木宝宝、雪花片宝宝、木珠宝宝

今天我们班来了几位玩具宝宝,它们都是谁呢?来干什么呢?

(请玩具宝宝自我介绍一下)积木宝宝:"嘿,大家好,我是积木宝宝。";雪花片宝宝:"大家好,我是雪花片宝宝。";木珠宝宝:"小朋友好,我是木珠宝宝。""今天我们是来找好朋友的。"三位宝宝一起说。

三位玩具宝宝都做了自我介绍了,小朋友也来热情地向他们问个好吧。(引导幼儿进一步认识三种玩具的名称)

(二)请幼儿带玩具宝宝找朋友

1. 刚才三位玩具宝宝跟老师说了,它们的好朋友不见了,小朋友们,我们一起帮玩具宝宝找一找,好吗?

2. 积木宝宝:"我的好朋友的样子和我是一样的,它们是木头做的,有各种形状和颜色,小朋友们如果找到了,就放进我手中的纸箱里吧。"

3. 雪花片宝宝:"我的好朋友是用塑料做的,它们也有各种各样漂亮的颜色,小朋友们如果找到了,请放在我旁边的纸箱里。"

4. 木珠宝宝:"我的好朋友也是用木头做的,但他们全是圆圆的珠子,中间有个小孔,也有各种鲜艳的颜色,如果大家找到了,请放在我前面的纸箱里。"

5. 幼儿动手操作,区分各种玩具的外形、颜色、质地等特征,将桌面上的玩具进行分类,再送到玩具宝宝的纸箱里。(老师和玩具宝宝共同指导有错误的幼儿进行纠正,重新给玩具找朋友)

(三)小结幼儿活动情况

1. 师幼共同检查一下,玩具有没有找错朋友。

2. 玩具宝宝很感谢大家帮它们找到了好朋友,谢谢小朋友们。

活动 6:吹泡泡

活动目标

1. 在看看、玩玩、说说中,愉快地学习儿歌《吹泡泡》,发音准确。

2. 体验与同伴共同游戏的快乐。

活动准备

1.《幼儿园课程指导》第8页。

2. 吹泡泡玩具一套。

活动过程

（一）出示玩具，导入活动

小朋友们，这是吹泡泡的玩具。今天老师要带着小朋友们玩吹泡泡的游戏。

（二）教师与幼儿共同吹泡泡，引导幼儿观察泡泡

老师可喜欢吹泡泡了，让我先来吹一吹。（教师及时调动幼儿吹泡泡的积极性，如：教师吹出泡泡后，可以与幼儿共同拍手等）泡泡真漂亮，让我再来吹一吹，小朋友们可要看好了，我吹出的泡泡是什么样子的。

（三）在游戏中逐句理解儿歌

1. 老师知道小朋友们也想吹泡泡了，我们一起来！吹泡泡，吹泡泡（可以反复模仿动作几次，教师提示：声音越好听，吹出来的泡泡就会越漂亮！）

2. 小朋友们仔细看，好多好多的泡泡，除了形状是圆圆的，它们还是怎么样的？（动作提示，幼儿发现有的大有的小）

3.（教师与幼儿共同模仿动作并念儿歌前一句）吹泡泡，吹泡泡，一吹吹个大泡泡。

4. 我刚刚吹了一个大泡泡，现在会吹出一个什么样的泡泡呢？——原来是一个小泡泡。引出后一句：吹泡泡，吹泡泡，一吹吹个小泡泡。

5. 你们看，泡泡还是五颜六色的呢！你喜欢什么颜色的泡泡呢？老师吹泡泡，小朋友们上来找找你喜欢的泡泡。幼儿上来抓泡泡，教师吹泡泡3～4次，同时带领幼儿说："泡泡飞高了，泡泡飞低了。"一起模仿做动作。

6. 咦，小朋友们抓到的泡泡呢？学念儿歌最后一句：泡泡破了。

（四）完整学习儿歌2～3遍。

（五）游戏：吹泡泡

教师带领幼儿边读儿歌边玩吹泡泡的游戏。当读到"吹个大泡泡"时，大家拉成一个大圆圈；读到"吹个小泡泡"时，大家一起拉成一个小圆圈；读到"泡泡飞高了"，大家把小脚踮起来；读到"泡泡飞低了"，大家蹲下来；读到"泡泡破了"的时候，大家就一起放手并向后退，自由做各种动作。

游戏进行数遍，要求幼儿能一边念儿歌一边玩。

附：儿歌

吹泡泡

吹泡泡,吹泡泡,
一吹吹个大泡泡。
吹泡泡,吹泡泡,
一吹吹个小泡泡。
泡泡飞高了,
泡泡飞低了,
泡泡破了。

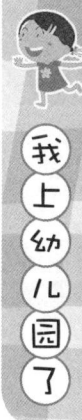

手拉手做朋友

主题目标

1. 认识小朋友,知道同伴的名字,乐意与同伴亲近和交往。
2. 喜欢与老师、同伴一起游戏,体验共同游戏的快乐。
3. 在生活和游戏中学会等待、轮流与分享。

主题活动一览表

主题	形式	活动名称	活动目标	侧重领域与涉及领域
手拉手做朋友	集体学习活动	朋友,你好	1. 熟悉歌曲,学唱歌曲,喜欢唱歌 2. 乐意和伙伴边唱边用动作表现,体验与伙伴亲近的快乐	艺术 社会
		找朋友	1. 学习根据颜色、形状、数字等特征将图形匹配起来 2. 体验与同伴一起玩的快乐	计算 语言
		会变的颜色	1. 认识并能够区分三原色,知道生活中颜色是三原色的物品有哪些 2. 愿意动手尝试和探索颜色的变化,感知不同的颜色混合在一起产生的不同变化 3. 对颜色的变化产生兴趣和好奇,激发幼儿探索的兴趣	科学 艺术
		小兔找朋友	1. 理解故事情节,学说短句:"让我玩玩你的玩具好吗?",学习用语言与同伴交流 2. 乐意把自己的玩具借给同伴,感受与同伴一起玩的乐趣	社会 语言
		胖熊分气球	1. 欣赏故事,理解故事内容,感受故事中的语言之美,能大胆表达自己的感受 2. 体会故事所传达的美好情感,学会与他人分享	语言 社会

续表

主题	形式	活动名称	活动目标	侧重领域与涉及领域
手拉手做朋友	备选集体学习活动	碰一碰	1. 感受歌曲欢快的旋律和节奏,愉快地学唱歌曲 2. 喜欢游戏,体验参与游戏的快乐	艺术 社会
	个别、小组学习活动	美工区	1. 学习正确连线、涂色的方法 2. 学习拿剪刀的方法,学习沿黑线剪的技能 3. 学习用撕、粘贴的方法进行制作	
		益智区	学习按物体的颜色、形状等进行配对、接龙、分类	
		生活区	练习扣纽扣、拉拉链等,锻炼幼儿的小肌肉	
		角色区	在娃娃家里添置娃娃秋天要穿的衣服、裤子以及其他的秋季用品,进行模仿游戏,发展幼儿的语言水平和交往能力	
	规则游戏活动	切西瓜	1. 乐意参与集体游戏活动,学习大家合作拉圆圈 2. 能根据指令做相应的动作,体验在游戏中奔跑、追逐的乐趣	
		谁躲起来了	1. 熟悉同伴的姓名和外貌特征 2. 乐意参加游戏,体验游戏的快乐	
		变魔术	1. 能根据指令做出各种动作,培养快速反应的能力 2. 能积极参与游戏,体验与同伴共同游戏的快乐	
		我的飞机开始飞	能说出同伴的名字,学着遵守游戏的规则	
		收玩具	1. 能在相距25厘米的平行线中走 2. 学习收放玩具,熟悉集体活动的常规,参与并体验游戏	

环境创设与区域设置

环境创设

⊙ 主题墙

拍摄幼儿一起玩玩具、做游戏的照片,布置"大家一起玩"的主题墙。

区域设置

⊙ 美工区

手拉手。学习用连线、涂色的方法表现好朋友手拉手一起玩的情景。

快乐摇。学习沿黑线剪的技能,体验完成作品的快乐。

朋友树。学习用撕、粘贴等方法制作小树叶,装饰朋友树。

⊙ 益智区

提供各种颜色、各种形状的图形、实物等,让幼儿进行分类。

提供各种动物、水果等游戏材料让幼儿学着进行配对、接龙。

⊙ 生活区

提供扣纽扣、拉拉链、折叠衣服等的材料,锻炼幼儿的小肌肉。

⊙ 角色区

在娃娃家里添置娃娃秋天要穿的衣服、裤子以及其他的秋季用品。

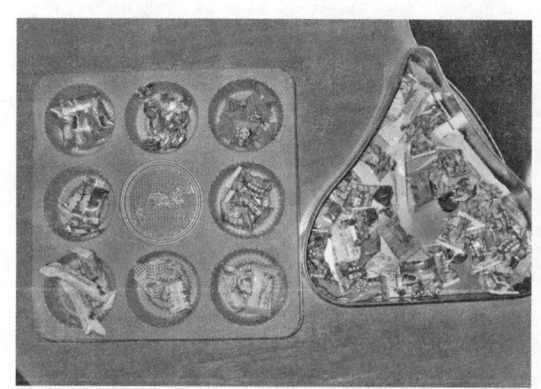

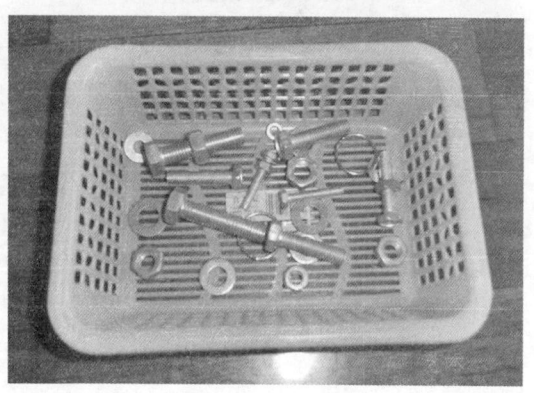

日常活动与游戏

日常活动

玩点名游戏,学习记住班级同伴的名字。

游戏

⊙ 切西瓜

幼儿围成圆圈,师幼共同有节奏地念儿歌:"切、切、切西瓜,西瓜哪里来,农民伯伯种出来,我把西瓜切、开、来。"与此同时,教师边走边有节奏地在幼儿拉手处做切西瓜状。儿歌念完时,教师的手停留在哪两位小朋友中间,这两位小朋友就把手放开,并马上向相反的方向绕圈跑,谁跑回来更快,谁就来当下次游戏切西瓜的人。游戏进行若干次后可由幼儿来"切西瓜"。

⊙ 谁躲起来了

游戏一:"猫妈妈找小猫"

幼儿坐成半圆形,教师扮演猫妈妈,幼儿扮演小猫。教师闭上眼睛说:"猫妈妈睡着了,淘气的小猫悄悄地躲起来了。"小朋友轻轻走到椅子背后蹲下。教师睁开眼睛说:"猫妈妈醒来了。呀,我的小猫怎么都不见了,小猫小猫在哪里?"幼儿马上站起来回应"小猫小猫在这里"。老师向小猫招手:"小猫小猫快回家。"幼儿们回到自己的座位上坐好。

游戏二:"哪只小猫不见了"

幼儿闭上眼睛。老师念:"小猫小猫睡着了,一只小猫不见了。"被老师摸到的幼儿要轻轻躲到教室的某一处。老师:"有只小猫不见了,我们跟他打招呼,××小猫回来吧。"该幼儿听到招呼声后回到自己的座位上。

游戏三:"大披风里躲着谁"

幼儿把眼睛闭上,教师用大披风把一个幼儿罩住并抱到前面,然后请大家睁开眼睛拍手念歌"披风披风大又大,小猫咪咪里面藏,猜一猜,猜一猜,哪只小猫里面藏?"请其他幼儿猜一猜,并大声说出该幼儿的名字。

⊙ 变魔术

教师扮演魔术师。魔术师挥动魔术棒:"宾卜罗,邦卜罗,变变变,变成×××。"幼儿做出相应的动作,教师在变得不对的孩子的头上用魔术棒"叮咚"点一下,该名孩子立即蹲下呈石头状。

⊙ 我的飞机开始飞

幼儿坐成半圆形拍手念儿歌:"我的飞机开始飞,飞到哪里去,飞到×××那里去。"老师张开手臂呈飞机状飞到被叫到名字的幼儿那里,坐到他的位子上。这个幼儿站起来继续扮飞机。游戏接力下去。待幼儿熟悉后,可以改变内容,如:"我的青蛙开始跳"等等。

⊙ 收玩具

设置不同的25厘米左右宽的小路,请幼儿行走并通过小路把玩具送回家。(教师在游

戏中要提醒幼儿应走在路中间,不要踩线)

家长工作

1. 建议家长鼓励孩子把家里的玩具带到幼儿园来,和大家一起分享。

2. 建议家长和孩子聊一聊幼儿园里的生活,问问孩子交到了哪些新朋友,并说说新朋友的名字。

3. 建议家长每天按时送幼儿上幼儿园,不随便请假或迟到。

集体学习活动方案

活动1:朋友,你好

活动目标

1. 熟悉歌曲,学唱歌曲,喜欢唱歌。
2. 乐意和伙伴边唱边用动作表现,体验与伙伴亲近的快乐。

活动准备

1. 《幼儿园课程指导》第24页、磁带及录音机。
2. 活动前先请两位大班幼儿学会歌表演。

活动过程

(一)引导幼儿说说自己的好朋友是谁,引出课题。

宝宝们上幼儿园有段时间了,你们都找到自己的好朋友了吗?你的好朋友是谁?

找到好朋友真开心,今天老师带来了一首好听的歌曲,我们一起来听听里面都唱了什么?

(二)欣赏歌曲,学唱歌曲

(放一遍录音)你听到了什么?

教师清唱歌曲,请幼儿说说听到了哪一句。

引导幼儿完整跟唱歌曲数遍。

(三)学习歌表演

今天老师请来了大班的哥哥姐姐和我们一起玩游戏,我们一起来看看哥哥姐姐是怎么

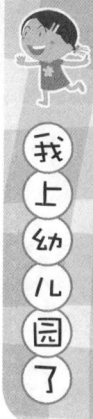

交朋友的。(欣赏大班幼儿表演)

教师示范该动作,幼儿学习。跟随录音表现动作。

请幼儿与好朋友面对面站立,进行歌表演。

幼儿自由在圈内走动,自由找朋友进行歌表演。也可以用邀请舞的方式进行表演。

附:歌曲

找个朋友

1=D 4/4
佚 名词
佚 名曲
热情地

| 1 2 3 1 | 1 2 3 1 | 4 — 3 — | 2̂1 2̂3 1 — |
找 个 朋 友, 找 个 朋 友, 我　　们　　拉　拉　手,
| 1 2 3 1 | 1 2 3 1 | 4 — 3 — | 2̂1 2̂3 1 — ‖
朋 友 你 好, 朋 友 你 好, 我　　的　　好　朋 友。

活动 2:找朋友

活动目标

1. 学习根据颜色、形状、数字等特征将图形匹配起来。

2. 体验与同伴一起玩的快乐。

活动准备

1. 《幼儿园课程指导》第 27 页。

2. 图标挂饰(每一个图标挂饰均包含颜色、形状、数字三个特征。如:红色的圆形卡片上写有数字等)。

3. 歌曲《找朋友》的音乐。

活动过程

(一)认识图标

1. 出示几个图标,说一说它是什么颜色、什么形状的。

2. 请每个幼儿挑选一个喜欢的图标挂饰戴上,并说出该图标的颜色、形状和上面写有的数字。

（二）幼儿找朋友

1. 交代游戏玩法：播放音乐，幼儿跟着音乐做踏步走的动作。音乐停，幼儿原地不动，按教师发出的指令找朋友，如：颜色娃娃找朋友 —— 图标颜色相同的幼儿手拉手站好；形状娃娃找朋友 —— 图标形状相同的幼儿手拉手站好；数字娃娃找朋友 —— 请图标上数字相同的幼儿手拉手站好。

2. 幼儿游戏

每次游戏后，请幼儿看看有没有找到朋友，再数数这一组朋友的数量，说说这些朋友的共同特征是什么；帮助找错的幼儿重新找朋友。

引导幼儿间相互交换图标挂饰，反复进行游戏。

3. 操作活动：请幼儿练习根据书上图形的形状、颜色和上面写有的数字等特征找朋友。

活动 3：会变的颜色

活动目标

1. 认识并能够区分三原色，知道生活中颜色是三原色的物品有哪些。
2. 愿意动手尝试和探索颜色的变化，感知不同的颜色混合在一起产生的不同变化。
3. 对颜色的变化产生兴趣和好奇，激发幼儿探索的兴趣。

活动准备

1. 南京版《科学》小班第77页。
2. 红、黄、蓝色水粉颜料。
3. 小杯子、抹布、餐巾纸、矿泉水瓶若干。

活动过程

（一）小魔术导入，引起幼儿的兴趣

请小朋友们猜猜，我手中的瓶子会变出什么颜色来？（口诀：瓶子瓶子变变变）

（二）引导幼儿认识三原色

1. 教师用魔术的形式分别变出三原色，并分别提问什么东西是红色、蓝色、黄色的。
2. 游戏：教师出示瓶子，幼儿迅速地说出瓶子的颜色。

（三）幼儿通过亲手实验，感知两种不同的颜色合在一起会变成另一种颜色

1. 引导幼儿理解操作要求。

教师从红、蓝、黄这三种颜色中随便挑选两种颜色，然后把它们混合在一起，问幼儿会"发生什么呢？"。教师示范操作一次。

提出实验要求：老师给每位小朋友都准备了杯子，请小朋友们从红、蓝、黄这三种颜色中随便挑选两种，然后把它对准小杯子，轻轻按两下，看看会发生什么，会变出新的颜色吗？

2. 幼儿自由操作。

3. 相互交流实验结果：你变出了什么颜色？

（四）教师操作实验，引导幼儿感知颜色的变化

我们一起来看一看这些颜色是怎么变出来的，好吗？

教师操作实验并做好记录。

红色黄色手拉手，变成橙色像橘子；

黄色蓝色手拉手，变成绿色像叶子；

蓝色红色手拉手，变成紫色像茄子。

小结：两种颜色混合在一起会变成另外一种颜色。

活动 4：小兔找朋友

活动目标

1. 理解故事情节，学说短句："让我玩玩你的玩具好吗？"，学习用语言与同伴交流。
2. 乐意把自己的玩具借给同伴，感受与同伴一起玩的乐趣。

活动准备

1. 《幼儿园课程指导》第 25 页。
2. 图片四张。
3. 小兔玩偶。

活动过程

（一）导入活动

出示小兔玩偶：小兔想到外面找朋友，它怎样才能找到朋友呢？

（二）幼儿倾听故事，理解故事的内容

1. 讲述故事并提问：小兔找到朋友了吗？找到了哪些朋友？

2. 讲故事第二遍，继续提问：小兔是怎么找到朋友的？你们喜不喜欢小兔白白、小黑兔、小山羊？为什么？

学说短句："你好，让我玩玩你的娃娃好吗？"

（三）幼儿集体饰演故事中的角色，进行对话

重点学说：让我玩玩你的××好吗？

（四）迁移经验

教师留给幼儿问题，供他们思考：如果你想玩别人的玩具，应该怎么说？

如果有小朋友向你借玩具，你愿意吗？

附：故事

小兔找朋友

小兔白白整天跟着妈妈，一个朋友也没有。妈妈给白白做了一个娃娃，说："出去找朋友吧！"

白白遇见了一只小黑兔。小黑兔说："你好！让我玩玩你的娃娃好吗？"白白同意了。小黑兔很高兴，它送给白白一根胡萝卜。

小羊也来了，说："你好！让我玩玩你的娃娃好吗？"白白同意了。小羊高兴极了，它送给白白一棵青菜。

白白和朋友们玩起了娃娃家，真高兴。

白白回到家，告诉妈妈："我找到了好朋友，我们玩得可开心了！"

活动 5：胖熊分气球

活动目标

1. 欣赏故事，理解故事内容，感受故事中的语言之美，能大胆表达自己的感受。

2. 体会故事所传达的美好情感，学会与他人分享。

活动准备

1.《幼儿园课程指导》第29页。

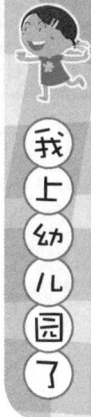

2. 故事图片。

3. 五种不同颜色的气球各一个。

活动过程

(一)引出课题

逐一出示五个不同颜色的气球。请小朋友们说一说:这是什么颜色的?像什么?

(二)理解故事内容,大胆表达自己的感受

1. 教师讲述故事前半部分。提问:

胖熊把气球分给了谁?它还帮它们做了什么?

小猪的气球破了,它哭了。胖熊只有最后一个气球了,该怎么办呢?

2. 教师讲述故事后半部分。提问:

胖熊是怎么做的?

3. 教师边出示挂图,边讲故事。提问:

红色的气球像什么?胖熊把红色的气球给了谁?

黄色的气球像什么?胖熊把黄色的气球给了谁?

紫色的气球像什么?紫色的气球怎么了?

胖熊是怎么做的?蓝色的气球像什么?

(三)体会故事所传达的美好情感,学会与他人分享。

1. 袋鼠阿姨为什么把一束吹好的气球送给胖熊?

2. 你喜欢胖熊吗?为什么?

3. 听故事的录音,跟着录音学讲故事。

附:故事

胖熊分气球

小胖熊拿来五个气球,分给大家。胖熊说:"这是顶顶好玩的气球。"红色的气球给了小狗,小狗不会吹气球,胖熊就帮它吹。哇!红色的气球像团火。黄色的气球给小猫,小猫不会吹气球,胖熊就帮它吹。哇!黄色的气球像鸭梨。绿色的气球给小兔,小兔不会吹气球,胖熊就帮它吹。哇!绿色的气球像个大苹果。紫色的气球给小猪,小猪偏要自己吹气球,吹呀,吹呀,"啪!"吹爆了。紫色气球变成碎片片,小猪抹起了眼泪。胖熊拿出第五只气球。吹呀,吹呀,吹大了,气球像蓝天一样美丽。胖熊把蓝色的气球送给小猪,小猪笑了。袋鼠阿姨走过来,把一束吹好的气球送给胖熊,夸它是个好孩子。

活动 6：碰一碰

活动目标

1. 感受歌曲欢快的旋律和节奏，愉快地学唱歌曲。
2. 喜欢游戏，体验参与游戏的快乐。

活动准备

1. 《幼儿园课程指导》第 28 页。
2. 玩偶两个。
3. 录音磁带。

活动过程

(一) 引出歌曲

我们都有自己的好朋友，好朋友见面时会用什么方式表示友好呢？

(二) 欣赏歌曲

有两个小朋友听到了你们的问好，也想和你们做游戏。(出示玩偶，引导幼儿有礼貌地打招呼。在歌曲伴奏下，让幼儿欣赏玩偶表演)

提问：他们在干什么？它们到底是怎么表示友好的？请你们仔细看看。(请幼儿再次欣赏)

(三) 学唱歌曲

1. 跟着音乐学唱歌曲。
2. 找你身边的朋友来碰一碰。(小朋友两两结对，边唱歌边做游戏)

(四) 音乐游戏：《碰一碰》

1. 碰来碰去玩得真开心，请你们猜猜看，除了碰鼻子，还能碰哪里？
2. 根据老师的指令做游戏。小朋友们边唱边跟随音乐节奏走，找一个朋友相互碰一碰。在歌曲的结尾，老师说碰哪里，小朋友们就碰哪里。体验游戏的快乐。

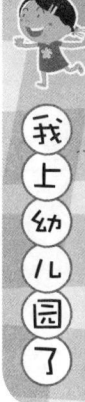

附：歌曲

碰一碰

1=C 2/4

李 芹 词
李 芹 曲

```
1  3 4 | 5  3 | 6  4 | 2  — |
找 一个朋  友  碰 一  碰，

1  3 4 | 5  3 | 4  2 | 1  — |
找 一个朋  友  碰 一  碰，

4    4 | 6  — | ×  × | ×  × |
碰   哪  里？   鼻子 碰  鼻 子

3 4 3 4 | 5 5  3 | 4 4 2 2 | 1  — ‖
```

（做动作）

秋天到了

主题说明

秋天到了,天气凉了,幼儿周围的环境慢慢发生了变化:一片片叶子从树上飘落下来;路边的桂花悄然开放了。秋天是一个收获的季节,粮食丰收、水果成熟,孩子们能够吃到各种各样好吃的水果;秋天是个美丽的季节,在这个落叶的季节里,我们能够看到红红的、金黄的、深绿的叶子,树上的色彩变得更丰富;秋天是个忙碌的季节,小动物们都准备着去过冬,有的南飞,有的储存粮食,还有的吃得饱饱的准备冬眠。

孩子们在秋天里能够感受到气候的变化,他们的衣着变化了,床上的被子变厚了。因为温差大,感冒的孩子随之增多了,挂着鼻涕的孩子也多了起来。孩子们能够通过身边环境的变化感受到秋天的到来。秋高气爽的时节,孩子们出游的机会增多了,可以进行许多的郊游活动,亲近大自然。

这个主题中包含了三大块的内容,即秋叶飘桂花香、酸酸甜甜的水果、拔萝卜。我们将这三大块内容进行了取舍与整合,最后变成两块,分别为:秋叶飘飘桂花香、秋天好果实多。由于活动的季节性强,建议教师在操作之前事先阅读所有的学习内容,以便安排出更合理的教学次序。本主题实施时间为3周左右。

秋叶飘 桂花香

主题目标

1. 在秋叶飘飘和桂花飘香的情景中，萌发幼儿对周围环境变化的好奇和观察的兴趣，获得有关秋天明显特征的感性经验。
2. 愿意用语言、身体动作、美术创作来表达自己对秋季特征的认识和感受。
3. 感受桂花的香和美，喜欢桂花，乐于参与有关桂花的小制作。

主题活动一览表

主题	形式	活动名称	活动目标	侧重领域与涉及领域
秋叶飘 桂花香	集体学习活动	秋天	1. 理解歌曲内容，学唱歌曲，大胆演唱 2. 乐意用身体动作跟随音乐的变化表现树叶飞舞的样子	艺术 语言
		树叶鸟	1. 安静地倾听故事，知道树叶落了还会长出来，对大树长出新叶产生期待 2. 感受故事所表现的美好意境	语言 科学
		叶宝宝翻跟头	尝试画出向不同方向转动的树叶宝宝，表现风吹树叶的情景	艺术 科学
		什么东西飘下来	1. 对物体飘落现象产生兴趣和探索欲望 2. 能运用身体动作表现物体飘落的样子	科学 艺术
		美丽的秋天	1. 观察周围植物和人们衣着的变化，了解秋天的主要特征 2. 产生喜欢秋天的情感	综合
	备选集体学习活动	小树叶	1. 愿意跟着老师一起念儿歌，能边念儿歌边做动作 2. 初步感受秋天的特征，尝试创编儿歌："小树叶飘呀飘，飘到……"	语言 科学

续表

主题	形式	活动名称	活动目标	侧重领域与涉及领域
秋叶飘 桂花香	备选集体学习活动	采摘桂花	1. 认识桂花树和桂花,感受桂花的清香,知道桂花在秋季开放的道理 2. 耐心、细致地捡桂花,感受和大自然亲密接触的快乐	科学 社会
		好吃的桂花圆子	1. 初步了解桂花圆子的制作方法 2. 品尝香甜的桂花圆子,体验分享的快乐	社会 艺术
	个别、小组学习活动	科学区	观察不同形状的树叶,试着把同一形状的树叶进行归类	
		生活区	乐意参与制作桂花茶的过程	
		美工区	发展团、压、搓、贴等多种技能,大胆设计造型	
		角色区	借形想象,喜欢用树叶玩炒菜游戏	
	规则游戏活动	大风和树叶	能听指令进行快跑和慢跑,跑步时能躲开他人	
		小小叶片来追我	探索让叶子飘起来的方法	

🏠 环境创设与区域设置

环境创设

1. 主题活动前搜索秋天有代表性的落叶,激发幼儿的兴趣。

2. 在班级的一角设置"寻找秋天"摄影展,请家长陪同幼儿到大自然中拍摄照片以备粘贴。

3. 收集秋天的水果,供幼儿进行观察和认知。

4. 将幼儿的捡到落叶串接起来挂在活动室内,适时附上幼儿关于秋天的童言稚语,营造浓浓的秋天的氛围。

区域设置

⊙科学区

把不同大小和颜色的树叶进行分类。

植物角:观察植物角里种植的植物在秋天的生长情况,适时给植物宝宝浇水。

⊙生活区

制作桂花茶,邀请同伴进行品尝,并与他们一起分享。

⊙美工区

(1)学习做桂花圆子,尽量搓圆,可以结合娃娃家的游戏进行。

(2)用手掌直接蘸取颜料进行拓印树叶的游戏。

(3)选择喜欢的一片或几片树叶,进行想象拼贴创作。

⊙角色区

娃娃家:用树叶玩炒菜游戏。

日常活动与游戏

日常活动

⊙秋天真美丽

和幼儿一起到幼儿园里散步,感受秋天里树叶的变化,学说"树叶黄了,飘落了下来"。

⊙桂花树真香

和幼儿一起到户外散步,一起捡桂花、闻桂花,感受桂花的香气,了解桂花的外形特征。尝试用瓶子、报纸、塑料布等把自然飘落下来的桂花收集起来。

⊙美丽的秋天

和幼儿一起远足到周边的公园或小区里,观察秋天的景色、秋天的人,感受秋天的季节特点,一起说说秋天里人们穿什么,什么花儿会在秋天开。

⊙捡树叶

和幼儿一起到幼儿园的操场上进行捡树叶的游戏,一起数一数有几片树叶,渗透"1"和"许多"的概念。

游戏

⊙大风和树叶

教师做大风,幼儿做树叶蹲在地上,教师说:"起风了。"幼儿就站起来。教师说:"风大了。"幼儿就快快地跑。教师说:"风小了。"幼儿就慢慢地走。教师说:"风停了。"幼儿就蹲下不动。

⊙小小叶片来追我

出示系有绳子的树叶,念完"小小树叶,和我比比,一二三四,谁拿第一"后,教师拉着绳子在场地上跑动。教师观察幼儿的探索情况,请绳子上树叶飘不起来的幼儿想一想这是为什么。

家长工作

1. 带领幼儿到公园等地方找秋天,拍摄秋景。

2. 和幼儿一起捡落叶,认识各种树,进行拼图活动。

3. 引导幼儿学着自己穿脱套衫,让他们明白穿时要分清前后,脱时要先拉袖子,脱下后要叠放整齐。

集体学习活动方案

活动 1:秋天

活动目标

1. 理解歌曲内容,学唱歌曲,大胆演唱。

2. 乐意用身体动作跟随音乐的变化表现树叶飞舞的样子。

活动准备

1.《幼儿园课程指导》第 112 页。

2. 录音机、磁带。

活动过程

(一)欣赏歌曲《秋天》,学习安静地聆听

1. 提问:歌曲的名称是什么?你喜欢这首歌曲吗?为什么?

2. 教师清唱歌曲,通过提问帮助幼儿理解歌词。

你听到了什么?(教师根据幼儿的回答进行示范演唱)

(二)幼儿学唱歌曲

1. 教师播放音乐伴奏,幼儿学唱歌曲数遍。

秋天到了

2. 启发幼儿边唱歌曲边创编树叶飞舞的动作。

活动延伸

在音乐区中放置小树叶,播放根据《秋天》的音乐进行动作表演的视频,并且利用各种乐器进行歌曲的演奏。

附:歌曲

秋 天

外国儿童歌曲

1=C 2/4
♩=100

```
5   36 | 5   31 | 2 2 4 4 | 3 3   5 | 2 2 4 4 | 3 2 1 |
秋  天呀秋  天呀,树叶到处飞呀  飞,树叶到处飞呀飞,

5   36 | 5   31 | 2 4 3 2 | 1 — ‖
秋  天呀秋  天呀,秋天多么 美。
```

活动 2:树叶鸟

活动目标

1. 安静地倾听故事,知道树叶落了还会长出来,对大树长出新叶产生期待。

2. 感受故事所表现的美好意境。

活动准备

1.《幼儿园课程指导》第117页。

2. 挂图。

3. 录音机、磁带。

活动过程

(一)倾听故事,理解故事内容

这是一只怎样的鸟?

(二)教师出示挂图,分段欣赏故事,帮助幼儿理解故事内容

1. 出示挂图一,教师讲述故事。

秋天到了,天气凉了,天空中为什么会有树叶鸟?

树叶鸟是一只怎么样的鸟?

它们要飞去哪里?为什么?

2. 出示挂图二,教师讲述故事。

它们飞到了什么颜色的湖里?小黄鸟变成了什么鸟?

天气暖和了,小绿鸟飞回到了谁的身边?变成了什么?

树叶鸟什么时候飞回到我们的树上来呢?

(三)播放故事录音,幼儿欣赏

教师带领幼儿在优美的背景音乐中,自编动作,表现树叶鸟飘动、飞舞、喝水、洗澡、生长等情节。

活动延伸

将故事投放到语言区中,供幼儿进行讲述与表演。

附:故事

树叶鸟

秋天到了,天气凉了,树叶变黄了。它们离开了树叶妈妈,随风飘着。飘着,飘着,就变成了一只只黄色的小鸟,向南方飞去……它们飞到了一个美丽的地方。那里的湖水是绿绿的,暖暖的。它们飞到湖里去洗澡,洗呀、洗呀,小黄鸟都变成了一只只绿色的小鸟。天气变暖和了,树妈妈长出了绿芽芽,小绿鸟也飞到了树妈妈的身边,落在树枝上,又变成了一片片绿色的树叶。

活动 3:叶宝宝翻跟头

活动目标

尝试画出向不同方向转动的树叶宝宝,表现风吹树叶的情景。

活动准备

1. 范画一张、录音机、磁带。

2. 《小朋友的书·美术》第 11 页"叶宝宝翻跟头"。

3. 《幼儿园课程指导》第 113 页。

活动过程

（一）音乐游戏"大风和树叶"

音乐游戏结束时，教师引导大家观察每个小朋友不同的造型。（抬头、低头、眼睛朝什么方向看、站着还是躺着、两只手的造型等等。可以请个别幼儿摆造型给大家看）

（二）教师示范作画

1. 教师出示范画（尚未添画的树叶），根据幼儿的造型，教师边讲解边示范作画，在落叶上添画上眼睛、嘴巴、手和脚，把落叶变成落叶宝宝。

2. 教师一边念儿歌一边指导幼儿欣赏图画，引导幼儿感受树叶宝宝的情趣。

（三）幼儿添画

（四）请幼儿边跟着教师念儿歌，边欣赏同伴的作品

活动延伸

教师可以组织幼儿进行树叶拓印添画活动，鼓励幼儿画出不同的树叶形态。

活动 4：什么东西飘下来

活动目标

1. 对物体飘落现象产生兴趣和探索欲望。
2. 能运用身体动作表现物体飘落的样子。

活动准备

1. 事先观察树叶飘落的情景。
2. 各种叶片、羽毛、纸条、自制降落伞（塑料袋下挂一块积木）。
3. 记录操作纸、水彩笔。

活动过程

（一）观察材料，摆弄落体

1. 请幼儿自选一样物体玩一玩，观察这个物体飘落的情景。
2. 请个别幼儿描述自己所玩物体飘落的样子，并用动作加以表现。

（二）继续摆弄并表现落体

1. 让幼儿充分摆弄其他材料，观察不同物体飘落时出现的有趣现象。

2. 请幼儿一起用动作加以表现。

3. 幼儿间互相交流观察到的现象。

(三)尝试记录实验结果

1. 师幼共同观察并填写记录单。

2. 请幼儿把看到的情景用水彩笔记录下来,大家一起交流、分享。

活动 5:美丽的秋天

活动目标

1. 观察周围植物和人们衣着的变化,了解秋天的主要特征。
2. 产生喜欢秋天的情感。

活动准备

1. 活动前学习诗歌《秋天》。
2. 选择好户外观察的环境,要求有草地、树木、花。
3. 小喷壶或小水桶。

活动过程

(一)激发观察兴趣

教师带领幼儿一起到户外散步,朗诵诗歌《秋天》,引发幼儿的观察兴趣。

"枫树,穿红袄,银杏树,穿棉袄,杨柳,随风飘,准是秋天来到了。"

(二)了解秋天的主要特征

带领幼儿来到活动场地,可用以下话题引导幼儿观察:

秋天来了,小草和树叶有什么变化?

秋风吹在脸上时,你有什么感觉?

秋天来了,小草、小树都穿上了自己的小花袄,小朋友穿的衣服有什么变化?周围的人们穿的衣服有什么变化?

(三)观察秋天的花

教师引导幼儿观察户外的花朵,提问:这些漂亮的花叫什么名字?花的叶子是什么形状的?花朵是什么颜色的?

(四)给花浇水,引导幼儿懂得要爱护花草的道理

活动延伸

在美工区中开展"美丽的秋天"活动,引导幼儿用绘画的形式表达自己对秋天的感受。

活动6:小树叶

活动目标

1. 愿意跟着老师一起念儿歌,能边念儿歌边做动作。

2. 初步感受秋天的特征,尝试创编儿歌:"小树叶飘呀飘,飘到……"。

活动准备

1. 带幼儿到有落叶的大树下开展活动。

2. 《幼儿园课程指导》第111页。

活动过程

(一)谈话引题

(二)教师边朗诵儿歌边表演

1. 教师取出树叶,边示范唱儿歌边做相应的动作。

提问:刚才小树叶都飘到了哪些地方,它是怎么飘的?

2. 第二次朗诵表演。幼儿跟着教师表演。

3. 幼儿捡树叶进行表演。

(三)创编儿歌

1. 请幼儿带着问题"树叶还会飘到哪里去呢?"玩飘树叶的游戏。

2. 请幼儿一边飘一边创编。

活动延伸

儿歌创编环节也可以放入语言活动区中,应及时将幼儿的回答记录下来。

附:儿歌

小树叶飘呀飘

小树叶飘呀飘,飘到我的头顶上;

小树叶飘呀飘，飘到我的肩膀上；

小树叶飘呀飘，飘到我的膝盖上；

小树叶飘呀飘，飘到地上睡大觉。

活动 7：采摘桂花

活动目标

1. 认识桂花树和桂花，感受桂花的清香，知道桂花在秋季开放的道理。

2. 耐心、细致地捡桂花，感受和大自然亲密接触的快乐。

活动准备

选择一块有桂花树的场地，带领幼儿参观。

活动过程

（一）引出主题，激发好奇心

这段时间，小朋友们有没有闻到一股香香的气味，谁知道这气味是哪里来的？

（二）寻找桂花树，采摘桂花

1. 寻找桂花树，站在树下看一看桂花树长得什么样。

2. 闻闻花香，提问：桂花树的香味是从哪里来的？桂花的形状、颜色是怎么样的？除了这种颜色的桂花，你还看见过别的颜色的桂花吗？

3. 采摘桂花：桂花很小，要怎么摘？除了摘还有什么办法能把桂花带回家？

4. 和孩子一起捡桂花：尝试用容器、报纸、塑料布等，把自然飘落下来的桂花收集到容器中、纸上或布上。

（三）制作桂花茶

把捡来的桂花带回活动室，洗干净，晾干，放到生活区以开展桂花茶的制作，或者组织亲子活动，如共同制作桂花糕等。

活动8：好吃的桂花圆子

活动目标

1. 初步了解桂花圆子的制作方法。
2. 品尝香甜的桂花圆子，体验分享的快乐。

活动准备

1. 糖桂花、圆子等。
2. 制作桂花圆子方法的图示。
3. 邀请幼儿的祖辈参与活动。
4. 《幼儿园课程指导》第121页。

活动过程

（一）活动引入、激发兴趣

你吃过桂花圆子吗？是什么味道的？

（二）看图示，了解桂花圆子的制作方法

1. 教师引导幼儿讨论，说说桂花圆子是怎么做出来的。
2. 根据幼儿的回答，出示相应的制作步骤图示。

（三）与祖辈共同制作桂花圆子

1. 向幼儿介绍制作圆子的材料。
2. 请幼儿家中祖辈示范制作圆子的方法：取一小块面团放在手心，用手掌揉搓成球形。
3. 幼儿练习搓圆子，教师给予个别指导和帮助。
4. 把搓好的圆子放入锅中煮，最后放入糖桂花，做成香甜的桂花圆子。
5. 和祖辈一起品尝自己做好的桂花圆子，感受香甜的味道。

活动延伸

在美工区用搓、团、压等技能制作桂花圆子或者桂花汤团。

秋天好 果实多

主题目标

1. 观察常见水果的特征,激发幼儿探究水果的兴趣,了解水果与人们生活的关系。
2. 认识多种水果,并能尝试用多种方式表达对水果的喜爱之情,知道多吃水果有益健康。
3. 认识各种各样的萝卜,喜欢参加观察和体验活动。

主题活动一览表

主题	形式	活动名称	活动目标	侧重领域与涉及领域
秋天好 果实多	集体学习活动	小蛇多多	1. 观察画面,了解小蛇多多吃的几种水果,并用语言加以表述 2. 在阅读中进一步认识常见水果的外形特征	语言 科学
		水水果碰碰碰	1. 听音乐做相应的动作,感受与同伴一起做游戏的快乐 2. 尝试将认识的水果编进歌曲中进行游戏	艺术 科学
		水果宝宝的沉与浮	1. 观察水果在水中的沉浮现象,对沉浮现象感兴趣 2. 认识"↓"(沉)、"↑"(浮)标志	科学 语言
		爱吃水果的牛	1. 观察图片,理解故事内容 2. 通过阅读故事,知道水果营养丰富,爱吃各种各样的水果	语言 健康
		各种各样的萝卜	1. 尝试根据萝卜的颜色、大小将萝卜分类 2. 认识萝卜的主要特征,知道萝卜有营养	科学 语言
	备选集体学习活动	有趣的花生宝宝	1. 了解花生的基本特征,并且知道多种花生制品的名称 2. 初步尝试动手剥花生,能够大胆发言,阐述自己的发现,表达自己的感受 3. 体验吃花生的乐趣,感受同伴之间交流分享的快乐	科学 语言

续表

主题	形式	活动名称	活动目标	侧重领域与涉及领域
秋天好 果实多	备选集体学习活动	土豆、皮、丝	1. 学念节奏儿歌,理解儿歌的主要内容,初步感知节奏和音调的低、中、高 2. 愿意与同伴进行合作念唱,体验节奏活动的乐趣	艺术 社会
		做水果沙拉	1. 知道水果有多种吃法,尝试用水果做沙拉 2. 感受多种水果组合在一起产生的美感(颜色、造型) 3. 体验和家长、同伴一起制作和分享的乐趣	艺术 社会
		拔萝卜	1. 尝试阅读图书,说出每幅画的主要内容 2. 熟悉故事情节,能指着画面讲故事	语言 社会
	个别、小组学习活动	美工区	培养幼儿剪、贴、涂色等多种技能,提高小肌肉的灵活性	
		科学区	尝试用 ABAB 等形式进行有规律地排序	
		语言区	认识秋天的水果,理解文字可以表达图片对应的意思	
		生活区	练习夹、剥等动作,发展手眼协调能力	
		展示区	提升审美水平,激发对制作水果娃娃的兴趣	
		表演区	用动作大胆表现对故事的理解,喜欢表演游戏	
	规则游戏活动	运水果	发展幼儿双脚跳跃的能力	
		运萝卜	发展平衡能力	
		切西瓜	提高身体灵敏性	

环境创设与区域设置

环境创设

1. 用立体泡沫水果来创设环境,以秋天常见的水果为主,如苹果等,使幼儿能提前感受秋天。

2. 建议家长与幼儿共同布置主题墙,收集各种水果的图片,让幼儿去感知水果的色彩、形状。

区域设置

⊙ 美工区

1. 学习剪直线,将水果剪下来,贴到爱吃水果的牛身上。
2. 选择自己喜欢的水果进行涂色,涂完色后用剪刀剪下并粘贴到水果树上。
3. 自选箱子上的水果用颜料进行刷涂。

⊙ 科学区

尝试用 ABAB 等形式进行有规律地排序。

⊙ 语言区

欣赏秋天常见的喜欢的水果的图片,愿意阅读由水果图片制作成的小书。

⊙ 生活区

把花生剥开后,能自觉把壳放到果皮盒里,愿意和同伴一起分享花生。

⊙ 展示区

欣赏各种水果娃娃,并能和同伴分享自己的感受。

⊙ 表演区

用动作大胆表现对故事的理解,喜欢表演故事《拔萝卜》。

日常活动与游戏

日常活动

⊙ 我会洗手

通过墙面环境和教师示范,引导幼儿学习洗手儿歌,学会正确的洗手方法,知道吃东西前要洗手。

⊙ 剥橘子

结合吃水果的环节,鼓励幼儿自己剥橘子,认识橘子是一瓣一瓣的,尝试和同伴一起分享品尝橘子。

⊙ 爱喝白开水

结合墙面环境,引导幼儿知道爱喝水身体棒,并通过喝水后的插管动作,引导幼儿多喝水。

⊙ 我爱吃水果

结合主题墙面,在晨间谈话活动中引导幼儿说一说自己爱吃的水果是什么、味道又是怎样的。

游戏

⊙ 运水果

每个小朋友手拿不同水果一个,双脚并拢跳过连续的呼啦圈,到达终点后将水果放入篮中,跑回起点。

⊙ 运萝卜

小朋友每人手拿两个大萝卜,从低矮的平衡木上走过,到达终点后将萝卜放到大箩筐里,跑回起点。

⊙ 切西瓜

幼儿围成圆圈,师幼共同有节奏地念儿歌,"切、切、切西瓜,我们的西瓜香又甜,要吃西瓜切开来。"与此同时,教师边走边有节奏地在幼儿拉手处做切西瓜状,儿歌念完时,教师的手停留在哪两位小朋友中间,这两位小朋友就把手放开,拉着其余小朋友的手往圆心跑,表示西瓜被切开了,此时,大家做吃西瓜状。然后,游戏继续开始。

家长工作

1. 建议家长带孩子去超市购买、认识各种各样的水果,品尝各种水果。
2. 建议家长尝试和孩子制作水果沙拉、水果拼盘。
3. 建议家长在分享水果的时候,鼓励孩子自己动手剥橘子,并和家长、同伴一起分享。
4. 亲子一起制作水果娃娃,让孩子带到幼儿园里与其他幼儿共同观赏和分享。
5. 建议家长在家引导孩子多吃水果,并帮助孩子养成良好的吃水果的习惯。

集体学习活动方案

活动 1:小蛇多多

活动目标

1. 观察画面,了解小蛇多多吃的几种水果,并用语言加以表述。
2. 在阅读中进一步认识常见水果的外形特征。

活动准备

1. 挂图12号、《小朋友的书·秋天到了》。
2. 《幼儿园课程指导》第126页。

活动过程

(一)理解故事内容

1. 出示挂图一,图上是肚子鼓鼓的小蛇多多,引出故事主题。

(1)这是谁?它的肚子怎么了?

(2)这是小蛇多多,它吃了很多水果,肚子胀胀的。猜一猜,它吃了什么水果呢?

2. 教师讲述故事,提问:

(1)小蛇多多吃了哪些水果,这些水果是什么样的?

(2)多多第一次吃的是什么水果?第二次、第三次、第四次呢?

3. 出示挂图二,提问:水果是怎么样从多多的肚子里出来的呢?

(二)幼儿倾听教师完整讲述故事,学习用合适的语言描述水果的味道

1. 谁能用故事中的话按顺序说说小蛇多多吃的水果?

2. 小蛇多多吃的水果是什么味道的?

(三)教师播放故事录音,幼儿自主阅读

幼儿阅读《小朋友的书·秋天到了》,完整欣赏,并尝试讲述故事。

附:故事

小蛇多多的水果

有一天,小蛇多多要到外面去玩,妈妈叮嘱它不要乱吃东西。小蛇多多回答说:"我知道了!我知道了!"

走着走着,小蛇多多看见了一根香蕉。它想:香蕉软软的,吃了一定很舒服!于是多多吃了一根香蕉。走着走着,多多看见一串葡萄。它想:葡萄酸酸的,一定很好吃!于是,多多吃下了一串葡萄。走着走着,多多看见一个苹果。它想:苹果脆脆的,一定很好吃!于是多多又吃下了一个苹果。多多的小肚子已经饱了,可是,不一会儿,多多又看见了一个西瓜,它想:西瓜甜甜的,一定很好吃!它费劲地把西瓜也咽了下去。哎呀呀!多多吃了太多的水果,不能动了。肚子胀胀的,真难受呀!既不能向前走,也不能回家。

这时,一只蚂蚁爬到了多多的鼻尖。蚂蚁在多多的鼻尖爬来爬去,多多觉得鼻子痒痒的、痒痒的,它实在忍不住了,打了一个大大的、大大的喷嚏,"啊——嚏!"哈哈!肚子里

的水果都飞出来了。多多把水果送给了小蚂蚁,一身轻松地回家了。

活动 2:水果碰碰碰

活动目标

1. 听音乐做相应的动作,感受与同伴一起做游戏的快乐。
2. 尝试将认识的水果编进歌曲中进行游戏。

活动准备

1. 磁带、水果头饰。
2. 《幼儿园课程指导》第 131 页。

活动过程

(一)教师播放歌曲数遍,引导幼儿感受、表演歌曲

1. 歌曲中哪些水果和我们一起做游戏了?
2. 幼儿跟着教师随音乐有节奏地做动作。

(二)幼儿初步体验音乐游戏规则

分角色,教师出示相应的水果头饰:你想当什么水果宝宝?分别请苹果宝宝、梨子宝宝、西瓜宝宝、葡萄宝宝上来戴好头饰,相互碰一碰,拉拉手。

(三)幼儿游戏

1. 全体水果宝宝围成一个大圆圈,教师介绍游戏规则:苹果宝宝们在听到"来来,我是一个苹果,果果果果果果……"这句时来到圆圈中间,随着"果果果果果果……"的音乐节奏找个苹果伙伴碰一碰,这句结束后苹果宝宝们回到圆圈上站好。其余三种水果宝宝听着音乐随意动作。
2. 请个别幼儿尝试。(教师弹琴伴奏,以灵活调整音乐节奏)
3. 替换歌词继续游戏。

活动延伸

该内容可以编进幼儿早操的韵律活动中,让幼儿每天随歌曲欢快地进行律动,加深对水果的喜爱之情。

附：歌曲

水果碰碰碰

佚 名词
佚 名曲

1=C 2/4

```
1   1   | 2 4 3 2 | 5    5   | 5 6 3 4 | 2    2   | 2 4 3 2 |
来  来，  我是一个苹  果，    果果果果  果  果    果果果果
来  来，  我是一个西  瓜，    瓜瓜瓜瓜  瓜  瓜    瓜瓜瓜瓜

1 1 7 6 | 5 4 3 2 | 1    1   | 2 4 3 2 | 5    5   | 5 6 3 4 |
果果果果 果果果果。 来    来， 我是一个梨 子，  梨梨梨梨
瓜瓜瓜瓜 瓜瓜瓜瓜。 来    来， 我是一个葡 萄，  葡萄葡萄

2    2   | 2 4 3 2 | 1 5 2 3 | 1   —  :‖
梨   梨   梨梨梨梨  梨梨梨梨梨。
萄   萄   葡萄葡萄  葡萄葡萄葡萄。
```

活动 3：水果宝宝的沉与浮

活动目标

1. 观察水果在水中的沉浮现象，对沉浮现象感兴趣。

2. 认识"↓"（沉）、"↑"（浮）标志。

活动准备

1. 苹果、橘子、香蕉、枣、桂圆等本地常见水果。

2. 较大的塑料盆、记录表。

3. 贴有"↓""↑"不同标志的两个筐。

4. 《幼儿园课程指导》第 134 页。

活动过程

（一）认识沉浮的标志

1. 教师逐一出示水果，请幼儿说一说这是什么水果。

2. 教师出示已经做好的"↓""↑"沉浮标志让幼儿辨认。

（二）幼儿验证水果的沉浮

根据沉浮现象把水果放在相应标志的筐内，提醒幼儿每种水果都去试一试。

（三）交流水果在水里的沉浮现象

教师记录实验结果,指导幼儿再次尝试。

活动延伸

建议家长可以和幼儿在家玩"水果宝宝咕噜噜"游戏,尝试用各种方式滚动水果,看看水果是怎么滚的,什么样的水果最容易滚。

活动 4:爱吃水果的牛

活动目标

1. 观察图片,理解故事内容。
2. 通过阅读故事,知道水果营养丰富,爱吃各种各样的水果。

活动准备

1. 《小朋友的书·秋天到了》。
2. 《幼儿园课程指导》第 137 页。

活动过程

(一)观察《小朋友的书·秋天到了》第 17 页,激发幼儿的阅读兴趣

1. 这是什么动物?它的肚子里是什么?
2. 这头牛有什么故事呢?

(二)自主阅读,通过翻阅画面来了解预测故事内容

你看到了什么?这是一头怎样的牛?

(三)师幼共同阅读,熟悉故事内容

1. 爱吃水果的牛为什么不会生病?
2. 它是怎么帮助生病的人们的?

(四)教师完整讲述故事,帮助幼儿提升认识

请幼儿说一说自己不爱吃的水果。

活动延伸

鼓励幼儿根据图片的内容进行大胆地讲述。

附:故事

爱吃水果的牛

在一个长满各种果树的森林里,住着一只爱吃水果的牛。主人每天喂它各种好吃的水果。有苹果、香蕉、西瓜、橘子、葡萄……一天晚上,突然刮起了一阵冷风。主人着凉了,所有的邻居也都感冒了,只有爱吃水果的牛没有生病。"请喝杯苹果牛奶吧!还有香蕉牛奶、橘子牛奶、葡萄牛奶……"主人的感冒渐渐好了。邻居们吃了水果,病也好了。大家都变成爱吃水果的人了。

活动 5:各种各样的萝卜

活动目标

1. 尝试根据萝卜的颜色、大小将萝卜分类。

2. 认识萝卜的主要特征,知道萝卜有营养。

活动准备

1.《小朋友的书·秋天到了》。

2. 师生共同收集不同品种、大小、颜色的萝卜(最好有叶子)。

3.《幼儿园课程指导》第144页。

活动过程

(一)猜谜语,引出主题

1. 红公鸡,绿尾巴,一头扎到泥底下。(谜底:红萝卜)

2. 教师出示红萝卜,与谜面进行核对,并讲述红萝卜的特征。

3. 除了红萝卜,小朋友们还看到过什么萝卜,是什么样子的?

(二)幼儿与同伴比较萝卜,感知颜色和大小

1. 介绍自己的萝卜。

2. 比一比和自己带来的萝卜颜色、大小一样吗?

(三)萝卜超市

1. 教师请幼儿听指令,把萝卜拿到教室前面,准备开"萝卜超市"。

2. 请幼儿根据颜色进行分类,进一步认识各种萝卜。

3. 请幼儿根据大小进行分类。

（四）了解萝卜的营养价值

你喜欢吃萝卜吗？为什么我们要吃萝卜？教师请幼儿仔细观察《小朋友的书·秋天到了》中第20页"好多好多的萝卜"这一部分的内容，和同伴交流自己最喜欢的萝卜，说说萝卜是长在哪里的，农民又是怎样收萝卜的。

活动延伸

可以把萝卜制品陈列在幼儿园活动室的一角，供幼儿辨认，逐步引导幼儿养成爱吃萝卜的习惯。

活动6：有趣的花生宝宝

活动目标

1. 了解花生的基本特征，并且知道多种花生制品的名称。
2. 初步尝试动手剥花生，能够大胆发言，阐述自己的发现，表达自己的感受。
3. 体验吃花生的乐趣，感受同伴之间交流分享的快乐。

活动准备

1. 花生、花生制品、花生图片若干。
2. 花生做成的项链。

活动过程

（一）直接引入主题

引导幼儿和花生打招呼。

（二）运用多种感官，了解花生的外形特征

1. 摸一摸，摇一摇。

（1）花生客人长什么样啊？（引导幼儿摸一摸、摇一摇，认识花生外壳的特征）

（2）结合幼儿的发现和表述，小结：花生壳是凹进凸出的，摸上去是硬硬的、糙糙的，有的花生是长长的，有的花生是短短的。摇一摇，还会有声音呢！因为里面住着花生宝宝。

2. 看一看，猜一猜。

观察花生的外形，花生像什么？

3. 剥一剥,数一数。

小结:每颗花生里面的花生宝宝个数是不一样的,每个花生宝宝外面都穿了一件红红的衣服。我们帮它脱掉红衣服,看看里面是什么样子的?他们住的地方又是怎么样的呢?大家一起观察花生的内壁。

4. 闻一闻,尝一尝。

花生仁的味道是什么样的?

(三)了解生活中常见的花生制品,知道花生是很好的健康食品

1. 认识提供的花生制品,了解花生可以加工成很多好吃的东西,并且说一说你知道的其他花生制品。

2. 尝一尝,了解花生是很好的健康食品。(安全教育:吃东西的时候不要说话。)

小结:花生宝宝藏到了这些东西里,变成了好吃的花生酱、花生糖、花生饼干、花生酥、花生牛奶,花生宝宝可真厉害呀!

3. 认识花生的其他制品。

出示花生油,让幼儿闻一闻,了解花生油的用途。

活动延伸

1. 教师带领幼儿欣赏花生做成的装饰项链。

2. 提供给幼儿花生壳,引导幼儿用花生壳作为材料进行手工活动。

活动 7:土豆、皮、丝

活动目标

1. 学念节奏儿歌,理解儿歌的主要内容,初步感知节奏和音调的低、中、高。

2. 愿意与同伴进行合作念唱,体验节奏活动的乐趣。

活动准备

节奏谱。

活动过程

(一)理解节奏儿歌的主要内容

1. 故事引入。教师将《土豆、皮、丝》串联成故事让幼儿感知。

2. 教师引导幼儿用动作表现儿歌中的元素。(土豆——拳头、皮——"布"的手势、丝——食指伸直)

2. 教师示范念节奏儿歌,并且用动作表现。

(二)幼儿念唱儿歌。

1. 幼儿跟着教师念唱若干遍。

2. 教师带领幼儿有节奏地玩土豆、皮、丝的游戏。

3. 教师带领幼儿男女分组玩土豆、皮、丝游戏。

附:儿歌

活动 8:做水果沙拉

活动目标

1. 知道水果有多种吃法,尝试用水果做沙拉。

2. 感受多种水果组合在一起产生的美感(颜色、造型)。

3. 体验和家长、同伴一起制作和分享的乐趣。

活动准备

1. 水果、盘子、沙拉酱、刀。

2.《幼儿园课程指导》第139页。

活动过程

（一）讨论水果沙拉的制作方法

你们吃过水果沙拉吗？你们喜欢吃水果沙拉吗？水果沙拉是怎么做的？

（看水果沙拉制作步骤图：洗 — 切 — 拌，幼儿和父母一起熟悉操作步骤）

（二）亲子制作水果沙拉

幼儿和父母一起选择所需的水果。

幼儿和父母一起制作。（一些容易的工作，如剥皮、切块等让幼儿自己操作；一些难度大的工作，请家长完成）

（三）欣赏水果沙拉

看看自己制作的水果沙拉并评论，欣赏其他小朋友与他们的爸爸妈妈做的水果沙拉。

（四）水果沙拉品尝会

活动9：拔萝卜

活动目标

1. 尝试阅读图书，说出每幅画的主要内容。
2. 熟悉故事情节，能指着画面讲故事。

活动准备

1.《小朋友的书·秋天到了》。
2. 磁带及录音机。

活动过程

（一）引入活动，激发兴趣

1. 请小朋友们翻开书本，阅读第21～25页的内容。
2. 说一说书上画的是一个什么样的故事。

（二）师生共同阅读图书，教师边提问边指导幼儿阅读

1. 观察第一幅画，提问：

（1）老公公在干什么？

(2) 老公公对萝卜说了什么?

2. 观察第二幅画,提问:老公公是怎样拔萝卜的?

3. 观察第三幅画,提问:

(1) 老公公拔不动萝卜,他请了谁来帮忙?他是怎么喊的?为什么不是说而是喊?

(2) 请幼儿一起模仿老公公回头看着老婆婆并大声喊"老婆婆,老婆婆,快来帮忙拔萝卜"的动作。

(3) 老婆婆听到了之后做何反应?她又是怎么说的?

4. 观察第四幅画面,提问:

(1) 老婆婆是怎么帮老公公一起拔萝卜的?

(2) 最后老公公和谁一起把大萝卜拔出来了?

(三)聆听完整故事

请幼儿一边听故事一边翻看图书,鼓励幼儿跟着录音对照图画学讲故事。

活动延伸

根据幼儿的兴趣可以分发指偶或者道具供幼儿表演。

附故事

拔萝卜

[俄]阿·托尔斯泰

老公公种了棵萝卜,他对萝卜说:"长吧,长吧,萝卜啊,长得甜呐!长吧,长吧,萝卜啊,长得大啊!"萝卜越长越大,大得不得了。

老公公去拔萝卜。他拉住萝卜的叶子,"嗨哟,嗨哟,拔萝卜。嗨哟,嗨哟,拔不动。"老公公喊:"老婆婆,老婆婆,快来帮忙拔萝卜!""唉!来了,来了。"

老婆婆拉着老公公,老公公拉着萝卜的叶子,一起拔萝卜。"嗨哟,嗨哟,拔萝卜。嗨哟,嗨哟,拔不动。"老婆婆喊:"小姑娘,小姑娘,快来帮忙拔萝卜!""唉!来了,来了。"

小姑娘拉着老婆婆,老婆婆拉着老公公,老公公拉着萝卜的叶子,一起拔萝卜。"嗨哟,嗨哟,拔萝卜。嗨哟,嗨哟,拔不动。"小姑娘喊:"小花狗,小花狗,快来帮忙拔萝卜!""汪汪汪!来了,来了。"

小花狗拉着小姑娘,小姑娘拉着老婆婆,老婆婆拉着老公公,老公公拉着萝卜的叶子,一起拔萝卜。"嗨哟,嗨哟,拔萝卜。嗨哟,嗨哟,拔不动。"小花狗儿喊:"小花猫,小花猫,快来帮忙拔萝卜!""喵喵喵!来了,来了。"

小花猫拉着小花狗,小花狗拉着小姑娘,小姑娘拉着老婆婆,老婆婆拉着老公公,老公公拉着萝卜的叶子,一起拔萝卜。"嗨哟,嗨哟,拔萝卜。嗨哟,嗨哟,拔不动。"小花猫喊:"小耗子,小耗子,快来帮忙拔萝卜!""吱吱吱!来了,来了。"

　　小耗子拉着小花猫,小花猫拉着小狗儿,小狗儿拉着小姑娘,小姑娘拉着老婆婆,老婆婆拉着老公公,老公公拉着萝卜的叶子,一起拔萝卜。"嗨哟,嗨哟拔萝卜。",拔呀拔,大萝卜有点动了,再用力地拔呀拔,大萝卜拔出来啦!大家高高兴兴地把大萝卜抬回家去了。

亲亲小动物

主题说明

　　幼儿和动物之间有着天然的联系，幼儿喜欢小动物的情感似乎是与生俱来的。在他们的眼中，动物是和他们一样有生命、有想法、会说话、能交流的亲密伙伴，动物是孩子成长中不可或缺的朋友。随着幼儿成长与生活范围的不断扩展，接触动物的机会越来越多，小兔子、小乌龟、小狗、小鱼、小猫等一些家养宠物都是孩子们接触较多、相对较为熟悉的。小班孩子对动物的熟悉与喜爱往往是通过自己的多种感官去实现的。他们愿意观察动物，会主动与动物交流，也愿意拿食物去尝试喂养动物。但是，他们脑海中关于动物的认识是零散的，他们知道动物的名称，能在大人的引导下，用多种感官去感知动物，但是却不太会用语言去描述与表达自己对动物的认知。《3～6岁儿童学习与发展指南》中提出：3～4岁幼儿对于感兴趣的事物能仔细观察，发现其明显特征。作为教师，我们应积极鼓励与支持幼儿的一些自发的观察活动，通过活动引导幼儿发现周围的动物是多种多样的。因此，在小班上学期，我们从"亲亲小动物"的情感主线出发，选择了小兔、乌龟这两种常见的动物开展相应的主题活动，同时，为适当拓展孩子们的视野，我们将目光投向孩子们身边的家养宠物，期待孩子们能通过不同途径（如看、听、摸、说、画等）直接感知和体验，来满足幼儿对动物的好奇心和探究愿望，萌发幼儿亲近动物、喜爱动物的情感，引导幼儿感知动物并积累相关经验，学习用多种方式表达自己的认识与体验，为中、大班时进一步探索动物的秘密等打下扎实基础。

　　基于以上种种，小班阶段，我们以"亲亲小动物"为切入的核心，确定了3个子主题——"小兔乖乖""乌龟爬爬""家有宠物"，这3个子主题选取了孩子比较熟悉的2种主要动物以及若干容易接触到的动物，便于幼儿接受和喜爱。本次主题从幼儿熟悉并喜爱的动物开始，让他们通过故事、儿歌、参观、游戏、实物观察、讲述等各种不同的活动来了解小动物，通过学习如何照顾这些小动物，探究小动物爱吃的食品，了解它们的生活习性等，从而对它们产生兴趣，乐意亲近这些小动物，愿意跟它们做朋友，激发幼儿对动物的探索愿望，并能主动尝试用丰富多彩的方式获得和了解有关动物的更多信息，在活动中帮助幼儿增强学习感受力。

小兔乖乖

主题目标

1. 观察和饲养兔子,学习用多种感官认识与了解兔子的外形特征和生活习惯,乐意亲近和爱护兔子。

2. 能充分利用家庭资源广泛收集关于兔子的信息,学习正确、有序地观察与认识事物的方法,学会关心、照顾小动物。

3. 通过集体活动与区域性自主学习、材料操作、探索等方式,自主建构和积累对兔子的认知与学习经验,并能用多种方式表达自己对兔子的喜爱之情。

主题活动一览表

主题	形式	活动名称	活动目标	侧重领域与涉及领域
小兔乖乖	集体学习活动	小兔乖乖	1. 喜欢听故事,知道故事中的角色和情节,初步了解小兔子的基本特征 2. 初步知道一些自我保护的方法	语言 健康
		亲亲小兔子	1. 观察小兔子的外形,了解它的生活习性 2. 乐意亲近小兔子,并用语言表述对小兔子的认识	科学 语言
		小兔子的长耳朵	1. 观察图片和泥塑兔子实物,巩固对兔子外形特征的认识,用搓圆、压扁等技能做泥塑兔子 2. 喜欢做泥塑小兔子的活动,学习将两部分连接起来的方法 3. 体验泥塑活动的乐趣	艺术 语言
		小兔拔萝卜	1. 在游戏中学习手口一致地点数 4 以内物体的数量 2. 能按照口令,迅速地按数取物 3. 在游戏中感受活动的乐趣,体验成功的快乐	科学 健康

续表

主题	形式	活动名称	活动目标	侧重领域与涉及领域
小兔乖乖	集体学习活动	小兔和狼	1. 在玩游戏的过程中,感知不同音乐的特征,学习和同伴一起合作玩小兔和狼的游戏 2. 培养幼儿听音乐做游戏的规则意识,发展幼儿的情境性创造思维	艺术 健康 社会
		小兔跳跳	1. 练习双脚并拢向前行进跳,尝试双脚并拢跳过10厘米高的障碍物 2. 乐于参与小兔吃萝卜的游戏,体验与同伴一起运动的快乐	健康 艺术 语言
	备选集体学习活动	小兔家的新门帘	1. 初步区分圆形、长方形和三角形,在制作门帘的过程中,体验数学活动的乐趣 2. 锻炼手眼协调能力,锻炼手指小肌肉	科学 健康
	个别、小组学习活动	美工区	尝试运用多种手段与材料,通过折、剪、撕、贴等方式,用自由组合等操作打扮小兔,体验创作的乐趣,能乐在其中	
		益智区	1. 通过操作"小兔子找萝卜"的自制玩具,学习数字配对,认识数量的多少,理解数字所代表的含义 2. 通过串门帘活动,发现图形的明显特征,巩固对图形的认识,对不同的形状感兴趣	
		阅读区	1. 能认真聆听故事"小兔乖乖",口齿清楚地学说故事中的对话 2. 能一页一页翻阅故事书,懂得爱护图书,不乱撕、乱扔	
		表演区	1. 选择自己喜欢的角色,跟着音乐大胆地进行表演 2. 学习小兔子的动作,乐意与同伴互动表演,体验表演的乐趣	
	规则游戏活动	小兔过河	1. 练习双脚并拢向前跳及助跑跨跳,掌握前脚掌落地的动作要领 2. 在游戏中体验运动所带来的快乐	
		机灵的小兔	1. 学习绕障碍物走、跑,提高动作的灵敏性 2. 积极参加游戏活动,遵守游戏规则	

环境创设与区域设置

环境创设

⊙主题墙

1. 板块一:你认识我吗？——利用家长资源,收集各类不同形态、不同种类的兔子图片,通过观看图片认识小兔子的外形特征和种类,有初步的感知体验。

2. 板块二:我喜欢吃什么？——在了解小兔子的外形特征后,了解兔子的生活习性,知道兔子喜欢吃的食物,并画出来。通过系列活动进一步了解小兔子爱吃的食物,并且展示在主题墙上。

3. 板块三:兔宝宝的花衣裳——幼儿进行创意绘画,用不同的颜色搭配来进行装饰,感受颜色的鲜艳美。

4. 板块四:不同的我——幼儿选择不同的材料进行兔子装饰活动,感受装饰活动的乐趣,并进行呈现。

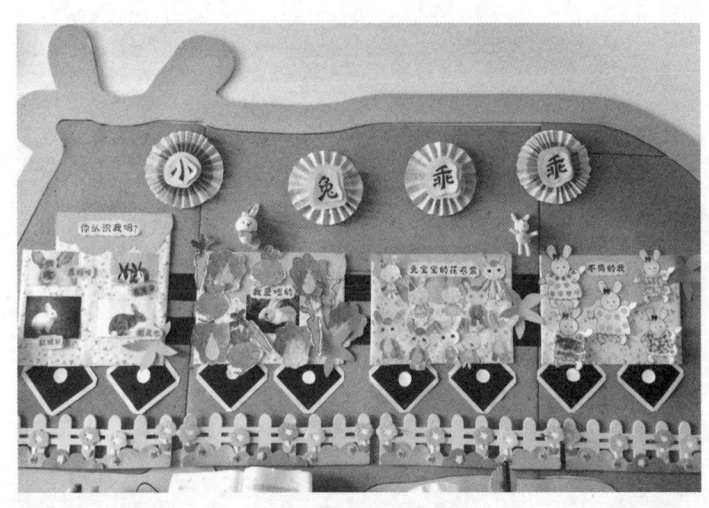

⊙ 展示区

建造小兔子的家,引导幼儿从家中带来各式各样的兔子玩偶或者玩具等,放在小兔子的家里,供幼儿认知、欣赏、游戏。

区域设置

⊙ 美工区

1. 提供蜡笔、颜料、彩纸、皱纹纸和小兔子图纸等,幼儿可自由选择,进行"小兔白白"的美术活动,通过自主选择的方式来感受创意装饰的乐趣。

2. 提供彩纸进行折小兔子的游戏活动。

3. 提供海绵印章和动物海绵,进行小兔子海绵印画的活动。

4. 提供橡皮泥和泥工板,进行泥塑小兔子的活动。

⊙益智区

1. 提供"小兔子找萝卜"的自制玩具,幼儿根据小兔子身上的数字找到相应的点数,进行数字配对游戏。

2. 提供圆形、正方形、三角形纸片,幼儿进行串门帘活动。

⊙阅读区

投放材料:自制绘本墙、录音机、故事磁带、各种小兔子的图片和书籍。

1. 提供"小兔乖乖"的自制绘画墙,使幼儿可以边跟着录音听故事,边看图讲述,学说故事中的对话。

2. 提供关于小兔子的自制图书,引导幼儿自主阅读,了解更多关于小兔子的故事。

⊙ 表演区

投放材料：小兔子、大灰狼手偶、头饰，录音机，磁带，小花篮若干，自制小兔子尾巴，小毛巾。

1. 提供小兔子的手偶、头饰，《小兔乖乖》的音乐录音，激发幼儿跟着音乐一起进行角色表演的兴趣。

2. 提供《小兔乖乖》的音乐。另准备小花篮，小白兔、大灰狼头饰，小毛巾，用报纸编的小尾巴等材料，为幼儿表演《小兔乖乖》的故事提供条件。

日常活动与游戏

日常活动

　　1. 日常生活中,如在餐前、午睡时,和孩子一起听听有关于兔子的故事、小知识等,帮助幼儿了解更多关于兔子的趣事。

　　2. 餐后散步,观察自然角的兔子,指导幼儿给兔子喂食,进一步了解兔子还喜欢吃什么。也可以引导幼儿观察兔子其他的生活习性,使幼儿熟悉兔子,萌发喜欢兔子和爱护兔子的情感。

游戏

　　⊙小兔过河

　　1. 幼儿先自主尝试不同的跳跃方法,并乐意在同伴面前表演。教师在幼儿自主表现的基础上,给予指导,重点示范和讲解双脚跳和助跑跨跳的动作要领,如前脚掌落地的动作要领。然后引导幼儿自由练习这两种方法。

　　2. 教师和幼儿戴上头饰进行游戏。幼儿戴上小白兔头饰扮演小兔子,"小河"上连续摆放呼啦圈和泡沫垫做的石头。教师戴上头饰饰演兔妈妈,请幼儿跟着老师逐个跳到呼啦圈内或泡沫垫上,最后跳到"河"对岸,成功过"河"。

　　3. 将幼儿分成两组,先自由练习,然后两组间进行比赛。

　　⊙机灵的小兔

　　1. 热身:小兔子律动操。

　　2. 以游戏的口吻提出游戏要求:幼儿扮小兔子,要经过一片"陷阱"才能到"蘑菇地"里采"蘑菇"。用塑料玩具当"蘑菇"。提醒小朋友想办法绕过很多的陷阱(凳子)。碰到"陷阱"的小朋友就得重新来过。采到"蘑菇"的小朋友从两边回来,把"蘑菇"放在前面的空篮子里,排在队伍后面,重新玩。

　　3. 请两个幼儿先上来试玩,提醒幼儿要双脚并拢向前跳。保护好自己,不和其他的"兔子"撞到一起。

　　4. 将幼儿分成男女两组练习、游戏。指导个别能力较弱的幼儿。

　　5. 放松活动:小兔子们带着采来的"蘑菇"高高兴兴回家了。

家长工作

1. 请家长收集有关兔子的图片和图书,让孩子带到班级里与同伴分享。
2. 请家长带孩子观察兔子的外形特征和生活习性,请孩子尝试喂养小兔子。

集体学习活动方案

活动 1:小兔乖乖

活动目标

1. 喜欢听故事,知道故事中的角色和情节,初步了解小兔子的基本特征。
2. 初步知道一些自我保护的方法。

活动准备

1. 三个手偶。
2. 挂图 14 号。
3. 磁带及录音机。
4. 一位其他班级幼儿的家长。

活动过程

(一)手偶引题

1. 出示手偶,这是谁? 3 个兔宝宝有什么长得不一样的地方?
2. 兔妈妈有 3 个宝宝,它们分别叫长耳朵、红眼睛、短尾巴。

(二)欣赏视频,理解故事内容

1. 兔妈妈每天给它们准备好吃的,这天,兔妈妈对孩子们说……(教师开始讲故事,讲到"夸它们是好孩子",停止)

提问:

(1)兔妈妈去地里拔萝卜了,出门前,它对小兔子们说了什么?
(2)兔妈妈回家时,唱了什么歌请小兔子开门?(教师可以带着幼儿一起用唱歌的方式来回答)

2. 播放剩下的故事到结束。

（1）兔妈妈去地里拔萝卜了，出门前，它对小兔子们说了什么？

（2）大灰狼想吃小兔子，它想了什么办法？（引导幼儿唱出兔妈妈与大灰狼的不同声音）

（3）听到大灰狼的歌声，小兔子开门了吗？红眼睛是怎么说的？短尾巴是怎么说的？长耳朵又是怎么说的？

（4）聪明的小兔子想出了什么办法来对付大灰狼？

（5）后来兔妈妈回来了，它是怎么表扬小兔子们的？

（三）完整欣赏视频，展开讨论

讨论：如果小朋友独自在家，有陌生人来敲门，你们该怎么办？

师幼共同归纳一些自我保护的方法。

（四）情景迁移，防拐练习

请一位其他班级幼儿的家长扮演陌生人，用食物、唱歌、电子游戏等哄骗孩子。引导孩子懂得保护自己，知道不能跟陌生人走的道理。

活动2：亲亲小兔子

活动目标

1. 观察小兔子的外形特征，了解它的生活习性。

2. 乐意亲近小兔子，并用语言表述对小兔子的认识。

活动准备

1. 小白兔一只；有关小兔的视频。

2. 青菜、胡萝卜、肉、草、树叶等食物若干。

活动过程

（一）谜语谈话引出主题

1. "红眼睛，白皮袄。长耳朵，真灵巧。爱吃萝卜爱吃草，走起路来蹦蹦跳。"猜猜这是谁？

2. 你知道兔子长什么样吗？小兔子喜欢吃什么？（教师出示小兔子，请幼儿自由讲述对兔子已有的认识）

（二）引导幼儿有序观察小兔子的外形特征

1. 小组活动,请幼儿先和小兔子玩一玩,自由观察。(通过摸、看、听,引发幼儿对小兔子的兴趣,幼儿相互交流)

2. 有序观察引导:你观察到的小兔子是什么样的?头上有什么?耳朵是什么样的?它的眼睛又是什么样的?嘴巴有什么特别不一样的地方?(请幼儿学学兔子的长耳朵)兔子身上长了什么?摸上去有什么感觉?(引导幼儿说"软软的、毛茸茸的")它长了几条腿呢?它的尾巴是怎样的?(请幼儿学学小兔子跳)

3. 教师小结兔子的外形特征。

(三)给小兔子喂食

1. 你们知道小兔子喜欢吃什么吗?我们来一起喂喂小兔子吧。(教师提供青菜、胡萝卜、肉、草、树叶)

2. 小兔喜欢吃什么?不喜欢吃什么?(请幼儿模仿兔子吃食)

3. 教师小结兔子的基本饮食习性。

(四)观看有关兔子的视频

1. 引导幼儿观察视频,知道兔子有不同的颜色,有白兔、灰兔、黑兔,在观察了不同兔子的基础上,知道不同兔子的眼睛、毛色有所不同。

2. 教师小结兔子的种类与主要特征。

活动延伸

为什么小白兔的眼睛是红色的?而其他兔子的眼睛不是红色的?

活动 3:小兔子的长耳朵

活动目标

1. 观察图片和泥塑兔子实物,巩固对兔子外形特征的认识,用搓圆、压扁等技能做泥塑兔子。

2. 喜欢做泥塑小兔子的活动,学习将两部分连接起来的方法。

3. 体验泥塑活动的乐趣。

活动准备

1. 事先在泥塑板上做好大小不同的小兔子的身体。

2. 橡皮泥、小兔子图片。

3.《小兔乖乖》的音乐录音。

活动过程

（一）以猜谜导入

今天老师给你们带来了一些小客人，你们猜一猜是谁呀？那我来说说它的样子，你们再来猜猜看。（教师说谜语）红眼睛，白皮袄。长耳朵，真灵巧。爱吃萝卜爱吃草，走起路来蹦蹦跳。（教师出示泥塑兔子，请幼儿欣赏）

（二）出示小兔子玩具；引导幼儿观察

请幼儿观察，并提问：图片中的小兔子少了什么？

（三）引导幼儿用搓圆、压扁等技能做兔子的耳朵

1. 教师示范。教师将橡皮泥分成大小两块。把大的一块搓圆变成小兔的身体，把小的一块平均分成两块，并搓成长条，压扁后做成小兔子的耳朵，贴在小兔子的身体上。

2. 请幼儿自己选择彩色橡皮泥，并尝试制作，教师播放《小兔乖乖》歌曲作背景音乐。

3. 请个别幼儿示范，介绍自己的制作方法。

4. 幼儿继续完成作品，教师鼓励动作快的幼儿用橡皮泥做萝卜、青菜。

（四）幼儿相互欣赏作品

布置一块草地，将做好的兔子放到草地上，组合成小兔子乐园，请幼儿说说小兔子在草地上干什么。

活动 4：小兔拔萝卜

活动目标

1. 在游戏中学习手口一致地点数 4 以内物体的数量。

2. 能按照口令，迅速地按数取物。

3. 在游戏中感受活动的乐趣，体验成功的快乐。

活动准备

1. 塑封过的萝卜、鞋盒做的萝卜地、小兔挂饰。

2. 人手一个粘有圆点的袋子。

3. 垫板指向标 30 块、大锅。

活动过程

（一）学习 4 以内的点数

以兔妈妈准备煮萝卜汤为情景，引入活动，激发幼儿的兴趣。

秋天到了，萝卜地里的萝卜都成熟了，妈妈要给你们煮萝卜汤喝。谁愿意帮妈妈去萝卜地里拔一个萝卜呀？（激发幼儿参与拔萝卜活动的兴趣）

（二）做拔萝卜游戏，按数取物

1. 第一次请一位幼儿去地里拔一个萝卜，教师为幼儿念儿歌"小兔子，蹦蹦跳，跳到地里拔萝卜"。

2. 第二次请幼儿拔两个萝卜，第三次请幼儿拔三个萝卜，第四次请幼儿拔四个萝卜。

3. 教师边念儿歌边拔萝卜，引导幼儿观察。

4. 集体拔萝卜，让幼儿将拔好的萝卜放到垫板上，洗一洗，切一切。与同伴相互检查，拔的萝卜数量是否正确。

5. 请幼儿将萝卜放入锅中，砧板放在旁边的箩筐内。"妈妈要煮萝卜汤喽，秋天喝萝卜汤最有营养啦！请宝宝们耐心等待哦。"

（三）做装萝卜游戏，巩固按数取物这一知识点

1. 给其他小动物送萝卜，请幼儿根据袋子上的点数将对应数量的萝卜装进袋子。

2. 同伴相互检验是否装对了萝卜，不对的帮助其改正。

（四）延伸活动：送萝卜

小兔子们，现在我们把拔好的萝卜送给其他小动物们吃吧。

活动 5：小兔和狼

活动目标

1. 在玩游戏的过程中，感知不同音乐的特征。学习和同伴一起合作玩小兔和狼的游戏。

2. 培养幼儿听音乐做游戏的规则意识，发展幼儿的情境性创造思维。

活动准备

1. 课件、音乐磁带。

2. 狼头饰一个,小兔子头饰若干。

活动过程

(一)欣赏两段音乐,感知音乐的特点

1. 今天幼儿园里来了两种小动物,分别是小兔和大灰狼,请你听听音乐,说说哪段音乐表示小兔子来了,哪段音乐表示大灰狼来了。

2. 听完音乐,教师提问:

(1)为什么你觉得这个音乐表示小兔子来了？(我们一起来学一学小兔子)

(2)为什么你觉得这个音乐表示狼来了？(一起学一学大灰狼的动作)

3. 小结:表示小兔子的音乐听起来是活泼轻快的,表示大灰狼的音乐节奏很慢,听起来很低沉,有点可怕。

(二)学习音乐游戏:小兔和狼

1. 一天,小兔子跳呀跳呀跳到树林里玩,它竖起耳朵仔细听,听到风儿在呼呼地吹,树叶在沙沙地响。正当小兔子玩得开心的时候呀,只听"嘭！嘭！"哎呀,不好,来了一只大灰狼,吓得小兔赶紧躲了起来,聪明的小兔子躲在大树丛中,大灰狼没有发现它,灰溜溜地走了,小兔又高高兴兴地出来玩了。

2. 规则:

(1)请一个幼儿上来当狼,其余幼儿当小兔子。

(2)当听到狼来了的音乐时,小兔子要找地方躲起来。

3. 进行游戏数遍。

(三)结束

兔妈妈出来了,说:"孩子们,你们真棒,你们都能好好地保护自己,妈妈真开心,我们回家吧。"

活动6:小兔跳跳

活动目标

1. 练习双脚并拢向前行进跳,尝试双脚并拢跳过10厘米高的障碍物。

2. 乐于参与小兔吃萝卜的游戏,体验与同伴一起运动的快乐。

活动准备

1. 泡沫制成的菜地,其中设有10厘米高的障碍物;萝卜实物若干。

2. 小兔胸饰若干。

3. 小椅子若干。

4. 圆圈6个、易拉罐串成的篱笆4个(高度10厘米)。

活动过程

(一)开始部分

做小动物模仿操,进行热身运动。

孩子们,今天天气真好啊,小动物们都出来锻炼身体了,我们跟着小动物一起来活动活动吧。(放音乐)

小花猫,喵喵喵,伸伸懒腰喵喵喵。(上肢运动)

小鸭子,嘎嘎嘎,摇摇摆摆嘎嘎嘎。(下肢运动)

小公鸡,叽叽叽,啄啄虫儿叽叽叽。(腹背运动)

小青蛙,呱呱呱,跳上跳下呱呱呱。(跳跃运动)

(二)主体部分

1. 引导幼儿学习双脚并拢连续往前跳。

孩子们,兔妈妈想带你们去菜地里拔萝卜。你们知道小兔子是怎么走路的吗?大家一起来学一学吧。(小朋友自由跳)这只小兔子跳得最好了,我们请他到前面来,大家看看他是怎么跳的?(小朋友示范,老师在一边讲解:两脚并拢,膝盖弯一点,轻轻往前跳)我们都来学这只小兔子跳一跳吧。

2. 引导幼儿尝试跳过10厘米高的障碍物。

(1)(出示篱笆)去菜地的路上会有一些篱笆挡住我们的去路,怎么办呢?请你们先去试一试,再来告诉我怎么办。(小朋友们去尝试,老师适当引导)

(2)坐下休息,请几个幼儿来示范怎么样跳过篱笆。小结:要双脚并拢,膝盖弯一点,往上一跳,跃过篱笆。

(3)我们用这几只小兔子的方法,一起跳过篱笆吧。(教师引导幼儿双脚并拢向上跳,幼儿练习)

3. 老师讲解游戏的玩法,在游戏中巩固跳的技能。

小兔子们跳的本领学得真好,等会儿就跟着兔妈妈一起去拔萝卜吧。在路上,我们要一个跟着一个跳,先跳过这些圆圈,再跳过篱笆,到了菜地里每人拔一个萝卜,然后跟着兔妈妈从原路返回家里吧。

4. 组织小朋友们做游戏，提醒幼儿要一个跟着一个，不能拥挤。

（三）结束部分，放松运动

每个小兔子都拔到了一个大萝卜，我们来洗洗干净，把它吃了吧。（边念儿歌，边做放松运动）萝卜洗一洗，萝卜切一切（放松胳膊），萝卜尝一尝（点头动作）。吃饱了，踢踢小腿（放松腿部）。天黑了，我们回家吧！

活动 7：小兔家的新门帘

活动目标

1. 初步区分圆形、长方形和三角形，在制作门帘的过程中，体验数学活动的乐趣。
2. 锻炼手眼协调能力，锻炼手指小肌肉。

活动准备

1. 各色圆形、长方形、三角形纸片若干，大图形三个。
2. 串链玩具。

活动过程

（一）情境导入

秋天到，天气凉。风爷爷呼呼地吹，把小白兔家的门帘吹坏了。小兔在家里冷极了，它想做一幅新的门帘。

（二）区分圆形、长方形、三角形

1. 看老师都准备了什么材料呢？（出示三个大图形，供幼儿一起指认）
2. 请个别幼儿找出相应的图形纸片放在大图形下，师幼共同判断对错。
3. 教师提出串门帘的要求，要求幼儿将同样形状的图形串在一起。

（三）分组操作

1. 每组一筐图形，请幼儿将图形分类，大家一起来串门帘。
2. 集体检查。

（四）制作门帘

将同一形状的图形用串链玩具串起来，制成门帘，布置到娃娃家里。

乌龟爬爬

主题目标

1. 了解乌龟的外形特征及生活习性。
2. 尝试用自己喜欢的方式表达对乌龟的认识和感受,乐意扮演小乌龟进行游戏活动。
3. 乐意参与饲养乌龟的活动,体验饲养小乌龟的乐趣,喜欢和爱护小乌龟。

主题活动一览表

主题	形式	活动名称	活动目标	侧重领域与涉及领域
乌龟爬爬	集体学习活动	有趣的小乌龟	1. 在猜、看、想的过程中了解小乌龟的特征和生活习性 2. 愿意大胆清楚地说出自己观察小乌龟的结果	科学 语言
		小乌龟	1. 在游戏中熟悉歌曲的旋律,并用身体动作感受节奏 2. 初步尝试替换歌词,感受创作歌词的快乐	艺术 健康
		小乌龟晒太阳	1. 对故事感兴趣,喜欢听老师讲故事 2. 尝试跟着老师一起学说故事中完整的简单句 3. 知道遇到困难时要学会自己克服的道理	语言 艺术
		小乌龟爬呀爬	1. 练习手脚着地向前爬行,发展身体协调性 2. 体验游戏的快乐,养成不怕困难、勇往直前的心理品质 3. 学说短句"请问,xx在家吗?"以及礼貌用语"谢谢,再见"	健康 语言 社会
		可爱的小乌龟	1. 尝试用多种材料对乌龟壳进行装饰,锻炼手指肌肉动作的协调性 2. 喜爱自己的美工作品,体验完成作品的乐趣	艺术 健康
		小乌龟聚会	1. 认识4以内的数并说出总数 2. 学习按数量的多少排序并匹配相应数量的物体	科学 社会

续表

主题	形式	活动名称	活动目标	侧重领域与涉及领域
乌龟爬爬	备选集体学习活动	小乌龟看爷爷	1. 能安静地听故事,初步感受苹果开花结果的过程 2. 体验小乌龟关心爷爷的情感	科学 语言
	个别、小组学习活动	美工区	1. 喜欢用各种材料来表现和装饰小乌龟 2. 感受作品的美,体验完成作品的快乐	
		益智区	1. 知道乌龟迷宫图的基本玩法,能根据乌龟的身体结构特点进行拼图活动 2. 喜欢益智游戏,乐于参与	
		阅读区	1. 愿意翻看关于乌龟的图书,能看懂画面的基本内容,并尝试用简单的语言表达出来 2. 愿意安静地坐在自己的椅子上翻看,不乱跑	
		表演区	1. 学习表演乌龟的动作,能大胆、大方、大声地展示自己的表演,对自己的表演充满信心 2. 愿意使用多种表演道具,并自觉爱护好每一种游戏道具	
	规则游戏活动	小乌龟运球	1. 锻炼幼儿四肢协调、手脚着地向前爬行的能力 2. 通过亲子活动,萌发关心长辈的情感,增进与长辈之间的感情	
		手指游戏:小乌龟	1. 学念儿歌《小乌龟》,在学会儿歌的基础上,边念儿歌边做动作 2. 发展左右脑协调能力	
		小乌龟运粮食	1. 学习手着地爬的动作 2. 听信号做动作,做到动作灵敏协调,初步树立自我保护意识	

环境创设与区域设置

环境创设

⊙ 主题墙乌龟爬爬

1. 板块一:你认识吗？—— 利用家长资源,收集不同乌龟的彩色图片,并将它们布置在教室内,使幼儿在初步认识的基础上,知道乌龟有很多种类,每种乌龟都有各自不同的名称。

2. 板块二:我的特点 —— 张贴乌龟的特征图片,使幼儿了解乌龟由哪几部分组成。

3. 板块三:我喜欢的食物 —— 布置乌龟喜欢吃的食物,引导幼儿了解乌龟是杂食性动物,什么都吃。

4. 板块四:我会变变变 —— 设置乌龟生长过程的图片,使幼儿了解乌龟的生长过程,并知道乌龟是从蛋里孵出来的。

5. 板块五:最大和最小的我 —— 张贴世界上最大的龟和最小的龟的图片,让幼儿感受世界的奇妙。

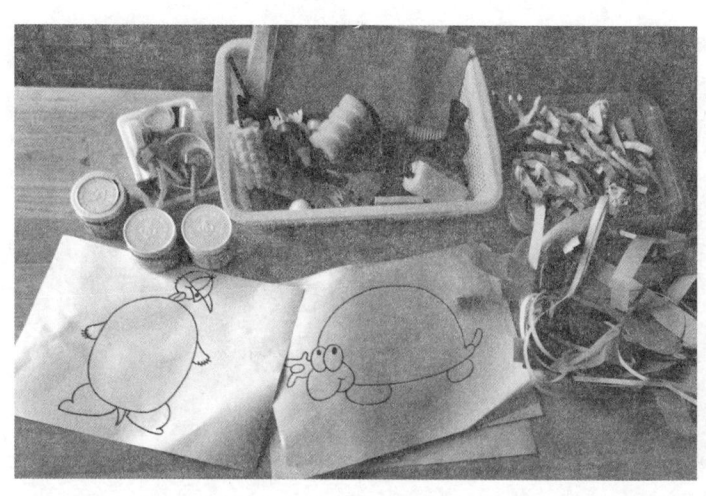

⊙ 展示区

在班级角落布置沙池,在其中展示幼儿收集到的各种乌龟,供幼儿观看。

区域设置

⊙ 美工区

投放事先画好的乌龟,事先剪好的条形皱纸、条形彩纸,瓶盖、图形积木、作图工具和颜料,让幼儿尝试用各种方法装饰打扮乌龟。(如:印画、手指点画、拓印、揉纸粘贴等)

⊙ 益智区

投放乌龟迷宫图、乌龟拼图。

⊙ 阅读区

投放幼儿收集的关于乌龟的自制图书,供幼儿翻阅观看,拓展幼儿的知识面。

⊙ 表演区

投放小乌龟、小狐狸挂饰,引导幼儿表演故事《聪明的乌龟》,也可以表演乌龟爬等。

日常活动与游戏

日常活动

1. 观察小乌龟:饲养小乌龟,每天观察小乌龟的变化及其活动情况。大家一起讨论,冬眠的小乌龟是怎么样的？猜一猜,小乌龟什么时候会醒来？

2. 在日常生活中,学习小乌龟晒太阳,感受阳光的温暖,萌发对乌龟爬行中翻身动作的兴趣。

3. 日常生活中,如在餐前、午睡时,提供磁带、电脑故事等,供幼儿自主选择。听听关于乌龟的故事,帮助幼儿进一步了解乌龟。

游戏

⊙ 小乌龟运球

1. 幼儿们一定要向前爬行通过山洞,家长只要从山洞旁边走到另外一头等待幼儿钻出来即可。然后每人抱一个球走回来,家长不能帮助幼儿把球一起抱回来。

2. 走到终点时,先把球放到球筐里再敲鼓,鼓励幼儿自己敲鼓,家长敲的不算。

3. 开始游戏,可以重复玩本次游戏。教师重点指导幼儿掌握向前爬行的动作。

⊙ 手指游戏:小乌龟

一只小乌龟呀,(双手握拳,右手食指点左手手背骨节)

长着硬硬的背。(同上)

饿了把头伸出来,(双手伸出大拇指)

困了把头缩进去。(大拇指缩进拳头里)

睡呀,睡呀,(双手握拳做睡觉状)

睡醒了！（双手从身体两侧打开)

伸出四条腿。(伸出五指)

爬呀，爬呀,(双手轮流做爬行状)

爬着去游戏。(双手轮流做爬行状)

⊙ 小乌龟运粮食

角色扮演:幼儿扮演小乌龟,跟着老师(乌龟妈妈)一起去参观新家。练习手着地爬行的动作,一起去翻越运粮食途中遇到的障碍物,然后挑自己喜欢的食物运回家。

家长工作

1. 有条件的家长可以让自己的孩子带小乌龟到教室中来,放在自然角里供大家一起观察。

2. 请家长利用空余时间带孩子到海洋馆观察各种乌龟。

集体学习活动方案

活动1：有趣的小乌龟

活动目标

1. 在猜、看、想的过程中了解小乌龟的特征和生活习性。
2. 愿意大胆清楚地说出自己观察小乌龟的结果。

活动准备

1. 小乌龟身体各个部分的图示（图一蛋、图二尾巴、图三脚、图四头、图五身体）。
2. "有趣的小乌龟"表格。
3. 小乌龟鼻子、背、脚的图片。
4. 小乌龟的视频、歌曲《走路》。
5. 每组一只实物小乌龟。

活动过程

（一）猜——初步了解小乌龟的特征

1. 出示蛋宝宝的图片，蛋里藏着谁呢？露出了一条小尾巴，这是谁呀？是谁的脚呀？
2. 小结：根据看到的蛋壳里钻出的头、壳、脚和尾巴，我们猜那是一只小乌龟。

（二）看——进一步认识小乌龟的特点

1. 出示乌龟实物。

（1）幼儿分组进行观察，教师指导幼儿从头到尾、从前到后有序观察，并互相交流讨论自己所看到的小乌龟是什么样的，摸上去的感觉又如何。鼓励孩子大胆交流，帮助孩子积累对小乌龟的前期经验。小组之间相互促进。

（2）观看视频，了解乌龟的生活习性。你看到小乌龟是怎样爬的？哎呀，小乌龟摔了一跤，四脚朝天了，它会自己翻过来吗？

2. 观看小乌龟翻身的过程。

小乌龟还有哪些秘密？我们一起来看一部关于乌龟的录像。你看到了什么有趣的事情？（幼儿自由讲述）

3. 教师总结乌龟的特点：它会在水里、沙地、石头上爬行；遇到困难，它会把头和身子、尾巴都缩进壳里。

（三）小乌龟爱吃的食物

你知道小乌龟爱吃什么吗？教师根据幼儿的回答，逐一点击课件，出示相应物品。

教师小结：小乌龟可真乖，它什么都爱吃，一点都不挑食。我们也要学习小乌龟，什么都爱吃。

活动延伸

在饲养角饲养乌龟，让幼儿观察。

活动 2：小乌龟

活动目标

1. 在游戏中熟悉歌曲的旋律，并用身体动作感受节奏。
2. 初步尝试替换歌词，感受创作歌词的快乐。

活动准备

歌曲图谱一张、小乌龟手偶、磁带、录音机。

活动过程

（一）出示乌龟手偶，导入主题

（二）听音乐熟悉旋律，理解歌词

1. 欣赏歌曲，并在音乐声中表演小乌龟爬上坡的动作。
2. 幼儿学唱歌曲，熟悉歌词。

（三）引导幼儿尝试替换歌词演唱

1. 替换歌曲食物部分演唱。
2. 替换歌曲号子部分演唱。

（四）听音乐，跟着节奏学乌龟爬

活动 3：小乌龟晒太阳

活动目标

1. 对故事感兴趣，喜欢听老师讲故事。
2. 尝试跟着老师一起学说故事中完整的简单句。
3. 知道遇到困难时要学会自己克服的道理。

活动准备

课件。

活动过程

（一）乌龟引题，激发幼儿兴趣

1. 出示乌龟，教师向幼儿提问：这是谁啊？
2. 它有什么本领？根据幼儿说的，请大家学做相应的动作，如：它是怎么走路的？遇到敌人会怎样？它自己会做什么？

（二）欣赏故事，理解故事内容

利用课件讲故事，提问：

1. 故事中有谁？
2. 小乌龟在干什么？
3. 太阳晒在身上，小乌龟感觉怎么样？
4. 小乌龟在太阳下晒着，它觉得真舒服，不过它遇到什么困难了？
5. 小猫过来了，它有没有帮助乌龟？为什么？
6. 小狗和小山羊有没有帮助它呢？为什么？
7. 最后小乌龟怎么样了？

（三）总结：自己学会克服困难

1. 提问：小乌龟最后是靠谁的力量翻过来的？
2. 小结：小朋友们，我们遇到困难时也要学小乌龟，靠自己的力量去战胜它。

（四）欣赏完整录音，选择自己喜欢的角色，一起边听录音，边分角色表演

活动 4：小乌龟爬呀爬

活动目标

1. 练习手脚着地向前爬行,发展身体协调性。
2. 体验游戏的快乐,养成不怕困难、勇往直前的心理品质。
3. 学说短句"请问,××在家吗?"以及礼貌用语"谢谢,再见"。

活动准备

1. 垫子、拱门。
2. 小乌龟胸饰、小动物头饰。

活动过程

（一）热身运动

教师戴上乌龟头饰扮演乌龟妈妈,带幼儿听音乐快乐地爬。

（二）练习前进爬

为幼儿准备好垫子,一个一个轮流爬。

（三）去小动物家做客

介绍游戏规则,分别按照妈妈的指令去场地四周的小动物家做客。要求手脚着地爬行过去,到达小动物家,然后敲门,学说短句:"请问,小猫（动物可以更换）在家吗?"然后,老师扮演的动物角色请幼儿假装吃东西、休息。小乌龟和小动物道别,学说礼貌用语:"谢谢,再见"。

（四）跟乌龟妈妈回家

活动 5：可爱的小乌龟

活动目标

1. 尝试用多种材料对乌龟壳进行装饰,锻炼手指肌肉动作的协调性。
2. 喜爱自己的美工作品,体验完成作品的乐趣。

活动准备

瓶盖、颜料、皱纸、胶水、蜡笔、抹布、一次性碗制成的乌龟。

活动过程

(一)谈话导入,引起幼儿兴趣

1. 你们看,谁来了?

2. 小乌龟为什么不高兴?

(二)师幼共同讨论,尝试制作乌龟的新衣

1. 介绍材料,请幼儿想一想、试一试,可以怎么帮乌龟制作新衣。

方法一:用瓶盖印画。

方法二:把皱纸搓成团后粘贴。

方法三:用蜡笔涂色。

方法四:用彩纸剪出自己喜欢的形状后粘贴。

(三)幼儿自主选择作画方式并尝试装饰,教师逐一指导

(四)欣赏作品

将制作好的乌龟放到准备好的沙滩上,展示作品并欣赏评价,重点围绕四种方法的运用情况来讲评。

活动 6:小乌龟聚会

活动目标

1. 认识 4 以内的数并说出总数。

2. 学习按数量的多少排序并匹配相应数量的物体。

活动准备

乌龟卡片、点子卡。

活动过程

(一)认识 4 以内的数量

1. 逐一出示乌龟卡片,按乌龟的数量拍手数数。

2. 重复游戏 2~3 次。

(二)学习 1~4 的排序

1. 出示标记图,按数量从多到少的方式给乌龟排队。

2. 个别操作,按数量从少到多的方式给乌龟排队。

(三)小乌龟找朋友

1. 幼儿小组合作,按点子卡上的数字完成组内所有点子卡与乌龟的匹配,并按照从大到小或者从小到大的顺序排序。

2. 重复游戏3次。

活动 7：小乌龟看爷爷

活动目标

1. 能安静地听故事,初步感受苹果开花结果的过程。
2. 体验小乌龟关心爷爷的情感。

活动准备

1. 多媒体课件。
2. 乌龟、蜜蜂、蝴蝶、鸟的图片。
3. 操作图片。
4. 音乐《走路》。

活动过程

(一)导入活动

出示手偶乌龟,提问:你们看！这是谁？今天小乌龟想去干什么呢？我们一起来听听故事吧！

(二)欣赏、理解故事

1. 第一次欣赏故事。

小乌龟想爷爷了,它想去看爷爷,还为爷爷准备了一份礼物,我们一起来听听看。

(1)教师播放图片,边讲述边提问,幼儿带着问题欣赏故事。

(2)故事的名字叫什么？故事里有谁呀？小乌龟带了一份什么礼物去看爷爷？它是怎样把苹果树送过去的？小乌龟背着苹果树去看爷爷,在路上发生了哪些有趣的事情？(幼儿自由回答)

(3)小乌龟把树绑在背上的时候,树是怎样的？小乌龟走啊走,苹果树怎么了？苹果树开花,把谁引来了?它们来干什么?慢慢地,树上长出了什么?这时候谁飞过来了?它们会做什么呀?最后,苹果变得怎样了?

(4)爷爷看到小乌龟,开心吗?为什么?

(5)小结:小乌龟去看爷爷,还送了苹果树,说明小乌龟很关心爷爷。原来苹果树在路上发生了这么多有趣的变化呀!

2. 第二次完整欣赏故事。

小乌龟爷爷说呀想考考我们,故事里小苹果树是怎样长大的呀?我们来完整地说一说。

(三)了解苹果树的生长过程

(1)宝贝们,想想看故事里的小苹果树是怎样长大的呀?

(2)小结:乌龟爷爷夸我们真能干,知道苹果是怎么长大的。先是光秃秃的一棵树,然后开花,慢慢地长出了小小的青苹果,渐渐地苹果成熟啦,变成了一个个红通通的大苹果。

活动延伸

在图书区投放苹果树生长过程图,请幼儿合作给图片排序。

附:故事

小乌龟看爷爷

小乌龟想爷爷了,它说:"我要去看爷爷,顺便给他送一棵苹果树去。"

小乌龟把苹果树绑在背上,出发了。

走啊,走啊,苹果树开花了。蜜蜂来了,蝴蝶也来了。

走啊,走啊,苹果树结出了小苹果。小鸟来了,大鸟也来了。

走啊,走啊,苹果成熟了,爷爷的家到了!

小乌龟和爷爷吃着红红的苹果真开心。

家有宠物

主题目标

1. 尝试用看一看、听一听、摸一摸等方式感知宠物,了解宠物的特征及生活习性。
2. 喜欢并乐意扮演多种宠物进行游戏活动。
3. 愿意用语言、绘画、手工等形式表达自己对宠物的认识和感受。
4. 喜欢并乐意亲近宠物,有保护动物的意识和愿望。

主题活动一览表

主题	形式	活动名称	活动目标	侧重领域与涉及领域
家有宠物	集体学习活动	小猫的生日	1. 学习故事,理解故事内容,乐意用简短的语言表达自己的猜想 2. 尝试根据影子的明显特征来猜测朋友的身份 3. 体验与好朋友一起为小猫庆祝生日所带来的快乐	语言 艺术 社会
		离群的小鸡	1. 观察图片,理解图片的内容,能大胆地表达自己的想法,描述看到图片的内容 2. 懂得不能随便离开大人或集体的道理	语言 健康
		小狗本领大	1. 理解故事内容,知道小狗有灵敏的嗅觉 2. 知道狗是人类的好朋友,它能帮助人们,萌发爱护小狗的情感	科学 语言
		三只想生病的小狗	1. 理解故事,乐意简单讲述故事内容 2. 能大胆、积极地讨论故事内容,感受故事中所表达的亲情	语言 社会 健康
		大猫和小猫	1. 感受歌曲的力度,尝试用声音的强弱、动作幅度的大小表现歌曲 2. 尝试替换大猫、小猫以及它们的叫声	艺术 语言

续表

主题	形式	活动名称	活动目标	侧重领域与涉及领域
家有宠物	备选集体学习活动	老猫睡觉醒不了	练习轻轻地走和跑	健康
		小猫吃鱼	1. 学习正确的吃鱼方法，防止被鱼刺卡住 2. 养成良好的进餐习惯	科学 健康
		小鸡捉虫	1. 学习手口一致地点数4以内的数，尝试用一一对应的方法比较物体的多少 2. 喜欢参加数学游戏，会根据要求进行操作	科学 语言
		鱼儿，你好	1. 认识鱼，了解鱼的基本特征和生活习性 2. 乐意亲近小鱼，并愿意用语言表达对鱼的认识和感受	科学 艺术 语言
	个别、小组学习活动	美工区	1. 乐意选择材料创作不同的小猫 2. 感受涂色小猫的乐趣，并愿意展示自己的作品	
		表演区	1. 愉快地参加游戏活动，愿意和同伴一起进行关于小猫故事的表演 2. 体验表演故事的乐趣	
		益智区	1. 尝试按鱼的特征将鱼进行分类 2. 喜欢装扮小鱼 3. 能为小猫进行食物配对的游戏，认识小猫的习性 4. 乐意操作道具，感受动手动脑的乐趣	
		阅读区	1. 能集中注意力倾听故事，初步理解故事内容，感受有趣的故事情节 2. 自由翻阅图书，大胆地说出自己喜欢的鱼	
		角色区	发展手眼协调能力，体验钓鱼成功的喜悦心情	
	规则游戏活动	网小鱼	1. 练习一定范围内四散跑，发展动作的灵敏性和协调性 2. 体验通过自己努力获得成功的快乐	
		渔翁捉小鱼	练习奔跑躲闪能力	
		猫和老鼠	1. 结合钻、爬和跑等多种玩法，发展幼儿动作的协调性、敏捷性 2. 能区分颜色，并按颜色开展游戏	
		猫来了	1. 感受歌曲《猫捉老鼠》的旋律，在熟悉旋律的基础上按规则进行游戏 2. 能够根据音乐做老鼠跑步、吃米、睡觉的动作，体验音乐游戏的快乐	

环境创设与区域设置

环境创设

⊙ 主题墙

1. 板块一：我家的宠物 —— 张贴幼儿家里养的小猫、小鸡、小狗、小鱼的图片，最好是幼儿与宠物在一起玩耍的图片。

2. 板块二：我爱吃啥 —— 张贴小猫、小鸡、小狗、小鱼喜欢吃的食物的图片，采用连线的方式展示。

3. 板块三：我们的好朋友 —— 张贴狗狗帮助人类的图片（导盲、表演、抓坏人、看门等）。

4. 板块四：我知道的秘密 —— 请孩子们说说自己知道的主题中动物的小秘密，考虑到小班幼儿的年龄特点，教师可以请家长一起帮忙，把幼儿说的问题或是答案以图文结合的形式记录、张贴。

区域设置

⊙ 美工区

1. 小猫

投放材料：小猫折纸的步骤图、水彩笔、海绵纸、彩纸、展示板。

操作方法：

（1）教师提供小猫折纸的步骤图示，幼儿根据图示折小猫，并且大胆添画。

（2）教师提供小猫的画纸、各种彩笔，供幼儿大胆涂色；教师提供小鱼的海绵纸和挂钩供幼儿制作钓小鱼的玩具。

2. 小鸡

投放材料：小鸡简笔画、蜡笔。

操作方法：正确地使用蜡笔给小鸡的身体涂上颜色。

3. 小狗

投放材料：一次性盘子；事先剪好的耳朵、鼻子、嘴巴、眼睛形状的彩纸；范例。

操作方法：引导幼儿根据范例，大胆地制作小狗的头饰。

⊙ 表演区

1. 小鱼

投放材料：渔网；小鱼挂饰；鱼、青蛙、鸭子头饰和胸饰。

操作方法：

(1)幼儿可以自主选择当网鱼人或是小鱼，进行"网小鱼"的音乐游戏。

(2)幼儿可自行结伴进行《鱼儿岸上跳》的表演。

2. 小猫

投放材料：小猫挂饰；《大猫和小猫》的音乐录音。

操作方法：引导幼儿用小猫挂饰装饰自己，大胆地进行模仿表演并演唱歌曲。

3. 小狗：

投放材料：小狗头饰。

操作方法：引导幼儿戴上小狗头饰大胆地进行表演。

⊙益智区

1. 小鱼：

投放材料：塑封过的鱼；彩色硬纸做的鳞片。

操作方法：教师提供稍厚的彩色卡纸做的鳞片、塑封过的鱼，在鱼身上画上横线，并割开，方便幼儿把鳞片插入鱼身体，有几条横线就插几片鱼鳞。能力强的幼儿可以根据鱼身体的颜色进行鱼鳞的配对。

2. 小鸡：

投放材料：用一次性小碗做成的小鸡；虫子。

操作方法：将虫子喂到小鸡的嘴巴里。

⊙阅读区

1. 小鱼

投放材料：《海洋里的秘密》《十万个为什么》《深海寻宝》等关于鱼类的图书；幼儿用书；《变条小鱼，游游多好》图画书；河鲫鱼和它各个部位的放大图。

操作方法：

(1)引导幼儿认真地翻阅老师提供的书，并能大胆地说出自己喜欢的鱼。

(2)引导幼儿观察小鱼的图片，认识鱼的各个部位。

2. 小猫：

投放材料：《卡罗尔和她的小猫》故事录音；《卡罗尔和她的小猫》图画书；关于小猫的图书。

操作方法：

(1)教师提供《卡罗尔和她的小猫》故事录音和图书，引导幼儿边听故事边看书，理解故事内容。

(2) 教师提供关于小猫的自制图书若干，引导幼儿自主阅读，了解更多关于小猫的故事。

⊙角色区

投放材料：鱼塘（塑料浴缸）；折好的鱼；回形针。

操作方法：在鱼塘里面投放折好的鱼，在鱼嘴处别上回形针。幼儿可以去鱼塘里钓鱼。钓上的鱼可以卖给别人，也可以拿回家放到锅里煮。

日常活动与游戏

日常活动

⊙说说亲子画：我喜欢的小猫

幼儿带与家长共同制作的作品——《我喜欢的小猫》来园，利用晨谈、午餐前准备、午睡后等时间组织幼儿进行自我介绍，说说这是和谁一起画的以及猫的外形、习性等，活动后教师可将作品挂在主题墙上，用来布置教室。

⊙猫的世界

幼儿收集各类猫的图片，以"新闻小主播"的形式进行交流分享，了解猫的习性。

⊙说说亲子画：各种各样的鱼

幼儿带与家长共同制作的作品——《各种各样的鱼》来园，利用晨谈、午餐前准备、午睡后等时间组织幼儿进行自我介绍，说说这是和谁一起画的以及鱼的外形、习性等，活动后教师可将作品挂在主题墙上，用来布置教室。

⊙我是快乐的小猫

在来园接待、上课、区角活动、午睡起床等环节播放《大猫和小猫》《猫捉老鼠》的音乐，帮助幼儿在潜移默化中熟悉歌曲。

游戏

⊙网小鱼

1. 将全班幼儿分成两部分，一部分幼儿做小鱼，一部分幼儿做渔网。做渔网的幼儿围成一个大圆圈，做小鱼的幼儿站在圆圈中间。游戏开始：幼儿边念儿歌边做游戏，当念到"小鱼小鱼快快游"时，扮小鱼的幼儿找空隙钻出去四散跑开。游戏反复进行，同时提醒幼儿遵守游戏规则：

(1) 小朋友们要在画定的池塘范围内跑。

(2) 当说到最后一句"小鱼小鱼快快游"的时候,才能跑。

(3) 奔跑时注意安全。

2. 教师示范动作

教师边说儿歌(小鱼小鱼水里游,游来游去点点头。渔网来了捕小鱼,小鱼小鱼快快游)边做动作,幼儿边说儿歌边跟着老师做动作。

3. 被捉到的幼儿不能再参加游戏,直到把鱼儿都捉完。第二次游戏时让幼儿换角色,游戏继续,教师根据幼儿掌握游戏的情况,适当增加游戏难度。

⊙ 渔翁捉小鱼

1. 老师带领幼儿佩戴上小鱼胸饰开展游戏,然后请一个幼儿来扮渔翁,手持渔网。幼儿在场地内四散奔跑,渔翁用渔网去网小鱼,凡是被渔网碰到的幼儿就算被抓住,要变成石头,站立不动。老师在旁观察,如有幼儿不遵守游戏规则,老师给以指正。

2. 可以有两名渔翁,增加游戏难度。

3. 活动次数可临时根据活动时间、幼儿活动量调整,至少两次。

4. 活动间隔时可表扬一些表现好的幼儿,并对能力较差的幼儿进行鼓励。

⊙ 猫和老鼠

1. 一幼儿戴猫的头饰扮演小猫,其余幼儿戴不同颜色(红、黄、蓝、绿)的老鼠头饰。

2. 游戏开始,老鼠在田里跑来跑去、觅食玩耍。小猫往田中一站,念儿歌:"老鼠、老鼠偷油吃,我们要来抓住你。"说完就去抓老鼠。老鼠立即钻回各自的老鼠洞(戴什么颜色头饰的老鼠就钻进什么颜色标记的老鼠洞)。被抓到的老鼠停玩一次游戏,被猫带回家。老鼠钻进洞后,小猫要检查老鼠有没有钻错洞,钻错洞的老鼠也停玩一次。

⊙ 猫来了

1. 请一个小朋友来扮演老猫,坐在椅子上,其他小朋友都做小老鼠。

2. 一边唱《猫和老鼠》,一边做动作。

3. 唱到"小老鼠出来了,吱吱吱吱,老鼠出来了"时,小老鼠轻轻地走出来,随处走动。当老猫发出声音时,小老鼠四散逃跑,这时老猫就去抓老鼠。

家长工作

1. 请家长收集有关小猫、小鱼、小鸡、小狗的图书和照片,请幼儿带到班级里与同伴分享。

2. 请家长带孩子观察并了解小猫、小鱼、小鸡、小狗的外形特征和生活习性,引导孩子尝试着去喂养它们。

3. 请家长和孩子们在家玩老鹰捉小鸡的游戏,和孩子一起开展亲子绘画等活动。

集体学习活动方案

活动1：小猫的生日

活动目标

1. 学习故事,理解故事内容,乐意用简短的语言表达自己的猜想。
2. 尝试根据影子的明显特征来猜测朋友的身份。
3. 体验与好朋友一起为小猫庆祝生日所带来的快乐。

活动准备

课件、自制大图书一本。

活动过程

（一）直接引题

小猫要过生日了,会发生什么事情呢?

（二）播放课件,分段讲述,帮助幼儿理解故事内容

1. 先一起观察第1～3幅图片的内容,教师讲述故事。

小猫生日那天发生了什么事?

黑乎乎的房间里怎么会有两个圆溜溜的闪光的东西?

小猫想了一个什么主意让屋子亮起来了?（用手电筒把房间照亮）

请幼儿模仿拿手电筒的样子来找出小猫房间里好玩的东西。

2. 门铃响了,客人来了!瞧,是谁呀?

3. 师幼一起看课件,猜测小猫的客人是谁。（出示第4～6幅图片）

小猫家来了哪些客人?（幼儿通过阴影猜动物）

4. 教师讲述这部分内容,幼儿仔细听动物间的对话。

5. 阅读最后一张图,帮助幼儿理解小猫感动的原因。

（三）看自制大图书,完整讲述故事

（四）唱生日歌为小猫过生日

请幼儿根据礼物袋上的阴影找到相应的礼物装入袋中送给小猫，并为小猫唱《生日歌》庆祝生日。小猫分糖答谢幼儿。

活动 2：离群的小鸡

活动目标

1. 观察图片，理解图片的内容，能大胆地表达自己的想法，描述看到图片的内容。
2. 懂得不能随便离开大人或集体的道理。

活动准备

1. 四幅图片。
2. 母鸡头饰一个，小鸡头饰若干。

活动过程

（一）引题导入

1.（教师学鸡叫以引起幼儿的注意）小朋友们，今天，老师给你们请来了几位客人，想不想知道它们是谁？

2. 教师学母鸡或小鸡的叫声，让小朋友们猜"咯咯咯"是谁在说话，"叽叽叽"是谁在唱歌。

3.（引出看图讲述的名称）今天，老师请小朋友们一起来看图讲述《离群的小鸡》。

（二）引导幼儿观察图片，边提问边讲述

1.（出示图片一）图片上有谁？鸡妈妈和小鸡们在什么地方？它们在做什么？鸡妈妈对小鸡们怎么说？小黄鸡又是怎么做的呢？

2.（出示图片二）小黄鸡来到了什么地方？突然谁来了？小野猫想干什么？小黄鸡心里怎么想？它又是怎么做的？

3.（出示图片三）谁赶来救了小黄鸡？鸡妈妈是怎么救小黄鸡的？

4.（出示图片四）鸡妈妈对小黄鸡说了什么？小黄鸡又是怎么说的？

5. 教师梳理图片，完整讲述图片的内容。

（三）分角色游戏："母鸡和小鸡"

教师当母鸡，幼儿当小鸡，"母鸡"带着"小鸡"到草地上捉虫吃，请幼儿主动跟随，并招呼未及时跟随的幼儿:"妈妈在这儿,宝宝快过来。"

附:故事

离群的小鸡

鸡妈妈带着小鸡到草地上捉虫吃。鸡妈妈说:"孩子们,你们别乱走,要紧紧地跟随着妈妈。"小黄鸡不听话,悄悄地离开了大家。

小黄鸡走到大树下玩,大树后跳出一只野猫,向小黄鸡扑过来。小黄鸡吓得大叫:"妈妈,妈妈,快来呀!"鸡妈妈赶了过来,用翅膀护着小黄鸡,嘴里"咯咯咯咯"地叫着,野猫逃走了。

鸡妈妈对小黄鸡说:"以后要听话,不能离开大家。"小黄鸡低下了头,难为情地说:"妈妈,我以后再也不离开大家了。"

活动 3:小狗本领大

活动目标

1. 理解故事内容,知道小狗有灵敏的嗅觉。
2. 知道狗是人类的好朋友,它能帮助人们,萌发爱护小狗的情感。

活动准备

课件。

活动过程

(一)谈话引入

谁知道狗最大的本领是什么?(幼儿自由猜测讨论)

(二)欣赏故事,知道狗有灵敏的嗅觉

1. 到底狗最大的本领是什么?听了故事我们就知道了。

2. 教师讲述故事后,提问:

(1)小狗怎么知道家里煮肉骨头了?

(2)小狗怎么知道山坡那边鲜花很多?

(3)小狗又是怎么知道小猫家的米饭煳了?

3. 小结:原来狗的本领就是嗅觉灵敏,它能闻出各种气味。

(三)了解狗的嗅觉对人类的帮助

1. 狗的鼻子那么灵,它可以帮助我们做什么呢?

2. 播放课件《不同职业的小狗》,请幼儿看看这些小狗都有什么本领,它帮助人们做了些什么事情。

(四)狗是我们的好朋友

狗能帮助我们做这么多事情,你们喜欢它吗?狗是我们的好朋友,我们应该怎样保护它们?

附:故事

小狗和小猫

小狗和小猫在草地上追赶蝴蝶。忽然,小狗停住了,它用鼻子嗅了嗅,对小猫说:"不玩啦,快走,到我家啃骨头去!"它们急急忙忙朝小狗家走去。

路上,小猫一边咽口水,一边问小狗:"你怎么知道家里正在煮骨头?是瞎猜的吧?"小狗说:"不是瞎猜,我闻见肉味儿了。"小狗说得一点儿不错,家里果真煮了一锅骨头。见小狗领来了小猫,狗妈妈热情地请小猫一起啃骨头。啃完骨头洗洗手,小狗、小猫又出去玩了。

小狗、小猫来到山脚下,小猫说:"我们去采花吧。"小狗用鼻子嗅了嗅,说:"翻过这个山坡,有好多好多的花。"于是,它们翻过山坡,果然看到了漫山遍野的鲜花。小猫问小狗:"你怎么知道这里有好多花?"小狗说:"我闻到香味了。"

太阳落山,该回家了。小狗到小猫家,小狗说:"糟糕,你家的米饭糊了!"小狗、小猫冲进厨房一看:煤气灶上,饭锅已经开始冒烟了……小猫忙喊妈妈。听到喊声,正在看电视的猫妈妈急忙跑来,关了火。猫妈妈对小狗说:"谢谢你,多亏你发现得早。"猫妈妈又问小狗:"你怎么知道米饭糊了?"小猫抢着回答:"小狗的鼻子很灵,它一定是闻到糊味儿了。"

活动 4:三只想生病的小狗

活动目标

1. 理解故事,乐意简单讲述故事内容。

2. 能大胆、积极地讨论故事内容,感受故事中所表达的亲情。

活动准备

狗宝宝和狗妈妈的图片。

活动过程

(一)情景引入

1. 出示狗妈妈和狗宝宝的图片,请幼儿说说它们之间的关系。

(二)听故事《三只想生病的小狗》,理解故事内容

1. 分段欣赏故事,教师提问。

(1)段一:三只小狗为什么想生病?

(2)段二:它们是怎么生病的?三只小狗生病了,狗妈妈是怎么照顾它们的?

小结:狗妈妈一会儿要给三只小狗喂药,一会儿又要给三只小狗买好吃的,狗妈妈真是辛苦啊!

(3)段三:小狗的病好了,狗妈妈怎么样了?狗妈妈为什么会生病呢?三只小狗这样做对吗?

小结:小朋友们,淋雨受凉会使我们生病的,为了照顾我们,劳累的妈妈也会生病的,我们要保重自己的身体,不要淋雨受凉,不要给爸爸妈妈添麻烦。

2. 完整欣赏故事。

(三)联系实际,引发幼儿进一步思考

1. 你喜欢三只小狗吗?为什么?

2. 你想不想生病?为什么?

3. 平时我们生病了,是由谁照顾的?

附:故事

三只想生病的小狗

灰狗妈妈有三个宝宝:小黄狗、小黑狗和小花狗。三只小狗真淘气,常给灰狗妈妈添麻烦,可妈妈从来不生气。

有一天,住在隔壁的小白狗妹妹生病了,躺在床上。白狗妈妈陪着它,还给它买好吃的。三只小狗很羡慕,都说:"呀!生病真好!生病真好!妈妈陪着,还有好吃的。"三只小狗也想生病,就一起跑去问白狗妹妹:"白狗妹妹,怎样才会生病啊?"

白狗妹妹说:"下雨天淋了雨,就会生病的。"

三只小狗望着窗外说:"天公公,下雨吧!"白狗妹妹说:"你们真傻,生病可难受啦!"

可是不管白狗妹妹怎么说,三只小狗都不听。白狗妹妹生气了:"我不跟你们说了。"它转过身,不理三只小狗了。

三只小狗跑到屋外,等着下雨。天公公真的下雨了。"好极了,好极了,真痛快!"三只小狗在雨中跳起舞来,绒毛都淋湿了。灰狗妈妈看见了,可着急了,连忙喊着:"宝宝,快进来,淋着雨,会生病的。"三只小狗不理妈妈,妈妈急坏了,只好跑出门外,把小狗一只一只拉进屋里。夜里,小黄狗开始打喷嚏,打了一个又一个。接着小黑狗和小花狗也打起喷嚏来:"阿嚏!阿嚏!"打了整整一夜。第二天,三只小狗发起烧来,躺在小床上,嘴里不停地喊:"妈妈呀,妈妈呀,难受啊,难受啊……"灰狗妈妈急坏了,一会儿给小黄狗喂药,一会儿给小黑狗、小花狗喂药,忙得团团转。"妈妈,我要吃苹果。"小黄狗一嚷,灰狗妈妈赶紧去买。"妈妈,我要吃梨。"小黑狗一嚷,灰狗妈妈赶紧去买。"妈妈,我要吃雪糕。"小花狗一嚷,灰狗妈妈摇摇头说:"傻孩子,发烧不能吃雪糕。""那么,就吃葡萄吧。"灰狗妈妈只好去买。过了三天,三只小狗的病全好了,可是灰狗妈妈却病倒了,躺在床上,不吃也不喝,三只小狗很害怕,"呜呜呜呜"地哭了起来。

白狗妹妹听见了,赶紧告诉白狗妈妈。它们连忙跑过来,见灰狗妈妈病得很重,就把它送到医院里去了。灰狗妈妈住在医院,三只小狗天天都去探望妈妈。出院那天,三只小狗拉着妈妈的手说:"妈妈,我们以后再也不生病了,生病真难受。"

活动 5:大猫和小猫

活动目标

1. 感受歌曲的力度,尝试用声音的强弱、动作幅度的大小表现歌曲。
2. 尝试替换大猫、小猫以及它们的叫声。

活动准备

1. 磁带及录音机。
2. 大猫、小猫的图片。

活动过程

(一)活动导入,学习大猫、小猫唱歌的声音

1. 今天,老师请来了动物朋友。听,是谁呢?(出示图片,模仿大猫和小猫的叫声)你

们能听出其中有几只猫咪吗?它们的声音有什么不一样呢?

2. 为什么一个重一个轻呢?

3. 声音重的猫咪是哪一只?声音轻的猫是哪只?

4. 我们来学学它们的声音好吗?大猫的声音是怎么样的?小猫的声音呢?

(二)听辨两段音乐

1. 它们想和我们一起做游戏呢!听,谁走在前面,是大猫还是小猫?(教师弹奏两段音乐)

2. 谁走在前面,为什么?大猫的声音是怎么样的?

(三)学唱歌曲

1. 教师清唱歌曲,帮助幼儿熟悉歌词。

2. 幼儿学唱歌曲数遍。

3. 幼儿学习仿编歌词。

(四)仿编歌曲

1. 学习替换其他动物形象仿编新词,如:大狗和小狗,母鸡和小鸡。

2. 学习用两种差异较大的动物仿编,如:大象和老鼠。

3. 鼓励幼儿用不同的声音、动作幅度表现不同的动物或物体。

活动 6:老猫睡觉醒不了

活动目标

  练习轻轻地走和跑。

活动准备

  户外活动场地、障碍物。

活动过程

(一)活动导入

  热身运动《小猫操》。

(二)玩"老猫小猫"的游戏

  介绍游戏规则,熟悉游戏玩法。

1. 教师扮老猫,蹲在场地中央。幼儿扮小猫,围着老猫蹲下。

2. 游戏开始:"老猫"假装睡着了。"小猫"一起轻声念儿歌:"老猫睡觉醒不了,小猫偷偷往外瞧,小猫小猫爱游戏,轻轻走到外面去。"念完儿歌,"小猫"才能轻轻走到场地周围藏起来。

3. "老猫"听到"小猫"走开后,睁开眼睛说:"老猫睡醒往外瞧,我的孩子不见了。"同时站起来向四周张望,一边寻找"小猫",一边"喵——喵"地叫着。

4. "小猫"听到"老猫"的叫声,才能一边"喵喵喵"地叫着,一边赶快跑回"老猫"身边。

5. 重复3次,熟悉游戏。

重点引导幼儿轻轻地走,遵守游戏规则,注意安全。

(三)结束

放松运动。

活动 7：小猫吃鱼

活动目标

1. 学习正确的吃鱼方法,防止被鱼刺卡住。
2. 养成良好的进餐习惯。

活动准备

挂图20号。

活动过程

(一)谈话导入

1. 小猫最喜欢吃什么?
2. 但是今天小猫吃鱼的时候发生了一件不愉快的事情,我们一起来听故事《小猫吃鱼》。

(二)讲述故事,理解故事内容

1. 小猫吃鱼的时候发生了什么不愉快的事情?
2. 鱼刺为什么会卡在小猫的喉咙里?
3. 熊猫医生是怎么对小猫说的?

(三)活动延伸

1. 鱼是我们人类喜欢吃的食物之一,但它的身上有许多刺,怎样吃鱼才不会被刺卡住呢?如果真的不小心被卡住了,我们该怎么办?

2. 小结:在吃鱼的时候,要小心地把鱼刺取出。当你感觉到鱼肉里面还有鱼刺时,要慢慢辨别,吐出鱼刺,饭和鱼不能混在一起吃。万一真的被卡住了,我们应该告诉家长,找医生帮忙把鱼刺取出来。

(四)活动建议

1. 此活动可放在午餐前进行,使孩子能在活动后得到及时的巩固练习。

2. 不宜给幼儿吃鱼刺小而多的鱼。一般以吃炸鱼块为宜。

3. 在日常活动中还应该提醒幼儿小心吃那些容易被卡住、呛住、噎着的食物,如:花生、瓜子、果冻等。

附:故事

小猫吃鱼

熊猫医生的医院今天可忙啦,刚送走一位病人,猫妈妈就带着小猫来了。见小猫难受的样子,熊猫医生关心地问:"小猫,你哪儿不舒服?"小猫指指喉咙说不出话来,熊猫医生拿起手电筒和压舌板对小猫说:"张开嘴,让我瞧一瞧。"熊猫医生用压舌板压住小猫的舌头,打开手电筒一瞧,一根长长的鱼刺卡在了小猫的喉咙中间。猫妈妈说:"今天小猫过生日,家里来了许多朋友,它和朋友一起,一边吃一边唱呀,说呀,玩呀,结果被鱼刺卡住了喉咙。"熊猫医生拿出长长的镊子,伸到小猫嘴里,夹住卡在喉咙里的鱼刺,小心地取了出来,这下,小猫可舒服了。它笑着说:"熊猫医生,谢谢你!"熊猫医生对小猫说:"吃东西的时候要特别小心,不能边吃边说边玩。吃到嘴里的东西要细嚼慢咽,不要着急,记住了吧?"小猫记住了熊猫医生的话,又高高兴兴地回去过生日了。

活动 8:小鸡捉虫

活动目标

1. 学习手口一致地点数 4 以内的数,尝试用一一对应的方法比较物体的多少。

2. 喜欢参加数学游戏,会根据要求进行操作。

活动准备

1. 情景图片、塑料板。

2. 点子卡 1、2、3、4 各一张，黄、黑、白、花四种盒子，各色毛线段。

3. 人手一份操作材料《小朋友的书》。

活动过程

（一）观察情景图：鸡妈妈带小鸡捉虫

1. 数一数：鸡妈妈有几只？小鸡有几只？（幼儿学习点数，说出总数）

2. 给鸡妈妈取名字。

（二）帮小鸡捉虫

1. 鸡妈妈让小鸡们到草地上、花丛中、石头边、大树下捉虫，看看谁的本领大。

2. 幼儿分别帮小黑、小白、小黄、小花捉虫（毛线段），捉到小虫后，将它们分别放到相对应颜色的盒子里。

3. 将每只盒子里的虫进行展示，数数每只小鸡分别捉到了几条小虫，并粘贴到相应的点子卡上。幼儿继续学习手口一致点数，并正确地说出总数。

4. 比一比：哪只小鸡捉的虫最多？谁跟谁捉的虫一样多？哪只最少？（教师引导幼儿进行比较）

（三）捉虫送小鸡

1. 幼儿分别学小鸡在草地上、花丛中、石头边、大树下捉虫。并粘到有毛线的塑料板上。

2. 数一数捉到的小虫有几条，按照不同的数量分别送给相应点数的小鸡。

活动 9：鱼儿，你好

活动目标

1. 认识鱼，了解鱼的基本特征和生活习性。

2. 乐意亲近小鱼，并愿意用语言表达对鱼的认识和感受。

活动准备

1. 课件、各种鱼儿的图片、鱼儿捕食的视频。

2. 大鱼盆。

3. 小鲫鱼若干。

活动过程

（一）引导幼儿观察鱼盆里的鲫鱼

1. 这是谁啊？（和小鱼们打个招呼吧）

2. 它在水里干什么呢？（引导幼儿观察鱼在水中游的状态）

3. 一起学一学鱼游来游去的样子。

4. 请小朋友来看看、摸摸小鲫鱼，和小鲫鱼玩一玩，想想可以用什么好的玩法来和它玩。（引导幼儿了解观察鱼的最佳方法是用眼睛看，并学会给鱼喂食）

（二）观察鲫鱼的外形特征

帮助幼儿找出鲫鱼的头、尾、身体。

（三）认识了解各种鱼的外形特征和捕食方法

1. 通过播放各种鱼儿的图片，引导幼儿有序地观察鱼，感知鱼的外形特征、颜色和生活习性。教师提问：

(1) 鱼是长什么样的？请你们找出它的头、尾和身体。

(2) 鱼头上长着什么？

(3) 鱼身上一片一片的是什么？有什么用？

(4) 鱼有脚吗？它为什么能在水里游？找找鱼鳍长在哪里。

2. 观看鱼捕食的视频，请幼儿讲述和模仿鱼儿捕食的动作。

（四）活动延伸：大鱼小鱼

随着音乐，学着鱼妈妈带鱼宝宝游来游去做游戏。

冬天里

主题说明

  北风呼呼地吹,冬天来了。冬天好冷啊!这对小班幼儿来说是一个严峻的考验,有的幼儿贪恋暖和的被窝,有的幼儿整天穿着厚厚的冬衣,不愿到室外活动。主题活动中的"我们不怕冷""宝宝不怕冷"两个子主题旨在让孩子们了解运动可以使身体暖和起来。在游戏中,锻炼了幼儿的意志,培养了他们的勇敢精神,增强了他们的自信,让幼儿用稚嫩的声音说出 —— 天冷我不怕。

  冬天虽然寒冷,但也孕育着新的希望。孩子们在冬天里迎来新的一年。过了新年,孩子们都大了一岁,让我们一起做许多漂亮的彩灯,画美丽的烟花,一起布置我们的教室,玩一玩五彩包裹的游戏,拿着自制的贺卡,参加新年分享会。

  小班幼儿对于冬天的感受和体验是多种多样但又朦胧的,教育活动的开展,使幼儿获得了许多的知识,使他们进一步认识和感受了冬天,从而喜欢冬天。直接走到户外感受与体验冬天是实践的一条重要途径,因此教师要和家长加强沟通与协调,鼓励并带领幼儿尽可能多地参加户外活动。

北风娃娃

❋ 主题目标

1. 通过观察、感受,知道冬天的特点,萌发观察自然现象的兴趣。
2. 通过玩冰、雪,体验冬季游戏的快乐。
3. 能勇敢地参加冬季户外锻炼。

📄 主题活动一览表

主题	形式	活动名称	活动目标	侧重领域与涉及领域
北风娃娃	集体学习活动	冰不见了	1. 乐意观察,探索冰遇热融化的奥秘 2. 初步接触小实验,体验实验的乐趣,对实验活动感兴趣	科学 语言
		香香的被子	1. 聆听故事,感受故事中甜美温馨的意境 2. 感受冬季太阳的温暖,知道冬季要勤晒被子	语言 健康
		冬季运动会	1. 在游戏中运用"对应"的方式比较"多""少""一样多"(4以内) 2. 尝试用增减的方式使两组动物的数量一样多	数学 科学
		我们不怕冷	1. 在老师的鼓励下声音自然地朗诵儿歌 2. 天天上幼儿园,争做一个勇敢不怕冷的好宝宝	语言 社会
		宝宝不怕冷	1. 理解歌词内容,在感知乐曲节奏的基础上,引导幼儿合拍地做动作 2. 感受歌曲所表达的冬天不怕冷的积极情绪	艺术 社会
	备选集体学习活动	漂亮的手套	1. 尝试用玻璃球滚画的方法制作手套 2. 体验玩色的乐趣	艺术 社会
		谁不怕冷	1. 发现并感激在寒冷的冬季中辛勤劳动的人 2. 愿意在冬季早起,乐意成为"不怕冷的孩子"	社会 语言

续表

主题	形式	活动名称	活动目标	侧重领域与涉及领域
北风娃娃	个别、小组学习活动	自然区	提供水仙花和小乌龟,引导幼儿观察记录水仙花的生长过程;发现小乌龟在冬天的变化	
		美工区	提供颜料、棉签、黑色卡纸、橡皮泥、弹珠和鞋盒等多种材料表现雪花、雪娃娃;装饰手套	
		科学区	了解怎样做能使冰块融化得最快;发现——对应方法的多样性	
		角色区	布置服装超市,通过角色扮演采购冬天的服饰,了解冬季服装的特征	
		生活区	提供冬季的衣服、裤子,引导幼儿按图示学习折叠、整理冬季服装	
	规则游戏活动	冰爷爷	在了解游戏规则的基础上练习听信号四散跑,体验冬季户外游戏的快乐	
		抛球翻卡片	根据图卡内容准确判断夏、冬季物品,明确冬季与夏季的特征与区别	
		打雪仗、堆雪人	视具体天气情况而定,感受亲子堆雪人、打雪仗的快乐,注意活动时的安全问题	

环境创设与区域设置

环境创设

⊙主题墙

1. 在主题墙上粘贴幼儿收集的关于冬天特征的图片(如美丽的雪景、光秃秃的树枝、人们厚实的穿着等),增强幼儿对于冬天的感受。

2. 逐步增添有关人们不怕冷的活动照片或图片,如冬天晨间锻炼、雪地漫步、堆雪人以及各行各业的劳动者冬天不怕冷地为大家服务的照片或图片。

⊙ 展示区

集中展示幼儿收集来的帽子、手套等冬季服饰。

指导幼儿在活动区域中画小雪花,并将小雪花串成一串,悬挂于美工区或教室顶部,泥塑的雪娃娃、装饰的手套则展示于美工展示区,美化环境的同时使幼儿体验美工作品再利用带来的快乐。

区域设置

⊙ 自然区

提供水仙花给幼儿种植,引导幼儿观察记录水仙花的生长过程。

饲养小乌龟,在观察记录本上进行记录,提供给幼儿有关小乌龟冬眠的资料,要注意帮助小乌龟建立良好的冬眠环境,随时观察小乌龟的变化并记录。

⊙ 美工区

提供白色颜料、棉签、彩色卡纸等材料,供幼儿绘制棉签画《小雪花》,并将其用于悬挂布置。

提供橡皮泥、泥工班、小胡萝卜块、豆子、纽扣等可用来装饰的材料,指导幼儿做泥塑雪娃娃,之后放于展示台展览,供大家欣赏。

提供颜料盘、弹珠、白纸手套、鞋盒,指导幼儿尝试用玻璃球滚花的方法装饰手套。

⊙ 科学区

动手实验:提供托盘、冰块、毛巾、丝巾、汗衫、棉花,幼儿通过眼睛看和手摸,继续感受冰块的特征,并引导幼儿将冰块用不同的材料包起来,观察什么材料能使冰块融化得最快,并做记录。

数学操作:提供小动物磁贴、磁性板,以冬季运动会为主题供幼儿操作,比较动物数量的多少,通过给小动物排队,鼓励幼儿主动探索与发现一一对应方法的多样性。

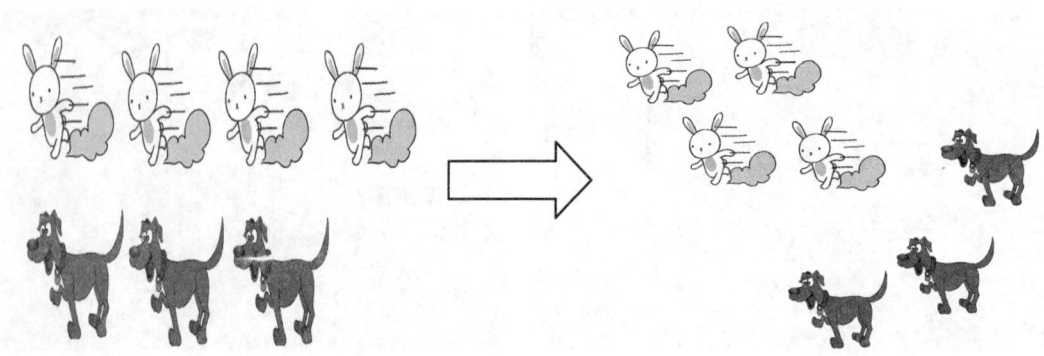

⊙ 角色区

服装超市：将幼儿在不同季节穿戴的服饰布置在教室的一角，请"爸爸""妈妈"带着"宝宝"一起去买冬天的衣服，了解冬季服装的明显特征。

⊙ 生活区

提供冬季的衣服、裤子，引导幼儿按图示学习折叠、整理冬季服装。

日常活动与游戏

日常活动

⊙ 观察小乌龟

每天观察并记录，如小乌龟今天吃了什么，进行了哪些活动。经过一段时间的跟踪观察后，幼儿会发现小乌龟变得一动不动了，大家一起来讨论小乌龟怎么了，冬眠的小乌龟是什么样子的，用绘画的形式记录下来，猜一猜小乌龟什么时候会醒来。

⊙ 小小气象站

每天插放卡片——今天是几月几日，星期几，天气状况如何。教师可以经常性地和幼儿谈论天气，提醒幼儿关注天气变化并相应地增减衣物。

⊙ 天天锻炼身体好

用鼓励的方式，如天天锻炼红星榜等，引导幼儿坚持每天参加户外活动，不仅可以让幼儿懂得运动可以使自己暖和起来的道理，同时还可以锻炼他们的身体，增强他们的意志力。

游戏

⊙ 冰爷爷

教师扮演"冰爷爷"，戴手套站在场地中间，幼儿在"冰爷爷"旁四散做走、跑、跳等各种动作。幼儿边做动作边念儿歌："呼呼呼，北风吹，冰爷爷，出来了。小朋友，快快跑，冰爷爷，碰到你，变成冰人动不了。"听到儿歌结束的信号，"冰爷爷"可以出来捉幼儿，幼儿则四散跑开，躲避"冰爷爷"的追逐。被"冰爷爷"的长手套碰到的幼儿就不能动，表示"被冻住了"。游戏进行几次以后，可把信号改为"两人结冰""三人结冰"等。前面游戏中被"冰爷爷"碰到而"冻住"的幼儿可迅速寻找一至两位伙伴"冻结"在一起。

⊙ 抛球翻卡片

将冬天和夏天的各类服装以及各种自然现象画在卡片上，卡片翻转排列在地板上，自

制笑脸卡片若干,教师事先准备一个球。幼儿围着卡片站成一个大圆圈,教师站在中间。游戏开始,教师将球抛向任意一个幼儿,幼儿接到球后跑到中间翻开一张卡片,并说说卡片上画的是什么东西,是冬夏哪个季节用的。说对了,自行取一张笑脸卡。游戏反复进行,直至所有卡片都被翻转过来。

⊙ 打雪仗、堆雪人

视具体天气情况而定。

家长工作

1. 家长在接送孩子时,注意引导孩子关注周围环境的变化和人们在冬季进行的活动。

2. 和孩子一起通过查找图书、网上浏览等方式收集与冬天有关的资料,并用文字记录下孩子阅读时的感受。

3. 与孩子一起参加亲子运动会,让孩子感受与父母一起参与冬季体育锻炼的乐趣,培养孩子不怕冷积极参加锻炼的好习惯。

4. 平时鼓励孩子早睡早起、不怕寒冷、天天上幼儿园、积极参加冬季锻炼。

集体学习活动方案

活动 1:冰不见了

活动目标

1. 乐意观察,探索冰遇热融化的奥秘。
2. 初步接触小实验,体验实验的乐趣,对实验活动感兴趣。

活动准备

1. 事先听气象预报,了解天气情况,尽量选择有太阳的日子。
2. 活动前教师在家中自制冰块,冰块中放置一块小鸟橡皮。
3. 每人一个小托盘,每组准备毛巾、吸管、装有热水的小杯子若干。

活动过程

(一)情境导入,激发探索兴趣

1. 教师以鸟妈妈的身份求助幼儿：帮我救救我的宝宝们，我的宝宝们被施了魔法，冻在冰块里了。你们愿意帮帮我吗？

（二）了解冰的特征，探索让冰融化的多种方法

1. 摸一摸冰块，你们有什么感觉？

2. 我的宝宝肯定冻坏了，我这里准备了毛巾、吸管、小杯热水，你们觉得哪个工具能救我的宝宝？请你们用这些工具试一试。

3. 幼儿操作，自由选择工具进行实验。

4. 集中交流，你们救出我的宝宝了吗？你们是怎么救它们出来的？宝宝被救出来后，冰变成了什么？

5. 哪种方法能最快救出我的宝宝？你们再来试一试。

6. 再次尝试，找出最快的解救方法，讨论为什么这种方法最快。

（三）冰不见了

还有什么方法也能让冰融化掉呢？

教师带幼儿到户外阳光下，指导幼儿把冰放在地上，引导幼儿观察：冰到哪儿去了？冰变成了什么？

活动 2：香香的被子

活动目标

1. 聆听故事，感受故事中甜美温馨的意境。

2. 感受冬季太阳的温暖，知道冬季要勤晒被子。

活动准备

1. 挂图22号、《幼儿园课程指导》第217页。

2. 连线操作纸每人一份。

活动过程

（一）幼儿自主阅读故事《香香的被子》，初步了解故事内容

1. 你摸过、闻过香香的被子吗？下面我们一起来阅读故事《香香的被子》。

2. 引导幼儿翻至相应的页码，鼓励幼儿自主阅读故事，教师巡回观察了解幼儿的阅读情况。

3. 故事画面上有谁?他们在做什么?

(二)欣赏故事并理解故事内容

1.(教师讲述故事后提问)胖小猪为什么要晒被子?(同上提问引出小花猫和小山羊)最后小松鼠又是怎么做的?它的被子在哪里呢?

2. 边看边听,再次感受故事。

(三)通过提问的方式,感受冬季里被子被太阳晒后的温暖

1. 故事里的小动物为什么要晒被子?

2. 我们需要晒被子吗?学说"香香甜甜""暖和""松软"等词语。

3. 除了晒被子,还可以晒什么?

附:故事

香香的被子

冬天,一个很好的晴天。

胖小猪来晒被子,小花猫来晒被子,小山羊也来晒被子。

小松鼠问:"你们为什么要晒被子呀?"

胖小猪说:"冬天把被子晒一晒,盖起来比较暖和。"

小山羊说:"冬天把被子晒一晒,盖起来比较松软。"

小松鼠说:"好,我也来晒被子。"

到了晚上,小松鼠把尾巴盖在身上。它说:"我的尾巴就是我的被子。唔,晒过的尾巴又香又软又暖和,它一定能让我睡一个香香甜甜的觉。"

活动 3:冬季运动会

活动目标

1. 在游戏中运用"对应"的方式比较"多""少""一样多"(4以内)。

2. 尝试用增减的方式使两组动物的数量一样多。

活动准备

磁贴、操作纸。

活动过程

（一）引出话题，激发兴趣

冬天天气很冷，但动物宝宝不怕冷，正在运动场上进行冬季运动会呢。让我们一起来看看都有哪些动物宝宝，它们正在干什么呢？

（二）将两组物体一一匹配对应，观察与比较数量的多少

1. 有几只兔子在跳绳？几只兔子在拍球？跳绳的兔子多还是拍球的兔子多？有什么好办法来比较多和少？（个别示范）

引导幼儿将这些图片排排队，然后用一一对应的方法将两组物体一一匹配，比较多和少。

2. 引导幼儿用语言表达自己探索的结果：哪个多？哪个少？××比××多几个？××比××少几个？

（三）分析讨论，想方法让它们一样多

1. 观察比较，两边的队员一样多吗？谁在进行拔河比赛？小鸟裁判要求停止比赛，为什么呢？请你比比，两边的队员是否一样多？

2. 讨论：怎么样能让两边的队员一样多，你有什么好办法？

（四）操作练习

利用操作纸、磁贴比较两组数量的多少，并通过增减数量的方法使其一样多。

活动 4：我们不怕冷

活动目标

1. 在老师的鼓励下声音自然地朗诵儿歌。
2. 天天上幼儿园，争做一个勇敢不怕冷的好宝宝。

活动准备

1. 《幼儿课程指导》第 224 页、挂图 25 号、课件。
2. 小鸟、大树、小猫、小狗头饰。

活动过程

（一）出示背景图

这幅画上白白的是什么？（幼儿回答：雪）下雪的时候你们觉得冷不冷？

（二）引导幼儿学习诗歌

这么冷的天，小鸟、大树、小猫、小狗在干什么？

1. 儿歌里都有谁？

2. 冬天到，雪花飘，天气变冷了，小鸟在说什么？（播放课件第一段）

3. 小鸟说什么了？（幼儿回答）（出示图片）

教师纠正幼儿的发音，带领幼儿做动作：冬天雪花飘飘，天气变冷了，小鸟说"冷——冷——冷——"

4. 大树是怎么喊的？（看课件第二段）

你听到大树是怎么喊的了吗？（幼儿回答）（出示图片）

大树吱吱喊："冷——冷——冷——"（纠正幼儿的发音）

3. 小猫、小狗怎么了？（出示课件）（学习钻的动作）

小猫、小狗它们钻到哪里去了？（幼儿回答）

4. 小动物都这么怕冷，小鸟"叽叽叽"地叫，大树"吱吱吱"地叫，小猫小狗往屋里钻，它们都怕冷，小朋友们怕不怕冷呢？（出示课件）

小朋友们在做什么呢？（出示图片）

他们又是怎么说的？

5. 我们一起来学一学他们是怎么说的。（完整念儿歌）

6. 我们用细细的声音来表示小鸟的叫声，用粗粗的声音来表示大树的喊声，用快快的声音表示小猫、小狗的声音。

（三）分角色朗诵儿歌

幼儿分别戴上小鸟、大树、小猫、小狗的头饰分角色朗诵。（两遍）

（四）教育幼儿不怕冷，鼓励他们做勇敢的好孩子。

小朋友们又跑步又跳绳，爱运动，所以不怕冷，你们喜欢哪些运动呢？（幼儿回答）

对，我们都爱运动，所以也不怕冷。我们天天上幼儿园，是不怕冷的好宝宝。

附：儿歌

我们不怕冷

冬天雪花飘飘，

天气变冷了。

小鸟叽叽叫：

"冷——冷——冷——";

大树吱吱喊:

"冷——冷——冷——";

小猫、小狗往屋里钻:

"冷——冷——冷——";

小朋友们哈哈笑,

又跑步,又跳绳,

"我们不怕冷!"

活动 5：宝宝不怕冷

活动目标

1. 理解歌词内容,在感知乐曲节奏的基础上,引导幼儿合拍地做动作。

2. 感受歌曲所表达的冬天不怕冷的积极情绪。

活动准备

1. 音乐磁带、录音机、曲谱。

2. 课件。

3.《幼儿课程指导》第 226 页。

活动过程

(一)律动进活动室

跟着老师活动活动身体,小跑起来(8 个八拍),我们一起动动手、动动脚,让我们的身体暖和一点。

合着音乐节奏一下一下地做动作。

(二)引入内容,感知乐曲的节奏,理解歌词内容,引导幼儿合拍地做动作

1. 来了一个小朋友,看看他在干什么,原来他也在锻炼身体啊,他做了些什么动作呢?

2. 老师把这个小朋友的几个动作编成了歌曲,请大家一起来听听。(放录音,感受第一遍)老师边做动作,边唱歌。

3. 教师唱一遍歌曲,这个小朋友又搓手、又跺脚的,真有趣!我们一起来做做看。

4. 弹唱歌曲,现在我们跟着音乐节奏,一下一下地做动作,好吗?

5. 树林里北风呼呼地吹,好冷啊,听!有人在哭!原来是小猪,那我们就慢慢地做动作,节奏稍慢些!

6. 又来了一个小动物(出示小猴),小猴很灵巧的,我们做动作时节奏可以快一点。

(三)律动出教案

我们一起到操场上去锻炼吧,带领幼儿小跑步出活动室(律动8个八拍)。

附:歌曲

宝宝不怕冷

活动6:漂亮的手套

活动目标

1. 尝试用玻璃球滚画的方法制作手套。
2. 体验玩色的乐趣。

活动准备

课件、颜料、弹珠、手套、作画纸。

活动过程

(一)欣赏美丽的手套

1. 看一看,小朋友们带来了什么?你喜欢哪双手套?为什么?(鼓励幼儿从颜色、图案等不同方面说)

2. 用什么方法能把白手套变得漂亮起来?

（二）尝试用玻璃球滚画的方法画手套

1. 教师介绍材料和方法。

今天我们用玻璃球为材料来画手套，先把白手套放在盒子里，将玻璃球在颜料盒里滚一下，用塑料小勺子舀起颜料盒里的玻璃球放在手套上，双手捧起盒子轻轻晃动，让玻璃球在手套上滚动，留下跳舞的痕迹。用好后将玻璃球放回原来的颜料盒。一种颜色的玻璃球跳完舞了，可以换另一种颜色的再滚动，这样手套上就能留下美丽的花纹了。

2. 幼儿大胆作画。

鼓励幼儿大胆玩色，将白手套变成漂亮的花手套。

启发幼儿自主选择颜色，注意记住要将用完的玻璃球送回"家"。

（三）展示作品，互相欣赏交流

盒子放在通风处，引导幼儿自由观察，说说喜欢哪只手套，为什么。

活动 7：谁不怕冷

活动目标

1. 发现并感激在寒冷的冬季中辛勤劳动的人。
2. 愿意在冬季早起，乐意成为"不怕冷的孩子"。

活动准备

1. 事先与厨房联系商议参观事宜，请阿姨配合参观活动。
2. 幼儿收集"不怕冷的人"的信息资料。
3. 课件。

活动过程

（一）参观厨房，发现阿姨为了给大家服务而不怕冷，心存感激

1. 冬天真冷，我们都用什么水洗手呢？如果用冷水洗手会有什么感觉？厨房的阿姨在冬天是怎样洗菜做饭的呢？我们一起去看看吧。

2. 参观厨房，观察到厨房阿姨不怕冷，用冷水洗东西。

阿姨在干什么？阿姨用什么水洗菜？水冷吗？

我们问问阿姨用冷水洗菜手冷吗？你怕不怕冷？引导幼儿观察阿姨那冻得发红的手。

3. 小结：寒冷的冬天，为了小朋友能吃上香喷喷的饭菜，厨房阿姨不怕冷，坚持劳动。阿姨真勇敢，我们要向阿姨学习。

4. 我们对阿姨说一句感谢的话吧！

（二）信息交流，发现身边不怕冷的人，向他们学习

1. 介绍自己收集到的信息。

在我们身边，还有谁不怕冷？请把你们的发现都告诉大家。（结合课件）

2. 自主观看课件，了解还有哪些人也不怕冷。

看一看，他们是谁？在干什么？他们怕不怕冷？

3. 我们小朋友怕冷吗？说说你不怕冷的表现。进一步引导幼儿养成冬季早起，按时来园不迟到的好习惯。

过新年

主题目标

1. 知道过完年自己又大了一岁的常识。
2. 能用语言、贺卡等向家人、同伴表达自己的新年祝福。
3. 愿意参加迎新年活动,感受节日的喜庆气氛。

主题活动一览表

主题	形式	活动名称	活动目标	侧重领域与涉及领域
过新年	集体学习活动	大一岁了	1. 学习朗诵儿歌《大一岁了》,理解儿歌的内容,并能用替换的方法仿编儿歌 2. 知道大一岁了,自己的事情自己做	语言 社会
		祝你新年快乐	1. 认真聆听故事,理解故事内容,感受朋友间互赠新年祝福的快乐 2. 了解贺卡的制作过程,大胆地祝贺别人新年快乐	语言 艺术
		放烟花	1. 运用各种感官感知4以内的数,能按图形卡片匹配相应数量的实物 2. 愿意与同伴一起活动,初步感受过新年的乐趣	数学 社会
		新年分享会	1. 能大胆地在集体面前大方表现自己,体验新年喜庆、快乐的气氛 2. 学习分享,积累同伴间交往的经验	语言 社会 艺术
		动物过冬	1. 了解青蛙和蛇冬眠的现象,提高探索动物的兴趣 2. 尝试在同伴面前用语言大胆表达自己的意愿	科学 语言
	备选集体学习活动	咚咚锵	1. 认识常见的打击乐器,掌握XX XX和XX的节奏 2. 尝试进行轮奏游戏,感受合作表演的快乐	艺术 社会

续表

主题	形式	活动名称	活动目标	侧重领域与涉及领域
过新年	备选集体学习活动	新年聚会	1. 根据自己对角色的理解,选择合适的材料进行外形装扮 2. 感受新年喜庆的氛围	艺术 社会
	个别、小组学习活动	美工区	1. 学习用毛线拖画,尝试拖出不同花样的烟花,感受烟花的美和新年的喜庆 2. 使用材料进行简单的涂色、粘贴,尝试包装物品,参与教室环境的布置	
		益智区	学习解、拆、撕等动作,锻炼幼儿的小肌肉	
		阅读区	1. 观察图片内容,自主进行排图讲述,向同伴说说祝福的话 2. 翻阅《宝宝的成长记录》,讲讲自己小时候的故事	
		科学区	1. 尝试按照一定的规律进行排列或者排序 2. 一一配对,比较物体的多少	
		表演区	跟着《过大年》《恭喜恭喜》《春节序曲》等音乐自编舞蹈,自主唱歌,体验迎接新年的喜悦心情	
		角色区	积极参与角色扮演活动,体验游戏的快乐	
	规则游戏活动	五彩包裹	学习按照游戏规则玩音乐游戏,感受打开包裹后的惊喜,愿意和同伴一起分享自己的快乐	
		烟花飞上天	朝一个方向投,看谁投得又高又远	

 环境创设与区域设置

环境创设

⊙ 主题墙

1. 布置卡片墙,请幼儿观赏形形色色的新年卡,并把和父母一起制作的新年贺卡也拿出来一起分享呈现。

2. 布置一棵礼物树,上面挂上各种各样的小饰品,请幼儿用绘画的形式制作自己喜欢的新年礼物,剪下来挂在树上。

3. 布置照片墙,张贴幼儿小时候的照片、和家人的合影等,让幼儿体会到自己正在成长。

⊙ 展示区

收集幼儿用过的小衣服、小鞋子、小帽子,引导幼儿发现自己成长的足迹。

区域设置

⊙ **美工区**

1. 提供彩灯、烟花活动所需要的颜料盒、粗线、棉签、轮廓纸等物品。
2. 张贴粗线笔拖画的作品和棉签涂色的作品。
3. 提供幼儿制作彩链所需的彩纸、胶水。
4. 提供彩色纸和小馒头木珠,教幼儿学习包裹的方法,制作完成后,作为礼物送给同伴。投放彩纸、卡纸、亮片、光盘等材料供幼儿制作小礼物等,制作完成后可用于教室环境布置。
5. 提供小老鼠波波的图片,请幼儿把制作好的贺卡送给波波。

几种贺卡的制作方法:

1. 在贺卡上印上未经上色的图片供幼儿涂色,也可以把贺卡剪成树的形状供幼儿自由添画。
2. 提供果蔬块,供幼儿在贺卡上印画。
3. 贺卡对折后在上面印上小房子的图片,给幼儿提供白色的棉花,请幼儿给房子涂色,并在屋顶粘贴棉花。

⊙ **益智区**

1. 提供各式各样的礼物盒,请幼儿逐层打开,取出里面的礼物,学习解、拆、撕等动作,锻炼幼儿的小肌肉。
2. 提供各种礼物卡片的拼图,请幼儿玩一玩,拼一拼。

⊙ **阅读区**

1. 提供小老鼠波波小图片若干套和活页插若干,请幼儿观察图片内容,并请他们自主排图讲述。
2. 在幼儿制作完贺卡后,鼓励他们向同伴说说祝福的话,教师准备好录音机,录下幼儿的话,幼儿之间互相模仿着说。
3. 家长提供相册《宝宝的成长记录》,供幼儿翻阅,请幼儿讲讲自己小时候的故事。

⊙ **科学区**

1. 出示动物、蔬菜、糕点、水果、服饰等图片,提供归类盒让幼儿学习归类。
2. 按照一定的规律进行排列或者排序。
3. 创设分点心的情境,请幼儿进行一一配对,比较物体的多少。

⊙ **表演区**

1. 提供纱巾、假发、丝带、自制的话筒、《五彩包裹》打击乐谱、打击乐器等物品。

2. 自行结伴,跟着《过大年》《恭喜恭喜》《春节序曲》等音乐自编舞蹈。

3. 自由唱歌,体验迎接新年时的喜悦心情。

⊙ 角色区

1. 娃娃家开办新年宴席,幼儿互相祝福。

2. 在糕点店购买新年蛋糕等食品。

3. 在商店购买新年礼物。

日常活动与游戏

日常活动

⊙ 说贺卡送祝福

幼儿带亲子制作的贺卡来园,可利用晨谈、午餐前准备、午睡后等时间组织幼儿进行介绍,说说这是和谁一起制作的,贺卡的外形、装饰物、祝福语、想赠送的对象等。活动后教师可将它们挂在新年树上,用来教室布置和作美工区范例。

⊙ 幼儿园真美丽

带领幼儿在幼儿园门厅、各班教室参观,请幼儿说说这些地方有了什么变化,请幼儿思考为什么要挂灯笼、放新年树、贴对联等;感受过新年的喜庆气氛。

⊙ 擦香香

请幼儿饭后擦脸,并照一照镜子,引导他们观察到冬天小脸容易干,请幼儿思考怎样才能保护自己的小脸呢?学习动手为小脸擦香香,取一点香香在手心里,分别在脸颊、额头、鼻头、下巴上点一点,然后均匀抹开,再照一照镜子,就会发现小脸香香的了。

⊙ 打电话

幼儿自主找好朋友,两人一组,各自拿一部玩具手机,互相打电话说祝福。这个游戏可以促进幼儿间的密切交流,又能为幼儿提供大胆练习说新年祝福话语的机会。

⊙ 过新年

在来园接待、课间、区角活动、午睡起床等环节播放《五彩包裹》音乐,帮助幼儿在潜移默化中熟悉乐曲。

⊙ 快乐的元旦

幼儿带一张自己在元旦时外出活动的照片,结合照片说说自己元旦时去哪儿玩了,分享迎接新年到来时参与的各类有趣活动的快乐。

游戏

⊙ 五彩包裹

教师提供彩色的包裹,请幼儿听音乐传递包裹,音乐一停,包裹落在谁的手上,谁就打开包裹,告诉大家里面是什么。学习按照游戏规则玩音乐游戏,感受打开包裹后的惊喜,愿意和同伴一起分享自己的快乐。

⊙ 烟花飞上天

在爽歪歪酸奶罐尾部塞进塑料彩纸,制作成炫彩烟花。指导幼儿在户外用自制的烟花连续向上、向前投掷,也可以一边念儿歌"烟花,烟花真美丽,飞到天上看星星!飞,飞,飞!"一边用力把烟花向上投,看谁投得又高又远。

家长工作

1. 请家长在带孩子外出时,引导孩子留意商场、饭店等公共场所的节日布置,感受浓郁的新年氛围。

2. 元旦带孩子走亲访友时,鼓励幼儿大胆为长辈送上新年祝福,并用相机记录孩子的元旦活动。

3. 亲子一起做一张新年贺卡。

4. 整理孩子小时候的衣物、以前的照片,让幼儿观看,让其体会到自己的成长。

集体学习活动方案

活动 1:大一岁了

活动目标

1. 学习朗诵儿歌《大一岁了》,理解儿歌的内容,并能用替换的方法仿编儿歌。

2. 知道大一岁了,自己的事情自己做。

活动准备

1. 布娃娃一个、小红帽一顶。

2. 新年树上挂着礼物。

3.《幼儿园课程指导》第199页。

活动过程

(一)谈话的方法引出课题

小朋友们知道自己现在几岁了吗？比原来大了几岁？你现在会做什么事情了？（感知自己大一岁了，更能干了）

(二)学习朗诵、理解儿歌

1. 教师示范朗诵儿歌，边表演相应的情景动作。

儿歌讲了什么？

2. 再次示范朗诵儿歌，帮助幼儿理解儿歌内容。

"我"送了布娃娃什么礼物？布娃娃是怎么做、怎么说的？

"我"又是怎么回答的？

为什么我不抱布娃娃呢？

大一岁了，你有没有变得更能干？有没有学会做一些力所能及的事了？

3. 幼儿和老师一起边做动作边学儿歌。

(三)仿编儿歌

1. 幼儿围着新年树，说说有哪些新年礼物，最喜欢什么新年礼物，想送布娃娃什么新年礼物，并学说短句"我送布娃娃一个××"。（学习正确使用量词）

2. 一起围着新年树朗诵儿歌，念第二句时，提示幼儿说出选中的礼物，并在念完后送给自己的好朋友。

附：儿歌

大一岁了

郑春华

新年到，新年到，

我送布娃娃一顶小红帽，

布娃娃眯眯笑，伸手要我抱。

"哎呀呀，不抱不抱！

我们都大一岁了，

你呀，知道不知道？"

活动 2：祝你新年快乐

活动目标

1. 认真聆听故事，理解故事内容，感受朋友间互赠新年祝福的快乐。
2. 了解贺卡的制作过程，大胆地祝贺别人新年快乐。

活动准备

1.《幼儿园课程指导》第 201 页。
2. 挂图、磁带、录音机、亲子制作的贺卡若干。
3. 油画棒、一张空白的大卡纸。

活动过程

（一）出示贺卡，引出故事

这是什么，它是干什么用的？

1. 幼儿轮流传递贺卡，欣赏贺卡。
2. 教师介绍贺卡上的装饰，读一读贺卡上的祝福语，引出故事——新年快到了，小老鼠波波想寄贺卡给它的好朋友。

（二）欣赏故事，理解故事内容

1. 讲述故事

故事的题目是什么？小老鼠波波要寄贺卡给哪些好朋友？

2. 教师出示挂图，讲述故事，并提问：

为什么波波要送贺卡给它的好朋友？

波波送给小猫（小白兔、小黑熊、小红鸟）的贺卡上面画了什么？

波波后来收到了什么礼物？

（三）激发幼儿制作贺卡的愿望

1. 小朋友们，你们想给谁制作一张贺卡，并在新年的时候送给他呢？（引导幼儿想出大家都喜欢的人，比如保健医生、保育员、门卫爷爷等）
2. 他（她）喜欢什么，我们怎么来装饰贺卡，在贺卡上写些什么祝福的话呢？
3. 教师根据幼儿的意愿制作贺卡，做好后和幼儿一起送贺卡。

活动 3：放烟花

活动目标

1. 运用各种感官感知 4 以内的数，能按图形卡片匹配相应数量的实物。
2. 愿意与同伴一起活动，初步感受过新年的乐趣。

活动准备

1. 事先给幼儿讲授有关过新年放烟花鞭炮的经验。
2. 4 以内的实物卡、图形卡、点子卡若干。
3. 烟花轮廓图、纸片等若干。

活动过程

（一）游戏"放烟花"，引发幼儿活动兴趣

1. 教师和幼儿一起举手尝试作烟花点燃状，嘴里发出"嘭嘭嘭"的放烟花声。
2. 幼儿按实物卡放烟花。教师或个别幼儿举起卡片，并根据卡片上的实物数量作烟花点燃状，卡片上的实物数量是几，就边发出几声"嘭"，边两臂张开做烟花点燃的动作，游戏可进行数次。
3. 同样方法，幼儿按图形卡所示数量"放烟花"。

（二）游戏"放鞭炮"，感知 4 以内的数

1. 幼儿听声报数。

教师和幼儿一起玩放鞭炮游戏，教师发出"啪——"的鞭炮声音，幼儿便报出鞭炮响了几声，也可拍几下手表示声响是几下。

2. 幼儿看点子卡片"放鞭炮"。

教师向个别幼儿出示表示某一数字的点子卡片，幼儿就发出相应次数的鞭炮声。

（三）操作活动：做烟花鞭炮

要过年了，我们一起来做烟花鞭炮吧，怎么做呢？（教师和幼儿一起讨论做烟花鞭炮的方法，如涂烟花、撕鞭炮等）

我们每次做多少呢？（请幼儿们看卡片上有几个点，就做几个烟花鞭炮，可重复游戏）

活动 4：新年分享会

活动目标

1. 能大胆地在集体面前大方表现自己，体验新年喜庆、快乐的气氛。
2. 学习分享，积累同伴间交往的经验。

活动准备

1. 《幼儿园课程指导》第 201 页、《小朋友的书·美工》。
2. 新年树一棵、新年蛋糕一个。
3. 在教室里挂上彩灯，布置一个模拟舞台。

活动过程

（一）大家一起唱歌曲《新年好》，烘托气氛

（二）制作新年礼包

动手制作《小朋友的书·美工》中第 22 页的"新年礼包"，并将一颗糖果装入小礼包中。

请幼儿把礼包整齐地摆放在新年树下。

（三）表演节目

请幼儿分组或单独表演节目（念儿歌、唱歌等）。

（四）快乐齐分享，感受分享的快乐

今天大家都很开心，过了新年我们又大一岁了，大家一起来分享新年蛋糕吧！

（五）互送礼物，学会互相关爱

请幼儿拿起自己准备好的新年礼包，赠送给同伴，互相说祝福的话和感谢的话。

活动 5：动物过冬

活动目标

1. 了解青蛙和蛇冬眠的现象，提高探索动物的兴趣。
2. 尝试在同伴面前用语言大胆表达自己的意愿。

活动准备

1. 课件。

2. 蛇、青蛙的图片。

活动过程

(一)出示蛇、青蛙的图片,引出课题

提问:1. 你们认识这两个小动物吗?看看它们是谁?

2. 新年到了,大家都开开心心过新年,可是青蛙、蛇上哪儿去了呢?

3. 它们是怎样过新年的,你们知道吗?

幼儿自由讨论。

(二)结合课件,了解青蛙和蛇是怎样过冬的

1. 请小朋友们看大屏幕,自己去寻找答案。(教师引导幼儿发现青蛙、蛇冬天要冬眠)

2. 小结:刮风了,下雪了,冬天来到了,青蛙和蛇都躲在洞里,不吃不喝,一动不动,睡到明年春天暖和了才出来,这样过冬的方式叫冬眠。

(三)课件演示

1. 请幼儿说一说还有哪些动物是靠冬眠过冬的。

2. 在律动音乐的伴奏下,让幼儿模仿青蛙和蛇的动作。我们给它们保留一份新年礼物,等它们睡醒了再送给它们吧!

(四)活动延伸

教师和幼儿一起讨论其他小动物是怎样过冬的。

活动 6:咚咚锵

活动目标

1. 认识常见的打击乐器,掌握 ×× ×× 和 ×× 的节奏。

2. 尝试进行轮奏游戏,感受合作表演的快乐。

活动准备

1. 小锣、小鼓若干。

2. 有玩小锣、小鼓的经验。

活动过程

（一）引出主题

我们怎样庆祝新年？在新年里小朋友们会干什么？

（二）玩锣鼓

出示锣鼓，提问：这是什么？怎么玩？

以"咚咚锵"的旋律为背景音乐。

1. 请个别幼儿上来敲敲小鼓。

2. 两人自由结对进行敲打。

3. 幼儿边玩边念儿歌。

（三）学习演奏

1. 跟着老师敲出的节奏念儿歌。

2. 幼儿拍出节奏。

3. 随着歌曲音乐，用拍腿和跺脚来表示锣和鼓的节奏。

4. 分成小鼓、小锣两组跟着老师欢快地演唱。

5. 用击打乐器表现歌曲，体验过节的快乐。

附：歌曲

咚咚锵

佚　名词
佚　名曲

1=F 2/4

| 6 1 6 5 | 3   5 | 6 6 6 6 | 6   0 | 6 1 6 5 | 3   5 | 2 2 2 2 | 2   0 |
| 过 新 年 呀 | 咚咚 咚咚 锵， | 喜 洋 洋 呀 | 咚咚 咚咚 锵， |

| 3·5 3 2 | 1 1 1 | 3·5 3 2 | 1 1 1 | 6 1 6 5 | 5 5 5 | 6 1 6 5 | 5 5 5 |
| 鞭炮声声 锣鼓响， | 咚锵咚咚 咚咚锵， | 唱歌跳舞 多欢畅， | 咚锵 咚咚锵， |

| 1 6 6 | 5   3 | 2 2 3 5 | 6   — | 1   6 | 5 3 0 | 6 6 | 1   — |
| 幸福的 生活 | 甜呀甜又 香， | 咚 咚 | 锵锵 | 咚 咚锵， |

| 3·5 3 2 | 1   — ‖
| 咚咚咚咚 锵

活动 7：新年聚会

活动目标

1. 根据自己对角色的理解，选择合适的材料进行外形装扮。
2. 感受新年喜庆的氛围。

活动准备

色卡纸、红纱巾、红布、白布、棉花、胶带、白纸等。

活动过程

（一）举办新年聚会，激发幼儿装扮的兴趣

（二）讨论角色的装扮

1. 老公公的装扮。
2. 老婆婆的装扮。
3. 小姑娘的装扮。
4. 小花狗的装扮。
5. 小花猫的装扮。
6. 小老鼠的装扮。

（三）分区装扮

1. 幼儿选择合适的材料。
2. 以角色分区，幼儿动手操作，教师巡回指导。

（四）化装舞会

1. 《新年好》的音乐响起，各角色出场，展示形象。
2. 幼儿互评，教师重点讲评。

数学活动

活动1：送片片回家

活动目标

1. 能按实物标记将相同颜色的雪花片放在一起。
2. 激发幼儿参加活动的兴趣，在教师的鼓励下愿意边操作边讲述操作的过程。

活动准备

1. 红、绿大筐各1个（大小、形状相同）。
2. 红、绿片片人手1个（大小、形状相同）。

活动过程

（一）找红色、绿色的片片做朋友

1. 出示红、绿片片，先教学找红片片。
2. 请幼儿说说教师手里的片片是什么颜色的。（教幼儿认识红片片）幼儿一人拿一个片片，一边拿一边说："红片片，我和你做朋友。"
3. 认识绿片片的方法同上。

（二）把相同颜色的片片放在一起

1. 出示红、绿两个大筐，告诉幼儿这是片片的家，请幼儿指出其区别。

哪个筐是红片片的家？哪个筐是绿片片的家？

2. 送片片回家。

教师示范送红片片回家。

请幼儿拿一片红片片，将其送回家。指导幼儿一边送一边说："红片片，我送你到红红的家。"

3. 请个别幼儿示范送红片片回家。
4. 幼儿分组上来送红片片回家。
5. 送绿片片回家的方法同上。

（三）活动评价

1. 全部送完后，引导幼儿观察并说说红筐里住着谁、绿筐里住着谁。
2. 小结：今天小朋友们让相同颜色的片片都住在了一起，它们真高兴。

活动 2：将相同颜色的物体归类

活动目标

1. 能按实物标记将相同颜色的不同物体放在一起。
2. 激发幼儿参加活动的兴趣，愿意讲述操作的过程。

活动准备

1. 红、绿色小箩筐各1个（大小、形状相同）。
2. 红、绿片片人手1个（大小、形状相同），红、绿积木人手1个。

活动过程

（一）把同样颜色的片片放在一起

1. 教师出示红、绿片片问幼儿："请小朋友们看看，老师这儿有什么？"
2. 请幼儿辨认片片的颜色。
3. 请幼儿一人拿一个片片，大声对片片说："×片片，我和你做朋友。"拿到片片后请回原位。
4. 教师出示两个小筐，请幼儿说一说它们的区别。

请幼儿想一想其中哪一个是红片片的家，哪一个是绿片片的家。

请幼儿认一认自己手中的片片，将其送回家，边送边大声说："×片片送你回×筐。"结束时再一次向幼儿提问："红筐里住着谁？""绿筐里住着谁？"

（二）将积木按颜色进行分类

1. 教师出示积木，请幼儿辨认颜色。
2. 积木也想和大家做朋友，请小朋友们每人拿一块，大声告诉它："×积木，我和你做朋友。"然后回到座位上和它玩一玩。
3. 送积木回家，请幼儿想一想什么样的积木应住在红筐里，什么样的积木应住在绿筐里，边送边说："×积木送你回×筐。"
4. 出示红筐，提问：这是什么样的筐？里面住着谁？它们为什么能住在一起？
5. 出示绿筐，提问：这是什么样的筐？里面住着谁？它们为什么能住在一起？

（三）活动总结

今天小朋友们让同样颜色的片片和积木做了好朋友，它们真高兴。

活动 3：分水果

活动目标

1. 能依据外形判断相同物体，按实物分类的规则进行操作。
2. 能给三种实物分类，并用实物标记表示分类结果。

活动准备

1. 手偶刺猬、小兔各1个。
2. 分类盒3格，分别放苹果、桃子、草莓小实物各三个。
3. 小筐1个，里面混放苹果、桃子、草莓小实物若干。
4. 实物标记苹果、桃子、草莓标记卡各一张。
5. 小实物：苹果、草莓、桃子各3个。

活动过程

（一）通过"刺猬、小兔开水果店"的情境，激发幼儿学习小兔给水果分类的兴趣

1. 教师戴上刺猬、小兔的手偶。引导幼儿和它们打招呼。
2. 出示一筐未分类的水果小实物和一个按类别放好的水果的分类盒。

提问一：这两种放水果的方法有什么不一样？

提问二：小朋友们都愿意到小兔的水果店买水果，不愿意到刺猬的水果店买，这是为什么？

3. 演示规则：教师边操作边讲解：今天的游戏叫分水果，材料都在桌上，每人一份。请你先像小兔一样，按要求把小盘子里一样的水果放在一起，送进分类盒里。（脱下手偶，拿出水果标记）然后再把盘子里的水果标记插到分类盒上。记住要先把一样的水果放在一起，然后再给每个盒子插上标记。

4. 个别提问：谁来讲讲分水果的游戏怎么玩？

（二）幼儿分组操作，教师观察指导

1. 分组操作。幼儿按要求到指定的操作小组内操作。
2. 观察指导：了解幼儿是否理解"先分实物再插标记"的操作规则，观察幼儿采取的操作策略，分析幼儿的发展水平，因势利导。
3. 提示常规：做完的小朋友可以和旁边的小朋友说说你是怎么分水果的。

（三）集中交流分类的方法，鼓励和称赞按规则操作、主动收拾学具的孩子

1. 交流提问：刚才小朋友们是怎么分水果的？
2. 评价：表扬按规则操作、主动收拾学具的孩子。
3. 整理：将材料分类摆放好。

活动 4：排除大小干扰按颜色分类

活动目标

1. 认识物体的颜色特征。
2. 能按颜色分类，并用颜色标记表示分类结果。
3. 能按规则操作，操作结束后能收拾好自己使用的材料。

活动准备

1. 一张画有三朵花的图片。
2. 颜色标记红、黄、绿各 1 个，红、黄、绿不同大小的蝴蝶各两只。

活动过程

（一）创设"蝴蝶到花园吸花蜜"的情境，提出按颜色分类的问题

1. 教师引入话题：今天天气真好，看看花园里飞来了谁？飞来了几只蝴蝶？我们怎么才能知道有几只蝴蝶呢？大家一起来数一数吧。
2. 请幼儿仔细辨别这些蝴蝶的不同之处。
3. 蝴蝶飞呀飞，一样颜色的蝴蝶喜欢在同一朵花上吸蜜，请幼儿想想每朵花上该放什么颜色的蝴蝶。
4. 演示规则。

请一名幼儿把红颜色（其他颜色亦可）的蝴蝶放到一朵花上。请其他幼儿看看他这样放是否正确。

提醒幼儿分完蝴蝶后，还要把材料盘里的颜色标记（出示三张颜色标记）放到花瓣的下面，表示是这种颜色的蝴蝶选中的花，比如，红蝴蝶落在这朵花上，我们就要把红颜色的标记放到这朵花的花瓣下面。

表示红颜色的我们叫它红标记，请幼儿想一想另外两种标记该如何称呼。

（二）幼儿分组操作，教师观察指导

1. 观察指导：检查幼儿是否理解"一样颜色的蝴蝶放同一朵花上"的规则，观察幼儿的操作策略，分析发展水平，因势利导。

2. 提示常规：做完的小朋友可以和旁边的小朋友说说自己是怎么放蝴蝶的。

（三）集中交流分类的方法，鼓励按规则操作、主动收拾学具的孩子

1. 交流提问：刚才小朋友是怎么放蝴蝶的？

2. 评价：表扬按规则操作、主动收拾学具的孩子。

3. 整理：将材料分类摆放好。

活动 5：排除形状干扰按大小分类

活动目标

1. 认识物体的大小特征，理解大、小标记的含义。

2. 能排除形状的干扰按大小特征分类，并能用大小标记表示分类结果。

3. 能按大小分类的规则操作，结束后能收拾好自己使用过的材料。

活动准备

大小标记、几何图形（同色大小圆形、正方形、三角形）。

活动过程

（一）以"图形妈妈和图形宝宝的亲子活动"为情境，引出按图形大小分类的问题

1. 图形妈妈和图形宝宝一起玩占圈游戏（出示操作底纸和大小图形磁铁）。图形妈妈们站在一个圈里，图形宝宝们则站在另一个圈里，你们能帮助图形妈妈和图形宝宝让他们都站到各自的圈里吗？

2. 演示大小分类。

教师拿出两个圆形，提问：看看这两个图形，谁是妈妈，谁是宝宝？妈妈和宝宝要分开放进两个不同的圆圈里，该怎么放？

所有的图形妈妈站在一个圈里，所有的图形宝宝要站在另一个圈里。请你们想一想，方形和三角形妈妈和宝宝，分别该送到哪个圆圈里呢？

3. 认识大小标记。

所有的图形妈妈和图形宝宝分开后,给图形妈妈站的圈和图形宝宝站的圈分别贴一个标记。教师出示大小标记并提问:你们猜猜哪个标记代表大,哪个标记代表小?

4. 引导幼儿用身体动作表示大小标记并认读。

现在请小朋友们选择一下,在图形妈妈的圈上放哪个标记呢?图形宝宝的圈上又应该放哪个标记?

(二)幼儿操作,教师观察指导

做完的小朋友和旁边的小朋友对比一下,看看你们做的是不是一样的(提醒幼儿要注意材料的回收)

(三)交流讲评

1. 交流:你们是怎样帮图形宝宝和图形妈妈按大小分开站圈的?(可请出错的幼儿再次操作)

2. 整理:请幼儿按要求收拾、摆放材料。

活动 6:按大小排序

活动目标

1. 认识物体从小到大的顺序关系。
2. 能根据范例,用重叠对应的方法,将 5 个物体按大小排序。
3. 在教师的引导下,愿意用自己的语言讲述物体的排列顺序。

活动准备

1. 大小不同的水果排序卡(苹果)共 5 个。
2. 排序用的带小红旗的操作纸。

活动过程

(一)以"水果长大了"为情境,引出水果按大小排序的问题

1. 树上的果子熟了,你们知道果子是怎么长大的吗?刚刚长出来的果子很小,后来会变得怎么样呢?

2. 图上这几个圆圈是怎么排的?

(出示 5 个圆片)这是果子,你们能把这些果子从小到大一个个排进圆圈里,表示果子

是怎样一点点长大的吗?要从有小红旗的地方开始放(教师示范摆放一个最小的圆片),要求每个水果要正好放进虚线圈里,不大也不小。

3. 后面的果子请小朋友们自己排一排。等所有的水果材料都排完了,请说一说你们是怎么排果子的。

(二)幼儿借助范例进行大小排序,教师观察指导

1. 教师巡视两大组幼儿的操作情况,观察幼儿是否理解操作规则,适时对个别幼儿进行提问:"你排的是什么水果?""你先排的是哪一个?再排的是哪些?"或"说说水果是怎么长大的?"

2. 观察幼儿的操作策略,进行个别指导。

(三)交流水果排序经验

1. 请排序过程中尚存在一些困难的幼儿上来再进行一次练习。

2. 在我们周围,还有什么东西是从小到大排列的?最小的气球是哪一个?气球是怎么排队的呢?(用手指点气球)

3. 整理操作材料。

活动 7:一一对应 1

活动目标

1. 能把成对的物体一一对应地进行匹配。
2. 能理解成对物体之间的对应关系。
3. 愿意和同伴分享操作材料。

活动准备

圆形晾衣架若干个,自带手套或袜子2~3双放入脸盆。

活动过程

(一)以"帮助妈妈晾袜子、手套"的情境,引出给物体配对的要求

1. 妈妈今天洗了许多袜子和手套,你们愿意帮妈妈晾袜子、晾手套吗?

2. 演示规则:(出示晾衣架)晾袜子和手套时,同一双袜子和手套要夹到一起,你们知道怎样才能找到配成双的两只袜子吗?

3. 教师边讲解边演示：找到同一双袜子后，把它们合并在一起，夹到一个夹子上，就像这样（示范夹袜子）。

4. （出示几盆袜子和手套，对应地放到晾衣架下）这些盆子里还有许多袜子和手套要晾，我们来玩"晾袜子和晾手套"的游戏，请小朋友帮忙，把它们一双双地全部晾起来。

（二）幼儿分组操作，教师观察指导

1. 分组操作：（教师逐一分配各组幼儿到各个晾衣架下操作）下面我请到哪一组，哪一组的小朋友就轻轻地过去开始操作。

2. 教师观察指导，看幼儿是否理解"配对夹袜子和手套"的操作规则。

3. 提示常规：请夹完所有袜子和手套的小朋友们再检查一下，每双袜子和手套有没有夹错。

（三）集中交流匹配策略，评价幼儿操作

1. 交流、提问：你是怎样找到成对的一双袜子和手套的？

2. 评价：对操作正确和能与同伴分享操作材料的幼儿进行表扬。

3. 整理：袜子和手套都晾干了，我们把它们收起来，收好以后放的时候也要一双双地放。

活动 8：一一对应 2

活动目标

1. 能对相应的物体进行匹配。
2. 理解物体之间的联系。
3. 愿意讲述自己对应匹配的结果。

活动准备

1. 动物卡片猫、狗、熊、猴、兔各一张。
2. 食物卡片鱼、骨头、玉米、香蕉、萝卜各一张。

活动过程

（一）以"动物幼儿园开饭了"的情境引出相关物体对应排列的问题

1. 介绍角色：你们知道在动物幼儿园里，有哪些动物宝宝吗？（先出示小兔的卡片）

这是谁?我们一起和它打个招呼吧。(带领幼儿向小兔问好)

还有谁?(逐一出示其他4个动物,带领幼儿和小动物打招呼)

(二)学习排列物体

1. 开饭的时间到了,我们送小动物到餐厅去好吗?请谁坐第一个位置?幼儿自由回答,教师根据多数幼儿的回答,拿出该动物卡放在最左边的位置上。

2. 后来的小动物应坐在哪里呢?谁愿意来排?请一幼儿演示排列其他动物的座位,然后提问:其他动物的座位是怎么排的?

(三)学习对应排列物体

1. 动物园为小动物准备了哪些好吃的?

2. 小动物们饿坏了,你会喂它们吃东西吗?它们喜欢吃什么?

3. 我们可以一个动物一个动物有顺序地来喂,大家说说先喂谁?谁愿意来喂喂小兔子?请一名幼儿取萝卜放到小兔子面前。教师示范讲述:喂好了我们要告诉小兔子一声"小兔子,请你吃萝卜。"

4. 其他动物要吃的食物也要按顺序一个一个送到他们的面前,然后告诉它们"××,请你吃××。"你会玩了吗?

5. 重申规则。今天的游戏名字叫"喂动物",大家一起来说一说是怎么玩的?(请幼儿复述)把小动物一个一个放到座位上,然后把它们喜欢吃的食物喂给它们,一边喂,一边说:"××,请你吃××。"

(四)幼儿分组操作,教师观察指导,提示幼儿边操作边讲述

1. 观察指导提醒幼儿小动物们喜欢吃什么,请幼儿把好吃的送给小动物,让每个小动物都能吃到它们喜欢吃的食物。一边送一边还要说什么?

2. 提醒幼儿自己检查。

(五)展示自己的成果

活动9:按形状归类

活动目标

1. 认识物体的形状特征,能正确命名圆形、正方形、三角形。

2. 能按形状标记对图形进行归类。

3. 对图形的归类活动感兴趣,能专心完成自己的活动。

活动准备

1. 分类盘3个、厨师帽1顶、底纸。

2. 形状标记卡,几何图形(红、黄、绿圆形,正方形,三角形各2个)。

活动过程

(一)介绍情境,激发兴趣

1. (教师戴上厨师帽)点心店要开张了,先要把饼干分好,谁想来当小厨师帮忙分饼干呀?

2. (出示底纸)小兔在点心店里摆好了三个盘子,每个盘子里有一块饼干,大家看看分别是什么形状的?第一个盘子里的是圆形的,第二个盘子里的是正方形的,第三个盘子里的是三角形的。

3. (出示图形卡片)谁愿意来给第一个盘子放饼干?等一会儿小朋友放的时候,所有的图形饼干也都要按盘子里饼干的形状来放。

(二)学做夹心饼干

1. 看一看老师是怎么做的。夹心饼干要用到三个形状相同的图形,看看它们是什么形状的?请小朋友来试一试,将做好的夹心饼干放回底纸上的盘子里。

2. 今天的新活动名字叫"分饼干"。除了在底纸上分饼干,还可以用分类盒子玩装饼干的游戏。

3. 分组操作。

教师巡回观察幼儿是否理解操作规则,个别提问:你的这盘饼干是什么形状的?这盘呢?还有一盘呢?你做成夹心饼干了吗?是怎么夹的?

(三)交流评价

1. 整理材料。

2. 交流:谁愿意再把这些图形做成夹心饼干?

3. 哪些小朋友学会了按标记放图形饼干,哪些小朋友放完了所有的饼干?

活动10：排除其他特征干扰按颜色分类

活动目标

1. 能排除形状、大小特征的干扰，按颜色给图形分类，并用颜色标记表示分类结果。
2. 能按照分类规则把材料分完。

活动准备

1. 每人三只盘子，红、黄、绿颜色标记，几何图形（红、黄、绿色的大的圆形、正方形、三角形）磁贴。
2. 操作底纸。

活动过程

（一）以"兔妈妈为小动物们分点心"为情境，提出图形分类的要求

1. （出示操作底纸和几何图形磁贴）兔妈妈做了三种颜色的点心。小猴、小猫和小兔分别想要一种相同颜色的点心，你们觉得可以怎么分给他们？请幼儿动脑筋想一想，若想不出来，再提示：可以把相同颜色的点心放在一起。

2. 演示分类规则。

谁愿意来试着分一分？（请一名幼儿尝试分一分图形）

他分得对吗？分别看看小猴、小猫和小兔的大树墩上，它们各自点心的颜色是什么样的？

每个小动物分到的点心的颜色都是一样的，我们可以用什么标记来表示？（出示红、黄、绿三种颜色标记）

（二）幼儿操作

教师观察幼儿是否能够排除其他特征干扰按颜色将图形分类，对有困难的幼儿进行个别指导。

（三）交流评价

1. 交流：请小朋友们说说自己是怎么操作的。
2. 评价：表扬能遵守游戏规则的幼儿。
3. 整理：请幼儿收拾好材料交给老师。

活动 11：上下关系

活动目标

1. 理解物体之间的上下关系。

2. 尝试运用"小狗在××的上面／下面"的句式来表达物体间的上下关系。

3. 喜欢集体游戏，在活动中能注意倾听指令。

活动准备

1. 学具筐 1 个,组块小狗每人 1 个(用组块拼插而成,也可用其他材料替代)。

2. 活动室内有家具。

活动过程

（一）游戏导入

1. （出示组块小狗）今天组块小狗要和小朋友一起玩"小狗在哪里"的游戏,它来选择站的位置,请你们说说它现在站在哪儿?

2. 请小朋友闭上眼睛。（把组块小狗放在桌子的上面）现在可以睁开眼睛了,找找小狗站在哪儿?（总结幼儿反应,完整表述）对,小狗站在桌子的上面。（带领幼儿一起完整表述）

3. 组块小狗夸你们太聪明了,今天活动的名字就叫"小狗在哪里"。现在小狗要躲起来,躲到一个你们不容易发现的地方。好,大家闭上眼睛,不准偷看哦。（把小狗放在桌子的下面）好了,睁开眼睛吧,看看小狗在哪里?

（二）集体练习

1. 交代规则。

还有很多组块小狗都想和小朋友做游戏呢,（发组块小狗）每人拿一个组块小狗。一起听听它们想躲在哪里,并把它们藏好。

2. 集体练习。

听好了,小狗想站在你们的头顶上。（要求幼儿立即把小狗顶在头顶上。检查幼儿放得是否正确）

小狗在哪里？我们一起说一说,小狗在我头顶上。（倾听幼儿的回答,引导幼儿用"小狗在我×× 上面／下面"完整表述小狗的位置）

3. 以同样的方式,要求幼儿把小狗放在自己腿上、肩上、胳肢窝下面、大腿下面……

(三)集体游戏

1. 交代规则。

这次小狗想在教室的其他地方躲一躲,它们一会躲在上面,一会躲在下面,你们一定要听清楚它们每次想躲在哪里,再帮它们躲好,好吗?

2. 演示规则。

小狗们都想站在一件东西的上面,想想可以把它放在什么东西的上面?谁愿意来放一放?放好了说一说"小狗站在××的上面"。(教师请一两名幼儿把小狗放到某物上面,然后提问)你把小狗放在哪里了?大家看一看,他们的小狗是站在××的上面吗?

3. 集体游戏。

(幼儿寻找合适的位置放小狗。师:"放好以后别走开,看好小狗别让它摔倒,然后大家一个个告诉我,你把小狗放在什么地方了?"逐一提问每个幼儿,或同时问2~3个把小狗放在相同的地方的幼儿,指导幼儿表述:"我把小狗放在了××的上面。"请说过的幼儿拿着小狗回到自己的座位上)

现在小狗想藏到一件东西的下面去。想想你可以把小狗藏到什么东西的下面。藏好后不要离开,告诉我你把小狗藏到了什么地方,然后再回座位。

(四)交流评价

活动12:里外关系

活动目标

1. 理解物体之间的里外关系。
2. 尝试运用"礼物在××的里面/外面"的句式表达物体间的里外关系。
3. 喜欢集体游戏,愿意回答教师的问题。

活动准备

1. 玩具熊、猴各一个,学具筐两个,活动室内有家具。
2. 组块小鱼每人一个,松紧口小布袋每人一个。(也可用其他玩具代替)

活动过程

（一）以"帮助圣诞老人准备礼物"为情境导入，请幼儿把玩具小鱼装入袋子，并学习如何完整表述其位置

1. 引入角色。

播放圣诞节歌曲，教师扮圣诞老人请小朋友们一起去送礼物。

2. 提出要求。

（出示两个学具筐，一个筐中放礼物袋，一个筐中放组块小鱼）小鱼礼物还没有装好，请小朋友每人拿一个礼物袋，再拿一条小鱼，把小鱼装进袋子里，一个袋子装一条小鱼。

3. 学习句式。

出示里面装有小鱼的袋子，教师提问："现在我们把礼物装在了什么里面？"

教师小结讨论结果，幼儿集体学习句式："小鱼装在××里面。"

（二）讨论如何根据笨笨熊、机灵猴的特点送礼物，得出把礼物分别放在物体外面、里面的规则

1. 讨论规则。请小朋友们帮忙想一想，给笨笨熊和机灵猴送礼物时，分别应该放在什么地方呢？（送给笨笨熊的礼物放在物体的外面，送给机灵猴的放在物体的里面）

2. 练习句式。请幼儿完整表述自己放礼物的设想。

引导幼儿用"我想把礼物放在××里面／外面"来说说设想。

（三）分组给笨笨熊、机灵猴送礼物，依次完整表述礼物放在了哪里，并集体检查

1. 送礼物。先请一组小朋友送礼物。送好后不要离开，要看好礼物，然后告诉大家把礼物放在了哪里。

2. 集体检查。全组幼儿放完后，逐个提问："你把礼物放在了哪里？"

3. 按照同样步骤，请其他组幼儿一一摆放礼物，并完整表述礼物放在哪里。请在活动中尚有表述困难的幼儿回答，再次练习。

（四）交流评价

1. 分类整理学具。

2. 以圣诞老人的口吻小结活动。

3. 交流评价按规则摆放礼物、完整表述的情况。

活动 13：毛毛虫的花衣裳

活动目标

1. 体验以 AB 为单位的重复排列。
2. 能根据全范例或半范例拓展 AB 模式。
3. 在活动中能按规则边操作边讲述。

活动准备

毛毛虫的图片，自制星星或小花图案（与活动图案对应）印章 2 个，每桌印台 2 个、小碗 1 个，活动单。

活动过程

（一）以毛毛虫穿花衣裳为情境导入引出问题

1. 教师出示毛毛虫的图片，请幼儿回答。

毛毛虫想穿件花衣裳去游乐场，可它的身体很长，穿了一半就穿不动了。小朋友们，你们愿意帮助毛毛虫穿花衣裳吗？

2. 仔细观察，发现规律。

已经穿好的衣服上有什么图案？请大家跟着读一读：星星小花、星星小花。那接下去应该穿什么图案的衣服了？请幼儿一起试着说一说。

3. 交代规则，学盖印章。

今天的活动叫"毛毛虫的花衣裳"，（出示图案印章，边演示边交代方法）我们要用图案印章来做花衣裳。盖印章的时候大家要注意一点，先说一说前面的图案是什么，再想想下一个是什么图案，再选印章。（请幼儿跟着老师做动作）先在印台上蘸一下墨，然后对准活动单用力盖下去，再轻轻地提起来就好了。记住，要一直把毛毛虫身体的最后一节盖完。

4. 教师提醒幼儿完成后，要把印章还回原处。如果做完一张还想做，可以再拿一张新的活动单。

（二）幼儿分组操作

1. 教师观察幼儿的操作情况并予以指导。
2. 提示常规。请幼儿做完后把材料放回原处。

（三）交流评价

1. 整理学具。

2. 互相交流。

3. 教师评价。

活动14："1"和"许多"

活动目标

1. 认识"1"和"许多"。感知"许多"可以分成很多个"1"，合起来就是"许多"。

2. 初步体验整体与部分的关系，发展最初的分解与组合能力。

活动准备

1. 扑克、玩具。

2. 与幼儿人数相等的积塑粒，盛玩具的塑料筐一个（选取的物体单位名称应为"个"，便于幼儿掌握）。

活动过程

（一）创设情境，让幼儿区别"1"和"许多"的概念

1. 教师以变魔术的形式，出示一张扑克牌，引导幼儿说出"一张"，继续快速地出示，启发幼儿说出"许多张"。以这种形式，重复2～3次，变出其他的玩具。

2. 请一位小朋友站到前面来，请这位小朋友再邀请一位小朋友，循环数次，启发幼儿说出"是由一位一位小朋友组成的许多小朋友"，再请幼儿一位一位回到座位，启发幼儿说出"许多小朋友分成了一个一个小朋友"。

（二）指导幼儿参加分和合的操作活动，感知"1"和"许多"之间的关系。许多个物体可以分成一个一个的物体，一个一个的物体合起来成为许多个物体。

1. 拿出一筐积塑粒，让幼儿知道筐里有许多积塑。

2. 把一筐积塑粒撒在地上，说明要求：请幼儿每人迅速地拿一个积塑粒，然后说："我拿了一个积塑粒。"

3. 请幼儿把积塑粒一个一个放回筐里，教师强调一个一个合起来就是许多个。

（三）引导幼儿独立地找出自己身上或活动室内，哪些物体只有一个，哪些物体有许多个

活动 15：1～3 按数量排序

活动目标

1. 认识 3 以内数量的排列顺序,并能给 3 以内的点子卡排序。
2. 尝试按数量匹配相应实物,进一步掌握 3 以内实物数量的排列顺序。

活动准备

1. 教师卡片:1 朵花、2 个苹果、3 只蝴蝶、托马斯火车。
2. 幼儿操作材料若干。

活动过程

(一)手口一致点数,并能说出总数(感知 1～3 数量的多少)

1. 出示三张图片,引导幼儿手口一致地点数。

新年快到了,老师准备了一些礼物,希望你们能送给你们的妈妈。瞧!这是什么?有多少?(师幼共同点数)

2. 提问:哪张卡片上的数量最多?哪张卡片上的数量最少?

(二)学习将点子卡按数量从少到多排列

1. 同时出示火车的 3 节车厢,分别将点子卡 1、2、3 标注于车厢中间,请幼儿将实物卡片装到托马斯车厢内。我们该怎样把这些礼物送给我们的妈妈呢?你们瞧!呜呜……托马斯小火车来了。

2. 哪节车厢排在最前面?哪节车厢排在它后面?哪节车厢排在最后面?(教师引导幼儿一起一边排一边说)

3. 小结:我们一起从靠近有红旗的火车头开始,说说车厢是怎么排队的,好吗?

(三)对应匹配实物卡片

1. 提问:画有一朵花的卡片我们应该把它放在哪个车厢里?(引导幼儿边说边做,1 朵花放在有 1 个圆点的车厢里)

2. 个别幼儿上来操作:两个苹果(三只蝴蝶)应放在有几个圆点的车厢里?

3. 集体检验:我们一起来检查一下,礼物放对了吗?(一个圆点,一朵花;两个圆点,两个苹果;三个圆点,三只蝴蝶)

（四）幼儿分组操作

活动一：排火车车厢（点子卡排序）。

活动二：对应匹配实物卡（先统一排列）。

下册

过年真好

主题说明

　　新学期开学了,小朋友们带着新年的甜蜜回到了幼儿园,又和老师、小伙伴们相聚在一起,欢声笑语,其乐融融。让我们拿出过年时拍的照片,说一说新年里有趣的事情;分享一下新年里获得的糖果、玩具和新年里玩过的游戏。过年真好,与小伙伴们见面真开心。

　　主题活动"红红火火"意在让幼儿尝试收集最能营造过年氛围的红色物品,来回忆并串联起过年的快乐情景,引导他们细细品味"年"的味道。通过收集、欣赏和创造性表现,幼儿对过年产生了浓浓的兴趣,了解了中国特有的过年习俗,从中发现了过年的意义。通过再现,让幼儿再一次体验新年放鞭炮、包春卷,元宵逛灯会、吃汤圆的场景。通过这些活动,丰富和提升了幼儿关于过年的感性经验,加深了幼儿对过年的情感体悟。

　　过年留给幼儿的除了喜庆、热闹、团聚的体验外,色彩鲜艳、形状各异、甜甜蜜蜜的糖果更是幼儿的最爱。主题活动"甜甜蜜蜜"中,设计了促进幼儿充分表达认识和情感的多种活动:收集各种糖果,学习描述糖果的形状、颜色、味道;感受和表现跳跳糖、棉花糖的奇异;开一家小朋友自己的糖果店,买上自己喜欢的糖果;包一颗向往已久的超级大糖,抱着喜爱的超级大糖跳个舞;想象什么时候天上再下一场糖果雨,捡上很多很多的糖果;收集很多很多糖纸,和小朋友们比一比,谁收集的糖纸最漂亮;还要用糖纸、糖袋制作漂亮的小物件,比一比,谁的作品最有趣……通过多种活动抒发着幼儿对甜蜜糖果的无限喜爱、无限遐想,整个主题活动充满着分享、甜蜜与温情。

　　本主题下设"红红火火"和"甜甜蜜蜜"两个子主题,实施时间为2周左右。这是一个快乐、甜蜜、充满美好想象的主题。在有趣的活动中,幼儿经历了收集与分享、观察与欣赏、想象与创造性表现的过程,活动中始终充满着快乐,这里面有释放童真的快乐,也有幼儿发现、欣赏、创造、成功的喜悦。

主题目标

1. 回忆过年时的欢乐情景,乐意表达过年的快乐,体验新年后与老师、小伙伴见面的愉快心情,学会互相关爱。

2. 尝试收集各种与过年有关的红色物品,了解过年的习俗,感受收集与分享的快乐。

主题活动一览表

主题	形式	活动名称	活动目标	侧重领域与涉及领域
红红火火	集体学习活动	红色大收集	1. 尝试收集各种与过年有关的红色物品,回忆过年的欢乐情景,大胆讲述自己的所见所闻 2. 尝试用红色的线条和色块描绘新年里看到过的红色物品,感受红色带来的喜庆和快乐	语言 社会 艺术
		看花灯	1. 聆听音乐,分辨音乐的乐段,并根据乐段学习合拍双脚跳和走圆圈线 2. 通过看花灯了解元宵节是中国传统节日,在看花灯、玩花灯的过程中体验做音乐游戏的快乐	艺术 社会
		小动物做客	1. 交流过年时去别人家做客的感受,学习怎样礼貌做客和接待客人 2. 尝试把动物和它们喜欢的食物一一配对	社会 科学
		包春卷	1. 通过聆听歌曲,感受十六分音符的节奏,能跟着音乐边唱边有节奏地进行"包春卷"表演 2. 感受包春卷的乐趣,知道包春卷是过年的习俗之一	艺术 社会
		生的和熟的	1. 观察生的食物与熟的食物,初步了解区分生与熟的方法 2. 增进幼儿对食物煮熟过程的了解,激发幼儿的好奇心	科学 语言

续表

主题	形式	活动名称	活动目标	侧重领域与涉及领域
红红火火	备选集体学习活动	赏花灯	1. 欣赏各种各样的花灯,初步感受不同的造型、色彩和图案的美 2. 尝试用较完整的语言介绍自己花灯的名称与特点,体验说一说、玩一玩和做一做的乐趣	艺术 语言
		猜灯谜	1. 通过观察花灯上常见动物的剪影或者轮廓推测花灯的名称 2. 在互动游戏中逐步养成耐心等待的好习惯	语言 科学
	个别、小组学习活动	美工区	选择自己喜欢的材料和方式装扮灯笼、制作鞭炮和糖葫芦	
		科学区	1. 尝试按照物品的功能进行分类并点数每种物品的数量 2. 将动物和它们喜欢吃的食物进行配对,提高分析能力	
		音乐区	在反复聆听音乐旋律的基础上,用不同的动作自由表现,提高表现能力	
		娃娃家	能按照一定的规律收拾家里的物品,会用橡皮泥制作汤圆或者糖葫芦,会招待客人	
	规则游戏活动	放鞭炮	在游戏中练习原地蹲跳,感受集体活动所带来的快乐	
		是生是熟	通过问答的形式,请幼儿根据已有经验判断所问的食物是生是熟,巩固幼儿辨识生熟的经验	

环境创设与区域设置

环境创设

⊙主题墙

1. 收集有特色的过年用品,如灯笼、福字、中国结等,营造过年的气氛。

2. 设置过年趣事照片展示板,营造全班一起过年的情境。

3. 设置美食角,根据幼儿的讲述逐步放置过年时吃过的美食,加深幼儿对过年的印象。

区域设置

⊙ 美工区

1. 提供灯笼的模板、轮廓纸以及彩纸、蜡笔、各种材质的可粘颗粒，幼儿根据需求和能力，进行撕贴、装饰、拼组等。

2. 提供颜料、美工纸、红色纸片和两张范画，幼儿选择自己喜欢的方式画鞭炮或者撕鞭炮。

3. 提供橡皮泥、竹棒和各种糖葫芦的图片，幼儿用将橡皮泥搓圆插入竹棒的方式制作糖葫芦。

⊙ 科学区

1. 提供各类过年所需物品的图片4组，每组10张，尝试按照物品的功能进行分类并点数每种物品的数量。

2. 提供生、熟两种食物，请幼儿根据经验进行分类，并尝试讲述生食的烹饪方法。

3. 提供彩色的圆形纸片，请幼儿用一定规律排序并制作彩色糖葫芦。

4. 提前放置《小朋友的书》，同时将数学操作材料放在科学区供幼儿进行配对活动。

⊙ 音乐区

1. 提供《包春卷》的节奏谱和音乐，请幼儿根据音乐演唱歌曲，同时看着节奏谱唱准音调，引导他们跟着音乐一起演唱歌曲。

2. 提供《看花灯》音乐，请幼儿听音乐进行自由表演，在反复聆听中熟悉音乐旋律并用相应的动作表现音乐。

⊙ 娃娃家

1. 提供橡皮泥、幼儿衣服。"爸爸"用橡皮泥制作汤圆或者糖葫芦给"宝宝"吃，"宝宝"帮助"妈妈"在家里整理新衣服,并按照一定的规律收拾家里的物品。

2. 提供生、熟食物的图片,通过喂动物活动,使幼儿学会说"××,我请你吃××"。

日常活动与游戏

日常活动

⊙ **见面真开心**

每天早上来园时,小朋友之间相互问好,并说一句祝福的话,刚开始可以请家长和幼儿一起说,在家长和教师的引导下让幼儿养成见面问好送祝福的习惯。

⊙ **我喜欢吃食物**

请幼儿介绍一下自己喜欢的食物的名称和口感,通过图片请幼儿回忆过年时自己吃到过的特别的食物。

⊙ **可口的午餐**

利用午餐时间进行餐前谈话,向幼儿介绍今天中午吃什么,让他们了解食物的名称和简单的烹饪方法。

游戏

⊙ **放鞭炮**

幼儿围成圈蹲下,教师用纸棒指点,点到谁,谁就高高跳起去摸纸棒。

⊙ **是生是熟**

通过问答的形式,请幼儿根据已有经验判断所问的食物是生是熟,巩固幼儿辨识生熟的经验。

家长工作

1. 收集各种具有年味的物品,帮助幼儿更好地感受过年的气氛。
2. 请家长和幼儿一起完成"过年趣事"调查表。
3. 收集与过年有关的有趣的图文、影音材料。
4. 邀请一名家长参与包汤圆的活动,使幼儿真实地体验汤圆的制作过程,从而为幼儿在娃娃家开展搓汤圆活动打下基础。

集体学习活动方案

活动1：红色大收集

活动目标

1. 尝试收集各种与过年有关的红色物品,回忆过年的欢乐情景,大胆讲述自己的所见所闻。

2. 尝试用红色的线条和色块描绘新年里看到过的红色物品,感受红色带来的喜庆和快乐。

活动准备

1. 《小朋友的书·过年真好》。

2. 教师、家长与幼儿共同收集与过年有关的红色物品。

3. 红笔、白纸。

活动过程

(一)幼儿介绍自己收集的各种红色物品

1. 提问:过年的时候,我们可以看到各种红色的物品,有的是用来吃的,有的是用来玩的,有的是用来装饰的,你收集到了哪些过年用的红色物品?它们分别是用来做什么的?

2. 引导幼儿介绍自己收集来的各种红色物品。

(二)阅读故事《红色大收集》,拓展"红色收集"

1. 教师讲述故事《红色大收集》。提问:故事中的小朋友都收集到了哪些红色物品?

2. 请幼儿阅读《小朋友的书·过年真好》第1~4页"红色大收集"。故事中有许多过年时会遇到的红色物品,请你们看一看、找一找,哪些物品我们已经收集到了,还有哪些我们没有收集到?

(三)了解红色代表的意义

提问:为什么过年时用的物品很多都是红色的呢?

小结:红色是代表喜庆、快乐的颜色,因为过年时人们很高兴、很开心,所以到处有红色。

(四)自主表现:我看到的红色物品

1. 请幼儿用红色的画笔来大胆描绘和过年有关的红色物品。

2. 请幼儿说说画了什么,画的东西有什么用?

附:故事

红色大收集

新年后,幼儿园开学了,老师让小朋友们去收集新年里红色的东西,过些日子带到幼儿园来。

新年里有哪些红色的东西呢?小朋友们开始睁大眼睛找呀找。

几天后,明明抱来了一个大大的红灯笼。

强强拎了一串红鞭炮。

乐乐提来的是一个大口袋,咦,口袋可不是红色的呀?只见乐乐从口袋里摸出了一串串大大小小的中国结,红红的中国结可漂亮了。

顺顺是个爱画画的孩子,她向爸爸要来了一张漂亮的画贴在了幼儿园的窗户上。她对小朋友说:"爸爸告诉我,这是红色的剪纸,你们说漂亮吗?"小朋友们看到了都拍手说漂亮。顺顺可高兴了。

小玲带来的是什么呢?是一个红纸包,大家一看可乐了,都说:"我有,我也有,那是压岁包!"

青青是穿着一件红棉袄来上幼儿园的,大家一看都明白了,青青带来的是她过年的新衣服。

看到大家收集了这么多新年里红色的东西,老师说:"我也带来了红色的东西。"大家一看,老师带来了许多红色的糖果给小朋友们品尝。

小朋友们眼睛看着这些红色的东西,嘴里吃着甜甜的糖,真高兴!这时,有谁喊道:"红色的,都是红色的!"大家一看,是顺顺把红色的糖纸放在眼睛前看着大家呢。怎么回事呢?大家也学着顺顺的样子,哈哈!不得了,小朋友变红了,老师变红了,活动室变红了,周围许多许多东西都变红了!

活动 2:看花灯

活动目标

1. 聆听音乐,分辨音乐的乐段,并根据乐段学习合拍双脚跳和走圆圈线。
2. 通过看花灯了解元宵节是中国传统节日,在看花灯、玩花灯的过程中体验做音乐游戏的快乐。

活动准备

1. 磁带及录音机、课件。

2. 《幼儿园课程指导》第10页。

活动过程

(一)结合课件了解元宵节风俗——看花灯

1. 他们在干什么？什么节日里我们会去看花灯？

2. 花灯美在哪？人们看花灯的时候心情怎么样？

(二)欣赏音乐《看花灯》

1. 幼儿欣赏音乐第一遍,想象看花灯时的情景,自由地表述。

提问:你们觉得音乐里的人们是怎么看花灯的？他们的心情怎样？

2. 幼儿再次欣赏音乐。

提问:音乐里发生了什么事？我们可以用什么动作来表示？

3. 幼儿学习主要舞步,重点练习两拍一下跟着节奏跳。

(三)音乐游戏:看花灯

1. 第一段游戏:幼儿跟着第一段音乐排成一列队伍在教师带领下双脚向前跳,提醒幼儿两拍一下跟着音乐的节奏。

2. 第二段游戏:跟着第二段音乐,队伍首尾相连走成圆圈,并按顺时针方向听音乐走路移动。

3. 第三段游戏:幼儿跟着音乐自由跳回到位置上。

(四)幼儿在教师带领下完成游戏

请幼儿提着自制灯笼跟着音乐进行游戏。

活动 3:小动物做客

活动目标

1. 交流过年时去别人家做客的感受,学习怎样礼貌做客和接待客人。

2. 尝试把动物和它们喜欢的食物一一对应。

活动准备

1. 每人一支笔,《小朋友的书·数学》。

2. 小动物图片：小象、小熊、小狗、小猫、小兔、小羊、小鸡。

活动过程

(一)结合过年经历,回忆过年时去别人家做客的情景

1. 谈话导入,提问：

(1)新年的时候,你去谁家做客了？他们是怎么招待你的？

(2)新年的时候,谁来你家做客了？你是怎么招待客人的？

2. 幼儿举手回答。教师引导幼儿完整表述。

(二)学习怎样做客和接待客人,尝试招待小动物客人,找到它们喜欢吃的食物

1. 逐一出示小熊、小狗等动物图片,教师提问：谁来了？我们应该怎样问好？(教师引导幼儿学说"××,你好！欢迎来我家做客""请坐,请坐！"等礼貌用语)

2. 讨论：客人到齐了,可以怎么招待它们呢？

3. 给客人唱歌、跳舞,表演节目。教师鼓励幼儿大胆地到大家面前表演节目(或和好朋友结伴一起表演),以示对小动物的欢迎。

4. 讨论：客人们肚子饿了,它们爱吃什么呢？

5. 翻到《小朋友的书·数学》第1页"喜欢吃的食物",请幼儿将动物和它们爱吃的食物配对。

6. 交流：这些动物朋友分别喜欢吃什么呢？(比如小猫喜欢吃小鱼,小狗喜欢吃肉骨头,小鸡喜欢吃虫子等等)

(三)在游戏中体验做客和接待客人

1. 教师扮演"客人",到小朋友家做客,小朋友接待。

2. 请一位幼儿扮演"客人",再请一位幼儿扮演"主人",接待客人。

3. 分组游戏：由3～5个小朋友组成一个家庭(可以分别扮演爸爸、妈妈、宝宝、爷爷、奶奶或者外公、外婆等角色),组成4～6个家庭。其他小朋友都当客人,分别到各个家庭中去做客。

4. 小结：当我们招待客人的时候,要主动、热情,使用礼貌用语,用客人喜欢的食物招待客人；当我们去别人家做客的时候,也要使用礼貌用语,接受主人的食物时要用双手接,并要主动说："谢谢！"不能乱动主人家的东西。

活动 4：包春卷

活动目标

1. 通过聆听歌曲，感受十六分音符的节奏，能跟着音乐边唱边有节奏地进行"包春卷"表演。

2. 感受包春卷的乐趣，知道包春卷是过年的习俗之一。

活动准备

1. 磁带及录音机、皱纸、毛绒玩具。

2. 幼儿事先已了解包春卷的方法。

3. 有关包春卷、吃春卷的视频。

活动过程

（一）了解"包春卷"的过程

1. 这是什么？（出示已经包好的春卷）

2. 你们会包春卷吗？是怎样包的？

3. 观看包春卷、吃春卷的视频，了解过年的习俗。

提问：为什么要吃春卷呀？春卷是怎么包的？

4. 用歌曲里面的句子来说一说包春卷的过程。

（二）欣赏歌曲，熟悉歌曲的旋律

1. 教师示范演唱歌曲一遍。提问：

（1）大家听了有什么感觉？

（2）你们能一边包春卷一边唱吗？（师幼分句合唱）

2. 教师再次示范演唱歌曲一遍。提问：

（1）刚才哪里唱得特别快？（让幼儿感知十六分音符）

（2）怎么样唱才能让它听起来好听？

（3）边拍手边按节奏念"大家都来包春卷"。

（三）学唱歌曲

1. 幼儿和着音乐学唱歌曲。

2. 轮唱游戏。

教师用"包春卷"的不同唱法演唱前后两句，让幼儿分辨并学唱。

（四）游戏"包春卷"

1. 幼儿边唱歌曲边用褶皱纸包春卷。

2. 将大毛巾铺在地板上，请幼儿做春卷的"馅子"，躺在毛巾的一端随包春卷的动作滚动，另一幼儿拿着毛巾一边唱歌，一边"包春卷"。

附：歌曲

包春卷

佚　名词
佚　名曲

1=C 2/4

| 1 1 5 | 6 6 5 | 2 2 2 2 1 2 | 3 — |
包春卷呀　包春卷，　大家快来　包春卷，
| 1 1 5 | 6 6 5 | 2 2 2 2 1 2 | 1 — ‖
包春卷呀　包春卷，　大家快来　包春卷。

活动 5：生的和熟的

活动目标

1. 观察生的食物与熟的食物，初步了解区分生与熟的方法。

2. 增进幼儿对食物煮熟过程的了解，激发幼儿的好奇心。

活动准备

1. 生的螃蟹和熟的螃蟹的图片各一张，水果、蔬菜的图片若干，煮圆子的视频。

2. 电磁炉、圆子、生鸡蛋、面粉、筷子、勺子和碗；一盘生的虾，一盘熟的虾。

活动过程

（一）谈话引出主题

1. 新年里，你们吃了哪些菜？

2. 老师最喜欢吃螃蟹啦！（出示生的螃蟹和熟的螃蟹的图片，分别标上数字1和2）你们猜老师喜欢吃哪个螃蟹？为什么老师喜欢吃第二个螃蟹？

（二）区分生的和熟的

1. 生的和熟的有什么不一样？

小结：原来生的食物和熟的食物可以用颜色来区分。

2. 分别提供一盘生的和一盘熟的虾,请幼儿观察。

（1）哪一盘是生的,哪一盘是熟的？

（2）除了看颜色外,你们还能用什么方法来区分生的虾和熟的虾？

小结：用闻一闻、摸一摸的方法也可以区分虾的生熟。

（三）通过视频让幼儿体验生、熟的变化

1. 这些圆子是生的还是熟的？你们是怎么知道的？

教师取一个圆子让幼儿通过闻一闻、摸一摸的方法验证结果。

2. 我们怎样把它们变熟？（看煮圆子的视频）

（1）刚放进锅里的圆子是怎样的？

（2）烧着烧着圆子就变得怎样了？

（3）闻一闻,尝一尝,比一比生圆子和熟圆子的不同。

3. 观察由生变熟的过程。

（1）幼儿自选材料,将面粉搓圆做成圆子,打鸡蛋。

（2）将做好的圆子放入电磁炉中观察,蛋液放到盒子里蒸。

（3）品尝圆子和蛋汤。

（四）生活经验交流

生活中哪些东西可以生吃？哪些东西需要煮熟了才能吃？（请幼儿看水果和蔬菜的图片回答）

活动6：赏花灯

活动目标

1. 欣赏各种各样的花灯,初步感受不同的造型、色彩和图案的美。

2. 尝试用较完整的语言介绍自己花灯的名称与特点,体验说一说、玩一玩和做一做的乐趣。

活动准备

1. 假期里带幼儿去观看花灯展。

2. 每位幼儿带一盏花灯。

3. 水粉笔每人一支,红、黄、蓝三色颜料若干,纸灯笼若干,调色盘,抹布。

活动过程

(一)观赏花灯,初步感受花灯的美

1. (展示幼儿带来的花灯)我们很多小朋友带来的花灯都不一样,谁来说一说你的花灯是什么样子的呢?(请个别幼儿讲述)

2. 你们喜欢哪一盏花灯?它是长什么样的?(提醒幼儿在介绍自己的花灯时,要注意说出自己花灯的特点)

(二)观察花灯,进一步感受花灯的美

1. 游戏"猜花灯"。

规则:每人从名称、形状、颜色和图案等角度中选择一个或者两个来表述花灯,其他幼儿猜,猜中就可以拿走这盏花灯。

(1)教师先示范玩一次。

(2)游戏数次,使得每个幼儿手里都有花灯。

2. 你的花灯上还有什么特别的图案?

小结:不同颜色的搭配和花纹装饰也能让花灯变漂亮。

(三)打扮花灯,感受不同颜色的花灯的美

1. 出示白色的花灯,提问:怎么样才能让这盏花灯变美呢?(涂色、画点或者画曲线)

2. 请个别幼儿示范用水粉笔打扮花灯。

3. 每组打扮一个大花灯,动作快的幼儿可以选择继续装饰小灯笼。

4. 逛灯会,欣赏同伴的作品。

活动 7:猜灯谜

活动目标

1. 通过观察花灯上常见动物的剪影或者轮廓来推测花灯的名称。

2. 在互动游戏中逐步养成耐心等待的好习惯。

活动准备

1. 每人带一盏灯笼;手绘各种动物轮廓两张,一张剪出动物的特殊部分粘贴在灯笼四周,另一张轮廓完整,供幼儿粘贴在灯笼上。

2. 在走廊上悬挂灯笼,灯笼的高度要与幼儿的视线齐平;每人一块垫子。

3. 有关猜灯谜由来的视频。

4. 请家长带领幼儿阅读有关动物的书籍,丰富幼儿对常见动物的了解。

活动过程

(一)谜语导入猜灯谜话题

1. (出示长长的耳朵、短短的尾巴和红眼睛的图片)"长耳朵、短尾巴,红红的眼睛穿白衣,一蹦一跳真可爱。"请幼儿猜一猜谜底是什么。

2. 出示完整的图片,揭晓答案。

(二)了解猜灯谜的规则并进行游戏

1. 示范猜灯谜。

(1)这些小动物的图片都跑灯笼上了。(在灯笼的一面贴扁嘴巴,一面贴黄色的身体)

(2)扁嘴巴穿黄衣的是什么小动物呢?

小结:原来灯笼每一面都贴了小动物身上的秘密,只要你们仔细看就能猜到它是谁。

(3)那我们快把它喊出来。那这盏藏着小鸭的灯笼叫什么灯呢?

(4)请个别幼儿上来猜藏着小鸡、小羊的灯笼,猜对的将该动物的图片贴在灯笼上。

2. 游戏:猜灯谜找朋友。

规则:请幼儿到走廊上选择一盏自己喜欢的灯笼,猜猜灯笼里藏了什么小动物,鼓励猜对的幼儿给这盏灯笼取一个好听的名字。

(1)幼儿每人拿一块垫子坐到走廊上,分组进行猜灯谜游戏,猜对的拿走灯笼。

(2)说说你灯笼里的小动物和谁的是一样的?

(3)请灯笼里动物一样的幼儿上来给灯笼取个好听的名字。

3. 提着灯笼回到教室。

(三)看视频,初步了解猜灯谜的由来

1. (欣赏视频前半段)电视里的叔叔阿姨在干吗?

2. 我们为什么要逛灯会、猜灯谜呢?(欣赏视频后半段)

甜甜蜜蜜

主题目标

1. 学习用语言描述糖的形状、颜色和味道,表达自己对糖果的喜爱。
2. 欣赏糖果的美丽包装,尝试用糖纸、糖袋制作漂亮的小物件。
3. 愿意与同伴分享糖果。

主题活动一览表

主题	形式	活动名称	活动目标	侧重领域与涉及领域
甜甜蜜蜜	集体学习活动	甜蜜糖果屋	1. 观察各种糖果,对糖果的特征感兴趣,并尝试用多种感官(视、触、味)进行感知(软硬、形状、颜色和味道) 2. 乐意用语言表达自己的发现,了解不能多吃糖果的原因	科学 语言
		云朵棉花糖	1. 在理解故事内容的基础上,感受故事中丰富的想象,真切体验与同伴分享所带来的快乐 2. 鼓励幼儿大胆想象,发表自己的想法 3. 通过尝一尝、玩一玩的方式,初步认识棉花糖的明显特性	语言 科学
		小狗糖果店	1. 按数量取物,加深对5以内数字的感知 2. 认识各种糖果,知道糖果的种类很丰富 3. 体验数学操作活动的乐趣	科学 语言
		我是棉花糖	1. 尝试用自然的声音学唱歌曲,唱出快乐、开心的感情 2. 学习创编部分歌词和"变变变"的动作,体验音乐游戏、创编表演的快乐 3. 初步感知棉花糖的颜色及形状可变的特点	艺术 科学

续表

主题	形式	活动名称	活动目标	侧重领域与涉及领域
甜甜蜜蜜	集体学习活动	摘糖果	1. 通过摘糖果的游戏,学习双脚起跳用手摘糖果的动作 2. 体验和教师、同伴一起做游戏的快乐 3. 在参与制作游戏材料的过程中体验自制玩具的快乐	健康 艺术
	备选集体学习活动	超级大糖	1. 学用涂色的方法装饰糖纸,并尝试用糖纸包裹"糖果"制作"超级大糖" 2. 欣赏大糖,感受其色彩与造型的有趣,体验涂色和制作的成就感	艺术 语言
		糖果雨	1. 聆听故事,理解故事内容,体验天上下"糖果雨"的乐趣 2. 结合生活经验,大胆讲述自己吃过哪些颜色及口味的糖果 3. 尝试运用"假如我是魔术师……"的句型,表达想下各种"神奇雨"的愿望	语言 科学
	个别、小组学习活动	美工区	尝试用各种方法包糖果,并临摹或设计不同外形的糖纸,装饰美工区的展示墙	
		语言区	看图复述故事情节,并在此基础上进行片段创编	
		科学区	1. 通过看一看、尝一尝,完成咸和甜的记录表 2. 根据糖纸的特征分类整理糖纸,并将整理好的糖纸送至美工区,供幼儿进行包糖果活动	
		音乐区	看图谱演唱歌曲,通过替换图片中小动物的方式来创编歌曲	
		角色区	尝试包糖果,分类摆放糖果,并进行购买的游戏,体验进行买卖游戏的快乐	
	规则游戏活动	开心跳跳糖	练习原地跳的动作,并尝试两个人或者三个人一起跳一跳,培养弹跳能力	
		糖果雨	听指令找糖果,并将糖果放到相应颜色的箩筐中,培养分类能力	
		好吃的糖果	通过游戏,提高幼儿的语言表达能力	

环境创设与区域设置

环境创设

⊙主题墙

1. 根据糖纸的颜色和材质将糖果分成若干板块,供幼儿欣赏,让其感受糖纸的美。

2. 拓展板块,展示造型独特的糖果包装和各色棉花糖的图片,丰富幼儿对糖果的认识。

3. 图片宣传展览,引导幼儿适量吃糖。

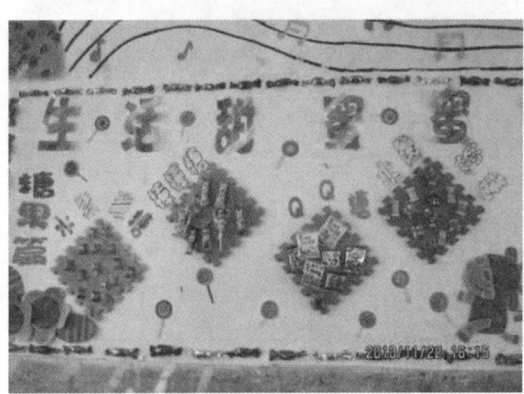 

区域设置

⊙美工区

1. 提供圆形积木或珠子、报纸和扭扭棒,让幼儿练习用各种方法包糖果。

2. 提供糖纸和画有糖果轮廓的画纸,请幼儿选择自己喜欢的糖纸进行临摹,设计不同的糖纸来装饰美工区的展示墙。

3. 创建糖果屋:提供涂色材料、包装材料、装饰用的彩色纸、糖果罐子的模板、橡皮泥等。幼儿选择自己喜欢的方式装饰糖果,如给糖果涂色、用橡皮泥做糖果贴在罐子模板上等,最后将作品陈列在糖果屋里。

4. 提供各种彩色糖纸,让幼儿学习正反折,并提供扭扭棒,让幼儿学着在中间扭一下,变成一朵花。

⊙语言区

1. 提供《糖果雨》的故事图片,鼓励幼儿看图复述故事情节。

2. 提供有关糖果零食的图书,供幼儿深入了解常见零食的名称和吃法。

3. 提供幼儿图书和动物的图片,让幼儿在复述《云朵棉花糖》的基础上看图进行片段创编。

⊙科学区

1. 放置各种零食以及甜和咸的记录表,请幼儿辨别哪些东西是咸的,哪些东西是甜的,分别粘贴在相应的位置。

2. 提供大小、花纹不同的糖纸,请幼儿根据糖纸的特征分类整理,并将整理好的糖纸送至美工区,供幼儿进行包糖果活动。

⊙音乐区

准备歌曲《我是棉花糖》的图片和常见的小动物的卡片,请幼儿看图谱演唱歌曲,并通过替换图片中小动物的方式来创编歌曲。

⊙角色区

糖果店中提供包糖果的大小纸球、各色包装纸和箩筐、玩具柜,请幼儿尝试包糖果并分类摆放,玩买卖游戏。

日常活动与游戏

日常活动

⊙摘糖果

在教室里悬挂幼儿制作的超级大糖果,请幼儿跳起来数数自己能碰到几颗糖果。

⊙甜蜜糖果雨

聆听故事,请幼儿说说自己感兴趣的部分,鼓励幼儿大胆说说自己对糖果雨的看法。

⊙好吃的糖果

介绍自己带来的糖果,并与好朋友分享自己的糖果。

游戏

⊙ 开心跳跳糖

请幼儿用各种方式跳一跳,引导幼儿两个人或者三个人一组一起跳。

⊙ 糖果雨

请幼儿听指令找到落在地上的糖果,并将糖果放到相应颜色的箩筐中。

⊙ 好吃的糖果

用念儿歌"红色(黄色……)糖果什么口味?××味"的方式提高幼儿的口头表达能力。

家长工作

1. 带幼儿品尝糖果,让其从中选出自己最喜欢的糖果,并收集具有特色的糖纸,带到教室里来,展示在主题墙上供幼儿欣赏。

2. 收集关于糖果的图片和图书供幼儿欣赏、阅读。

集体学习活动方案

活动 1:甜蜜糖果屋

活动目标

1. 观察各种糖果,对糖果的特征感兴趣,并尝试用多种的感官(视、触、味)进行感知

（软硬、形状、颜色和味道）。

2. 乐意用语言表达自己的发现,了解不能多吃糖果的原因。

活动准备

1. 请幼儿自带2～3种不同的糖果来园。

2. 提前布置"甜蜜糖果屋"的场景。

活动过程

(一)提问,促使幼儿回忆起吃糖时的感受

1. 小朋友们喜欢吃糖吗?

2. 吃过哪些糖?你们最喜欢什么糖?

(二)在看一看、摸一摸中,初步感知糖果的明显特征(种类、颜色、形状等)

1. 小熊开了一家"甜蜜糖果屋",邀请我们小朋友去参观,我们一起出发吧!

2. 糖果屋里的糖果真多啊,我们一起去看一看,摸一摸,看看这些糖果有哪些不同,好吗?(引导幼儿观察糖果的包装、颜色、形状、软硬等特点)

3. 参观后交流:你们有什么发现?这些糖都一样吗?它们有什么不同?

小结:原来糖果宝宝有很多种,如棒棒糖、棉花糖、巧克力等,有大有小,有硬有软,还有不同的颜色和不同的气味。

(三)尝一尝,进一步感知糖果的隐性特征(口感、味道等)

1. 小熊还想请小朋友来品尝"甜蜜糖果屋"里好吃的糖果呢,我们去挑一颗自己最喜欢的糖果来尝一尝,等会儿来告诉大家你品尝到的糖果是什么味道的,吃起来有什么感觉。(软、硬、松脆等)

2. 幼儿挑选并品尝。(提醒幼儿把糖纸扔到指定的筐里,不要乱扔糖纸。)

3. 品尝后交流:

你的糖果好吃吗?它是什么糖?是什么口味的?吃起来是软软的还是硬硬的?(教师引导幼儿大胆表述糖果的特征)

(四)讨论

糖果很好吃,可以多吃吗?为什么?

1. 幼儿讨论。

2. 小结:糖果虽然好吃,但不能多吃,否则会长蛀牙的。

(五)结束延伸

大家一起和小熊说再见,我们到生活中再去发现糖果更多的秘密吧!

活动 2：云朵棉花糖

活动目标

1. 在理解故事内容的基础上，感受故事中丰富的想象，真切体验与同伴分享所带来的快乐。
2. 鼓励幼儿大胆想象，发表自己的想法。
3. 通过尝一尝、玩一玩的方式，初步认识棉花糖的明显特性。

活动准备

1. 挂图 3 号、故事的录音、棉花糖、一次性手套。
2. 请幼儿自带若干糖果。

活动过程

（一）谈话引入活动主题，激发学习兴趣

1. 你们爱吃棉花糖吗？小朋友们见过云朵吗？
2. 如果给你一片云朵，你们想把它做成什么？
3. 听故事，说一说故事里的小动物想把它做成什么。

（二）初步了解故事内容

1. （完整讲述故事）故事的题目是什么？
2. 故事里都有谁？他们是怎么做棉花糖的？

（三）结合挂图，教师有感情地分段讲述，引导幼儿理解故事的内容

1. 教师讲述故事至"这个办法好"时，提问：

（1）故事中有谁啊？它们分别住在哪一层？

（2）鼠小小打开窗户发现了什么？这是一朵怎样的云？

（3）鼠老二想用云朵做什么？鼠老大想用云朵做什么？鼠小小又想用云朵做什么？

2. 教师讲述故事至结束，提问：

（1）三只老鼠把棉花做成了什么？它们是怎么做的？

（2）三只老鼠把棉花糖分给谁吃了？它们为什么要把棉花糖分给别人吃呢？

3. 播放故事录音，请幼儿倾听完整的故事，深入领会故事的内涵。

（1）为什么三只老鼠把棉花糖分给了别人，自己只吃了一点点还很高兴呢？

（2）为什么鼠小小还在等云朵飞进屋子？

小结:有好东西自己吃是没有意思的,只有与大家一起分享才能吃出更加香甜的味道。

4. 探索分享棉花糖。

(1)出示棉花糖。

小朋友们,这是老鼠兄弟的云朵棉花糖,我们一起来玩一玩、尝一尝吧。

(2)请幼儿戴上一次性手套,捏一捏棉花糖,并且品尝棉花糖。

棉花糖捏起来的感觉是怎样的?我们一起来尝一尝棉花糖的味道吧!

附:故事

云朵棉花糖

有三只小老鼠,它们是鼠老大、鼠老二和鼠小小。它们住在一幢小楼里。鼠老大最大,住在最下面,鼠老二住在二楼,鼠小小住在三楼。

一天,鼠小小打开窗子,一朵云飘进来了。啊,这朵云很白很白,很软很软,很松很松。

鼠小小抱着云朵到二楼去。鼠老二说:"我看可以用它来做枕头,肯定很松软的。"

鼠小小和鼠老二又到了一楼。鼠老大说:"我看可以用它来做棉衣,肯定很暖和的。"

鼠小小说:"我看还是把它做成棉花糖吧。"鼠老大和鼠老二说:"对,这个办法好!"

三只小老鼠开始做云朵棉花糖。它们先往云朵里加一些水果味,再加一些奶味,再加一些甜味。抬到太阳下去晒,香味就开始飘散开来。

闻到香味,动物们都来了。大家好馋呀,三只小老鼠把云朵棉花糖分给大家,这个一朵,那个也一朵。大家吃得真开心!

分到最后,云朵棉花糖只剩下一点点了。三只小老鼠你舔一口,我舔一口,舔得真开心!

第二天,大家都来等着云朵再飘进鼠小小的窗口,它们要做更多的棉花糖。

活动 3:小狗糖果店

活动目标

1. 按数量取物,加深对 5 以内数字的感知。
2. 认识各种糖果,知道糖果的种类很丰富。
3. 体验数学操作活动的乐趣。

活动准备

1. 《小朋友的书·数学》。

2. 糖果盒5个(盒中分别放上1～5颗糖)、贴有点子卡的小袋子、串珠积木(替代糖)、动物图形卡一套、糖果图卡若干、小狗头饰。

3. 糖果屋的场景布置。

活动过程

(一)实物导入,引发活动兴趣

1. (出示糖果屋、糖果)小朋友们快看一看,这是什么?糖果屋里面有些什么?

2. (回忆自己吃过的糖果)相信你们每个人都吃过糖果,那你们都吃过什么味道的糖果?

3. 小结:你们吃过的糖果的种类可真多呀!

(二)游戏"糖果盒"

1. (出示糖果盒)猜一猜里面有什么?有几颗?

2. 逐一打开5个糖果盒,请幼儿分别手口一致地点数1～5,并说出总数。

(三)请小动物吃糖果

1. 认识更多的糖果:牛奶糖、水果糖、果仁糖等,并小结"原来糖果有这么多的种类"。

2. 教师在黑板上出示小动物卡片,分别摆上数字卡片(1～5),请小朋友根据相应的数字给小动物送糖。

3. 教师调换相应数字,请幼儿思考现在该怎样给小动物送糖。

4. 幼儿听教师拍手,按照拍手次数送糖。

(四)游戏:小狗糖果店

1. 操作要求:每人一个袋子,按照袋子上的点子卡数装糖果。

提问:数一数,袋子上有几个点?

2. 幼儿操作:一边装一边数,并说:"我装了×颗糖。"

(1)教师随时指导幼儿,帮幼儿验证,并带领幼儿进行送糖果的游戏:把糖果送到柜台(相应点数的箩筐)里面。

出示四个大箩筐,分别在外面标记数字和相应的点数,请幼儿根据自己装的数量,把袋子放在对应的箩筐里。

(2)结合小朋友的意愿,相应地分糖。(数量在5以内)

(3)引导幼儿翻开书本,教师讲解操作方法,并帮助个别幼儿操作。

（五）拓展延伸

在区域中添置"小狗糖果屋"，投放数字卡和小动物、糖果等卡片，供幼儿游戏、操作练习。

活动 4：我是棉花糖

活动目标

1. 尝试用自然的声音学唱歌曲，唱出快乐、开心的感情。
2. 学习创编部分歌词和"变变变"的动作，体验音乐游戏、创编表演的快乐。
3. 初步感知棉花糖的颜色及形状可变的特点。

活动准备

动物棉花糖2个，其他棉花糖若干。

活动过程

（一）出示百宝箱，感知棉花糖的特点，激发兴趣

1. （出示百宝箱）今天老师带来了礼物，藏在百宝箱里，请小朋友来摸摸，你觉得是什么？摸上去有什么感觉？（请个别幼儿来摸）

2. （从百宝箱里拿出棉花糖来）这是什么呀？是什么颜色的？

3. 小结：棉花糖摸上去软软的，像橡皮泥一样，有各种各样的颜色。

（二）感知旋律，熟悉歌词，学习演唱

1. 这不仅是一颗棉花糖，还是一个神奇的魔术师呢！它会变出很多有趣的东西。在棉花糖变魔术之前，让我们一起来念魔咒吧！

2. 变变变，变变变，变成什么呢？（出示动物棉花糖，学说歌词）小棉花糖们，让我们一起来变一变吧！（学说第一段歌词，用形象的动作进行模仿、表演）让我们听着音乐来变一变，这次棉花糖变的时候要变回原来的身份哦！（幼儿说第二段歌词并表演）

3. 棉花糖玩得这么开心，开心得都想唱歌了，让我们一起来唱一唱吧！（幼儿仔细听旋律，教师对口型无声范唱）

4. 幼儿学唱歌曲，教师在前奏时用肢体动作提醒幼儿接下来要变的动物。

（三）鼓励想象，尝试创编并替换歌词

1. 棉花糖除了可以变成小兔、小熊,还可以变成什么呢?你是怎么变的?(讨论、学习不同"变变变"的动作以及要变成的小动物)

2. 幼儿学唱创编的歌曲,在前奏的时候,教师用肢体动作提醒幼儿接下来要变的动物。

(四)品尝糖果,体验表演游戏的乐趣

1. 小棉花糖,快让我们再变回来吧!(变变变,变回原来的身份)

2. 小结:今天我们一起玩了个游戏"我是棉花糖",这个游戏好玩吗?棉花糖能变出好多的小动物,真神奇啊!棉花糖不仅很神奇而且还很好吃呢,小朋友们,快来尝一尝棉花糖吧!

3. 听音乐并品尝棉花糖,活动结束。

附:歌曲

我是棉花糖

德国民歌改编

1=C 2/4
活泼地

5 3 3	4 2 2	1 2 3 4	5 5 5
棉花糖,	棉花糖,	我是一颗	棉花糖。
棉花糖,	棉花糖,	我是一颗	棉花糖。

| 5 3 3 | 4 2 2 | 1 3 5 5 | 1 — ‖
| 变变变, | 变变变, | 变出小兔 | 来。|
| 变变变, | 变变变, | 变出小熊 | 来。|

活动 5:摘糖果

活动目标

1. 通过摘糖果的游戏,学习双脚起跳用手摘糖果的动作。

2. 体验和教师、同伴一起做游戏的快乐。

3. 在参与制作游戏材料的过程中体验自制玩具的快乐。

活动准备

1. 糖果若干、长绳、做好的"超级大糖"一颗。

2. 制作"超级大糖"的材料（报纸、彩色长方形锡纸、丝带等）。

活动过程

（一）情景引题

1. 出示挂着一颗"超级大糖"的绳子，激发幼儿的制作兴趣。

2. 简单介绍制作方法：将报纸团成球，放在锡纸中，将锡纸卷起来并在两端扭转几圈。

3. 分组包大糖，教师帮忙挂在绳子上。

4. 提问：好吃的糖果正在等着我们去摘，如何摘到糖果？

请个别幼儿来示范摘糖果的各种办法。

（二）幼儿练习双脚起跳（纵跳触物）

1. 教师示范双脚起跳（重点指导屈腿和摆臂的动作）。

2. 幼儿练习双脚起跳。

（1）请个别幼儿尝试。

（2）教师在适宜的高度拉一根长绳（不挂物），请幼儿练习双脚起跳触物的动作，并根据幼儿练习的情况逐步调整长绳的高度。

（三）游戏：摘糖果

1. 幼儿双脚起跳摘超级大糖，比比谁摘得多。

2. 请幼儿摘真正的糖果。

（四）结束活动

幼儿品尝自己摘下的糖果，体验成功的快乐。

活动 6：超级大糖

活动目标

1. 学用涂色的方法装饰糖纸，并尝试用糖纸包裹"糖果"制作"超级大糖"。

2. 欣赏大糖，感受其色彩与造型的有趣，体验涂色和制作的成就感。

活动准备

1. 请幼儿收集小的果奶瓶若干。

2.《小朋友的书·美工》。

3. 油画棒。

4. 若干废旧纸张做好的大糖2~3题。

活动过程

(一)观察与欣赏:了解制作"超级大糖"所需要的材料与做法,激发制作兴趣

1. 小朋友们最喜欢什么糖?它的颜色、大小、形状是怎么样的?

2. 今天老师也带了自己最喜欢的糖果(出示范例),我的糖和你们的有什么不一样?

3. 把糖纸剥开来,看看里面的秘密(展开糖纸),我的糖是用什么做的?有趣吗?

4. 再来看看糖纸是怎么样的?有什么样的颜色和图案?

(二)讨论、尝试与示范:师幼互动过程中进一步了解制作方法与步骤

1. 你们想做这颗"超级大糖"吗?你们觉得步骤应该是怎样的?先画糖纸还是先包糖?

2. 装扮糖纸:你们想在糖纸上画什么?谁来画一画?

3. 你们会包糖吗?该怎么包?(请2名幼儿试一试)

4. 教师示范:先画好糖纸;把糖纸平放在桌上,将大糖斜着放置,从纸边开始包着糖往里卷;卷完后将两头拧紧。

5. 请幼儿说说老师是怎么包的。

6. 全体幼儿用废旧纸张练习。

(三)操作与体验:幼儿亲身制作,学习画和包的技能,感受创作的乐趣。

1. 提出要求:请小朋友制作"超级大糖",先回忆一下做法再做。比一比,谁的糖果做得漂亮而且包得又牢。

2. 幼儿自主操作。

(四)欣赏与交流:在说说玩玩的过程中,体验完成作品的成功与愉悦

1. 看看我们的"超级大糖",哪颗最漂亮?漂亮在哪里?(引导幼儿从涂色、图案、包得紧实与否这几个角度来评价)

2. 抱着糖果跳跳舞。

3. 悬挂糖果,欣赏。引导幼儿邀请爸爸妈妈来看看"超级大糖"。

活动 7：糖果雨

活动目标

1. 聆听故事,理解故事内容,体验天上下"糖果雨"的乐趣。

2. 结合生活经验,大胆讲述自己吃过哪些颜色及口味的糖果。

3. 尝试运用"假如我是魔术师……"的句型,表达想下各种"神奇雨"的愿望。

活动准备

1. 课件。

2. 魔法棒一根、油画棒。

3. 白纸、糖果若干。

活动过程

(一)教师以魔法师的身份引入主题,激发幼儿的兴趣

1. 小朋友们,我是谁呀？我是一名伟大的魔法师！你们相信吗？

2. 我能变出一朵云,这朵云不但能下雨,还能下"糖果雨"。

(二)结合课件分段赏析故事

1. 完整欣赏故事,提问：故事里下了一场什么雨？这些糖果都有哪些颜色？

2. 结合课件,教师讲述故事至"那是草莓味的"时,提问：

(1)故事里小朋友尝的是什么颜色、什么味道的糖？

(2)你们希望下什么颜色、什么味道的糖果雨呢？

3. 讲述故事至最后。提问：

(1)雨下完了,糖果像什么一样铺满了马路？说明了什么？

(2)谁来捡糖果了？他们是怎么捡的？

(3)如果是你,你会怎么捡糖果呢？

(4)你最喜欢吃什么糖果？

(三)启发幼儿想象各种神奇的雨

1. 魔法师厉害吧！假如你是魔法师,你想下一场什么雨呢？

2. 教师示范用彩色线条表示雨,并简单介绍。

3. 请幼儿用油画棒来画画说说自己想要下什么雨。

(四)教师下"糖果雨",带动游戏进入高潮

你们可真是小馋猫,好吧,老师这个魔法师也给你们下一场"糖果雨",请你们闭上眼睛。

(教师抛洒糖果,请幼儿捡糖果)

附:故事

糖果雨

有一次,有块糖果云飘过来,在城里下了一场糖果雨。绿的、紫的、蓝的、玫瑰色的,什么颜色的都有。一个孩子捡了一颗绿的放在嘴里尝了一下,很快就知道这是薄荷味的;另一个孩子尝了一块玫瑰色的,那是草莓味的。

"快来呀!都是糖果,都是糖果!"

所有的人都到马路上来,都想把自己的口袋塞得满满的。糖果密密麻麻地落下来,大家都来不及捡。

雨下了一会儿就停了。但是,糖果雨已经像地毯一样铺满了马路,在脚下"咯吱咯吱"地响。孩子们一个个地把自己的书包装得鼓鼓的。老太太们也摘下漂亮的头巾,把糖果放在里面打包成一个个小包袱。

直到现在,还有许多人等着天上下糖果雨呢!但是那块云再也没有从城市上空飘过,糖果雨也再没有下过了。

我爱你

主题说明

　　《猜猜我有多爱你》是一个温情感人的表达"爱"的故事,这一系列的主题活动就是由这个故事引出的。本主题共有三个小主题,分别是妈妈的节日、在一起真开心、我自己来。

　　主题"妈妈的节日"由故事《猜猜我有多爱你》引出,幼儿感受到兔妈妈和小兔间的亲情后,自然会联想到妈妈和自己。在此基础上展开一系列的与爱妈妈相关的活动,让幼儿了解妈妈养育孩子的快乐和辛苦,大胆介绍自己的妈妈,帮妈妈做事,亲手为妈妈制作礼物,以此来表达对妈妈的爱。使小班幼儿逐渐摆脱"以自我为中心"的思维状态,从关注自己到关注他人,从爱妈妈过渡到爱身边的其他人,也为之后的主题做好铺垫。

　　主题"在一起真开心"旨在引导幼儿去爱和自己朝夕相处的小伙伴。幼儿进入幼儿园后结识了一群小伙伴,本主题意在让幼儿懂得什么是好朋友、体会到和小伙伴一起玩真高兴、体验到有好吃的东西要和别人一起分享以及帮助了别人真高兴……让幼儿在形式多样、生动有趣的活动中理解和学习分享、助人等友爱的行为,和小伙伴们和睦友好地在一起玩耍、学习。

　　主题"我自己来"是对前两个主题的实践。在爸爸妈妈的照料下,幼儿长大了,独立性逐步突显。在活动的设计上为幼儿学习、展示和提高自己的生活能力创造了机会,增强了幼儿的自信,引导幼儿在行动中表达对妈妈和小伙伴的爱。

　　这是一个关于"爱"的教育的主题,通过一系列教育活动,激发幼儿爱父母、爱同伴的情感。但"爱"的教育是一个潜移默化、循序渐进的过程,它需要渗透在幼儿园的每日生活中,渗透在家庭教育中,渗透在幼儿与教师、同伴的互动中。这样,日积月累,爱的种子必然会发芽、开花、结果。

妈妈的节日

❋ 主题目标

1. 感受妈妈和自己相亲相爱的亲密关系,体验被爱的甜蜜感觉。
2. 知道三八节是妈妈们的节日,能用各种方式来表达自己对妈妈的爱。

主题活动一览表

主题	形式	活动名称	活动目标	侧重领域与涉及领域
妈妈的节日	集体学习活动	猜猜我有多爱你	1. 理解故事内容,感受作品中小兔子与大兔子之间的爱及其表达方式 2. 尝试用生动活泼的语言、动作表达对周围人的爱	语言 社会
		妈妈和宝贝	1. 愿意倾听妈妈讲述养育孩子时的辛苦和快乐,体会妈妈对孩子的关爱 2. 感受成长的快乐	社会 语言
		我的妈妈	1. 愿意在大家面前介绍自己的妈妈,尝试用完整的语句表达对妈妈的认识 2. 感受妈妈对自己的关爱,爱自己的妈妈	语言 社会
		这是妈妈的……	1. 辨认和保管妈妈的物品,表达对妈妈的关心 2. 尝试对物品进行分类	科学 社会
		我的好妈妈	1. 学唱歌曲,理解歌曲的内容,增进对妈妈的爱 2. 感受歌曲优美的旋律,愿意参与表演	艺术 社会
	备选集体学习活动	送给妈妈的项链	1. 学习用剪贴的方法,为妈妈制作项链 2. 乐意为妈妈制作礼物,体验为妈妈准备礼物的快乐	艺术 社会 科学
		科学区	利用生活中常见的妈妈的物品做数数、配对、分类等练习	

续表

主题	形式	活动名称	活动目标	侧重领域与涉及领域
妈妈的节日	个别、小组学习活动	阅读区	引导幼儿反复阅读《猜猜我有多爱你》的绘本,说说最喜欢故事里的哪一幅画	
		美工区	1. 使用多种材料装饰兔宝宝和兔妈妈的头饰,供幼儿在表演区进行片段表演 2. 使用纽扣、豆子、扭扭棒等材料装饰画框,给"妈妈的手套围巾"等涂色	
		表演区	引导幼儿在熟悉《妈妈我要亲亲你》《我的好妈妈》的基础上,使用各种表演道具进行歌表演	
		角色区	在娃娃家游戏中,引导幼儿学习当妈妈,给娃娃喂饭、洗澡等,体验妈妈和孩子之间的爱	
	规则游戏活动	老鹰捉小鸡	引导幼儿感受鸡妈妈保护小鸡这一行为中蕴含的亲情	
		大手和小手	通过母子接拍球练习,体验亲子游戏的快乐	
		大脚和小脚	通过玩小脚踩大脚负重游戏,体验亲子游戏的快乐	
		五只猴子	体验母子合作共同玩亲子手指游戏的快乐	

环境创设与区域设置

环境创设

⊙ 主题墙

1. 请幼儿收集妈妈和自己在一起的照片。看看、说说,相互交流妈妈对自己的照顾和爱。

2. 制作爱心卡片,请孩子和妈妈一起写下爱心祝福语,用来布置爱心树或爱心小屋。

3. 在"猜猜我有多爱你"的活动后,请家长和孩子一起完成"猜猜我有多爱你"的表格,用绘画的形式记录,张贴在主题墙上。

⊙ 展示区

展示"巧手妈妈"制作的作品。

展示孩子给妈妈制作的各种礼物。

区域设置

⊙ 科学区

1. 《小朋友的书》第 3 页"给妈妈戴手套"。

2. 《小朋友的书》第 5 页"超市的货架"。

3. 《小朋友的书》第 6 页"围巾上的花纹"。

⊙ 阅读区

提供《猜猜我有多爱你》的绘本,让孩子反复阅读,说说最喜欢故事里的哪一幅画。

⊙ 美工区

1. 提供小兔子的头饰,请幼儿用各种材料装饰后进行片段表演。

2. 提供各种瓦楞纸做的画框,请幼儿将妈妈的照片张贴在画框中,并用纽扣、豆子、扭扭棒等材料装饰画框。

3. 提供涂色工具,请幼儿给"妈妈的手套围巾"等进行涂色。

⊙ 表演区

1. 提供《妈妈我要亲亲你》图谱、音乐,供幼儿进行自主歌表演。

2. 提供《我的好妈妈》表演道具,供幼儿进行自主歌表演。

⊙ 角色区

在娃娃家游戏中,引导幼儿学习当妈妈,给娃娃喂饭、洗澡等,体验妈妈和孩子之间的爱。

日常活动与游戏

日常活动

1. 引导幼儿和大班的哥哥姐姐们一起玩娃娃家。游戏结束后,说说自己是怎样带着"宝宝"去医院看病的,"妈妈"和"爸爸"又是怎样照顾"病孩"的。

2. 帮助幼儿复习歌表演《我的好妈妈》。

3. 提醒幼儿在日常生活中要去什么地方去应先告诉老师和妈妈。

4. 给幼儿讲《三只想生病的小狗》的故事。

5. 充分利用娃娃家的游戏场景,请幼儿自己动手布置娃娃家,教师在"家里"设置一些数字,比如在花瓶上、盘子里、碗里、锅里等,请幼儿在游戏中摆放数字或按数字摆放相应数量的物品。

游戏

⊙ 老鹰捉小鸡

通过母鸡保护小鸡的游戏,使幼儿感受到鸡妈妈对小鸡的爱。

⊙ 大手和小手

每人一个大球。母子边念"一揉二揉、拍拍双手,一揉二揉,对拍双手"边做动作,做好准备。母子进行接拍球练习。分组比赛,球掉落者被淘汰。

⊙ 大脚和小脚

母子相对而立,互拉双手,幼儿的小脚踩在妈妈的大脚上,妈妈在音乐声中"负重"前进。分组比赛,音乐停止仍然坚持者获胜。

⊙ 五只猴子

幼儿和妈妈相对而坐,分别伸出一只手,妈妈的手四指并拢,虎口张开代表鳄鱼嘴巴,幼儿五指张开,每根手指代表一只小猴。母子一起边念儿歌边做动作。重复儿歌,玩法相同。幼儿伸出的手指数依次减少,直至变成拳头,游戏结束。

附儿歌:五只猴子荡秋千,嘲笑鳄鱼被水淹。(幼儿手左右摇晃)鳄鱼来啦,鳄鱼来啦,(妈妈虎口一张一合作咬人状)啊呜啊呜。(最后一个字的时候妈妈的手指抓住幼儿的一根手指,表示鳄鱼吃掉了一只猴子,幼儿减少一根竖着的手指)

家长工作

1. 和孩子一起完成"猜猜我有多爱你"的记录表。
2. 提供机会和条件,让幼儿学习保管爸爸妈妈的物品。
3. 提供和孩子在一起的照片。
4. 日常生活中提醒孩子要去哪里玩应告诉爸爸妈妈。
5. 和孩子一起制作礼物,互相交换。
6. 和孩子一起做亲子游戏。

集体学习活动方案

活动1：猜猜我有多爱你

活动目标

1. 理解故事内容，感受作品中小兔子与大兔子之间的爱及其表达方式。
2. 尝试用生动活泼的语言、动作表达对周围人的爱。

活动准备

1. 课件。
2. 大海、树、山、月亮、星星等的图片。
3. 彩色爱心卡片。

活动过程

（一）谈话导入，激发幼儿表达爱的欲望

1. 小朋友，能说说你们爱谁吗？有多爱？（引导幼儿用很、非常、最等形容词来表达爱的程度）
2. 有一只小兔子和一只大兔子也在讨论这个问题，一起来欣赏故事《猜猜我有多爱你》。

（二）分段欣赏作品，感受爱的氛围

1. 故事：小兔子该上床睡觉了，可是它紧紧地抓住兔妈妈的长耳朵不放。它要妈妈好好听它说"猜猜我有多爱你"。"喔，这我可猜不出来。"兔妈妈说。

提问：刚才小兔子对妈妈说了一句什么话？

2. 故事：小兔子把手臂张开，开得不能再开。"妈妈我爱你有这么多。"兔妈妈的手臂要长得多，它说："我爱你有这么多。""嗯，这真是很多。"小兔子想。

提问：小兔子用了一个什么动作来表示爱？为什么要张开双臂？一起来表演"我爱你有这么多"。

3. 你们猜猜小兔子和妈妈会用什么方法表示爱呢？

（教师继续讲故事）小兔子把手举了起来……我要是能跳得这么高就好了。

提问：小兔子又用了哪两种方法表示对妈妈爱？老师来当你们的妈妈，我们来比一比，把脚也踮起来，请小朋友看看妈妈的爱多，还是你的爱多？

4. （继续讲故事）小兔子讲着讲着，它太困了……微笑着轻声地说："我爱你一直到月亮那里,再从月亮上回到这里来。"

(三)拓展思维,迁移作品

1. 兔妈妈真的很爱小兔子,在生活中有没有像兔妈妈一样爱你们的人呢?他们是怎么爱你们的?

2. 说一说你们对爸爸妈妈的爱。

3. 出示大海、大山、大树、星星、月亮等的图片,先请个别能力较强的幼儿到讲台前来选择其中一张图片,并用自己的语言和动作来表达对爸爸妈妈的爱。

刚刚老师听小朋友说了爸爸妈妈对我们的爱。确实,我们的爸爸妈妈都很爱我们,那我们也来表示一下对爸爸妈妈的爱吧,你们看,我这儿有这些图片,请你们选择其中一张用自己的语言和动作来表示对爸爸妈妈的爱,好吗?你们准备选择哪张图片,用什么动作来表示呢?请你们先和好朋友说一说。

小朋友们这么爱爸爸妈妈,爸爸妈妈也会用这么多的爱来爱你们哦。

4. 说一说对老师、同伴的爱。

在生活中除了爸爸妈妈爱你们,老师和小伙伴们也很爱你们,那我们也来表示一下对老师和小伙伴们的爱。我们可以大声地说出来,那除了大声地说,我们还可以用什么动作来表示自己很爱老师和小伙伴们呢?(笑眯眯、抱一抱、亲一亲、握握手、赠送礼物……可以一起做一遍)。

活动 2:妈妈和宝贝

活动目标

1. 愿意倾听妈妈讲述养育孩子时的辛苦和快乐,体会妈妈对孩子的关爱。

2. 感受成长的快乐。

活动准备

邀请几位妈妈做助教,带上孩子小时候用过的物品。

活动过程

(一)猜妈妈,激发幼儿兴趣

1. 妈妈戴上头巾,让幼儿猜猜是谁。

(二)听妈妈讲宝贝小时候的故事

1. 这是什么时候用过的东西?(妈妈和宝贝一起介绍)

2. 出示照片,讲述照片背后的故事。(妈妈和宝贝一起介绍)

3. 讲述成长的趣事。

(三)了解妈妈怀孕和抚养孩子的辛苦

1. 宝宝在妈妈肚子里的时候,妈妈在干什么?

2. 宝宝出生后,妈妈又在忙什么?

(四)借助图书,朗诵儿歌《妈妈的爱在哪里》

妈妈的爱在摇篮里,妈妈的爱在怀抱里,妈妈的爱在微笑里,妈妈的爱呀在心里。

活动 3:我的妈妈

活动目标

1. 愿意在大家面前介绍自己的妈妈,尝试用完整的语句表达对妈妈的认识。

2. 感受妈妈对自己的关爱,爱自己的妈妈。

活动准备

1. 每位幼儿带一张妈妈的照片。

2. 事先完成的调查表。

3. 课件。

4. 收集妈妈自我介绍的视频材料。

活动过程

(一)介绍我的妈妈

1. 妈妈是什么样的?喜欢穿什么衣服?喜欢吃什么?做什么工作的?最喜欢做什么事情?请你们和旁边的小朋友一起说一说。

2. 集体交流。

3. 观看妈妈自我介绍的视频材料。

(二)说说妈妈怎么爱我们的

1. 制作以妈妈的照片为主要内容的课件,请幼儿看着照片简单讲述。

2. 幼儿根据调查表,结合自己的生活经验说说妈妈对自己的爱和自己对妈妈的爱。

(三)情感迁移:我们可以怎样爱妈妈

活动4:这是妈妈的……

活动目标

1. 辨认和保管妈妈的物品,表达对妈妈的关心。
2. 尝试对物品进行分类。

活动准备

布置妈妈的物品展览会;塑料袋每人一个。

活动过程

(一)带幼儿到展区参观,自由交谈关于物品的名称、形状、色彩及功用

(二)幼儿围坐四周,尝试将物品进行分类

1. 按物品种类分类。
2. 按物品色彩分类。
3. 按物品功用分类。

(三)幼儿找出自己妈妈的物品,重点介绍

(四)分发塑料袋,请幼儿把妈妈的东西整理好,放到存物柜,之后带回家

活动5:我的好妈妈

活动目标

1. 学唱歌曲,理解歌曲的内容,增进对妈妈的爱。
2. 感受歌曲优美的旋律,愿意参与表演。

活动准备

录音机、磁带、图片。

活动过程

（一）出示妈妈下班回家的图片，引出主题

1. 妈妈从哪里回来了？工作一天，妈妈辛苦吗？妈妈那么辛苦，我们应该做些什么呢？

2. 我们来听听这首歌是怎么唱的，好吗？一起猜猜歌曲的题目。

（二）听歌曲，感受旋律，理解歌曲的内容

1. 听第一遍，歌里唱了什么？（回忆内容）

2. 听第二遍，仔细听是怎么唱的。

（三）分段学唱，并根据歌词表演动作

出示相对应的图片，教师在指导幼儿学唱时指着图片提示，帮助幼儿记住歌词内容，幼儿通过自身的动作加深记忆。

（四）教师和幼儿一起唱，并玩角色扮演游戏

活动6：送给妈妈的项链

活动目标

1. 学习用剪贴的方法，为妈妈制作项链。

2. 乐意为妈妈制作礼物，体验为妈妈准备礼物的快乐。

活动准备

操作用纸、胶水等工具；不同风格的范例图片数张。

活动过程

（一）唱歌引出主题"给妈妈制作项链"

1. 妈妈那么辛苦，我们送个什么礼物给妈妈好呢？

2. 出示范例，引起幼儿制作的兴趣。

（二）幼儿制作

1. 认识材料。教师示范讲解制作方法。重点讲解怎样贴才能贴得好看。

2. 教师出示几张不同搭配风格的范例图片,以便幼儿在制作时可以借鉴模仿。

3. 幼儿制作,教师指导帮助个别幼儿。

(三)作品展示

送给妈妈做礼物,并想一句祝福妈妈的话。

在一起真开心

主题目标

1. 感受和小朋友一起玩耍的快乐，乐意和小朋友们一起，与小朋友们友好相处。
2. 懂得并尝试分享、助人、谦让，体验交往的乐趣。

主题活动一览表

主题	形式	活动名称	活动目标	侧重领域与涉及领域
在一起真开心	集体学习活动	我的好朋友	1. 乐意并大胆介绍自己的好朋友，尝试说出朋友的基本特征 2. 感受和好朋友在一起的快乐	语言 社会
		草莓甜蜜蜜	1. 欣赏故事，理解故事内容，感受小刺猬和好朋友分享草莓时的快乐心情 2. 懂得好吃的东西要和好朋友一起分享的道理	语言 社会
		最要好的朋友	1. 欣赏故事，理解故事内容，感受帮助别人和接受别人帮助的快乐 2. 懂得好朋友之间要互相帮助的道理	语言 社会
		两只小鸟	1. 熟悉歌曲旋律，学唱歌曲，感受两只小鸟相亲相爱的美好情感 2. 乐意用动作表现歌词的内容，体会歌曲幽默的风格特点	艺术 社会
		有那么多的高兴	1. 仔细倾听故事，了解故事内容，能用完整的语言表达小狐狸和小兔子的喜悦之情 2. 懂得和朋友一起分享自己喜欢吃的东西是件快乐的事情，别人高兴我也高兴	语言 社会
	备选集体学习活动	3以内数的分类、排序	1. 引导幼儿学习将三种实物分类计数，并按数量的多少排序 2. 学习使用单位量词"头"	科学 语言

续表

主题	形式	活动名称	活动目标	侧重领域与涉及领域
在一起真开心	备选集体学习活动	好朋友占圈	1. 根据指令,和好朋友一起占圈,提高幼儿快速反应的能力 2. 复习巩固对5以内数的认知 3. 激发幼儿和好朋友一起参加体育活动的积极性	健康 科学
	个别、小组学习活动	美工区	学会简单涂色,制作好朋友的头像	
		科学区	1. 通过玩接龙游戏,快速找出相同的进行配对 2. 练习区分上面、中间和下面	
		语言区	引导幼儿根据故事内容进行创造性的手偶游戏	
		建构区	学习搭建"篮子",并将"篮子"送给自己的好朋友,分享篮里的食物	
		表演区	进行故事表演、歌表演、"邀请舞"练习,感受和体验与同伴一起游戏、表演的乐趣	
		角色区	知道一些基本的招待朋友的方式和方法	
	规则游戏活动	请你猜猜我是谁	能根据同伴的声音猜出同伴的姓名	
		藏一藏,找一找	能根据提示快速找出物品	
		听数抱团	能根据指令快速找到相应数量的朋友抱成一团	
		粘粘口香糖	根据教师的指令把手当成口香糖,粘到好朋友相应的位置上	

环境创设与区域设置

环境创设

⊙主题墙

1. 教师可用相机拍摄幼儿和小朋友一起玩耍的照片,张贴在主题墙上,让幼儿回忆并讲述和好朋友一起玩耍时的趣事,感受和好朋友在一起的快乐。

2. 帮助幼儿回忆和好朋友在一起玩耍时快乐的场景,如画一画自己的好朋友、和好朋友在一起的情景,创造性地装饰制作好朋友头像等,并将其张贴在主题墙上。

3. 了解交朋友的正确方法,通过询问爸爸妈妈、老师并结合自己的经验,用绘画、图片、记录表等方式呈现在主题墙上。

⊙展示区

指导幼儿收集一些废旧的一次性蛋糕盘、扭扭棒、报纸、毛线等,装饰制作好朋友的头像。

区域设置

⊙美工区

1. 提供"人物绘画"的范画纸,供幼儿进行简单的涂色。

2. 提供脸谱,请幼儿绘画笑脸脸谱。

3. 提供废旧的一次性纸杯、盘子、小碗、记号笔、蜡笔、毛线等,用以制作好朋友的头像。

4. 提供教师的范画,请幼儿根据范例所示进行临摹或者根据想象设计自己好朋友的头像,老师可将幼儿的画作用于装饰,张贴在主题墙上或者悬挂起来。

⊙科学区

1. 提供自制接龙卡片(图形、水果等),供幼儿玩接龙游戏。

2. 提供三幢插片式小房子纸模,小狗、小猫、小老鼠、小鸭子、小鸡图片若干,以3种不同的方式呈现,并请幼儿练习区分上面、中间和下面。

⊙语言区

1. 提供《汪汪狗与咪咪猫》的背景图一张、汪汪狗和咪咪猫自制手偶若干,供幼儿进行手偶游戏。

2. 提供长颈鹿、小刺猬的手偶各一个,《最要好的朋友》挂图一幅,指导幼儿进行创造性的游戏。

⊙建构区

学习用雪花片搭建"篮子"。

⊙表演区

1. 提供《草莓甜蜜蜜》的故事磁带、录音机以及刺猬头饰、草莓等道具,供幼儿进行表演。

2. 在表演区放置《小铃》《沙铃》《找朋友》的音乐磁带,供幼儿来练习"邀请舞",让他们再次感受和体验游戏中邀请和被邀请的乐趣。

3. 提供《小羊过生日》的音乐磁带,背景图,小羊头饰一个,小猫、小鸡、小鸭、青蛙的头饰若干以及玩具蛋糕一个,供幼儿进行歌表演。

4. 提供小鸟纸偶和小鸟头饰,供幼儿表演歌曲《两只小鸟》。

⊙角色区

创设娃娃家的游戏情境,引导幼儿懂得去好朋友家里做客时可以带一些朋友喜欢吃的食物或者玩具的道理。

日常活动与游戏

日常活动

⊙ 跳邀请舞"找朋友"

在音乐伴奏下,引导幼儿邀请一个朋友来跳舞。

⊙ 快乐分享

鼓励幼儿从家里带食物、玩具、图书来和好朋友一起分享,还可以借助晨谈、自由活动等时间请幼儿说说和同伴分享了什么,并给乐于分享的小朋友贴笑脸。

⊙ 我给好朋友送礼物

利用晨谈、午餐前准备、午睡后等时间请幼儿介绍自己的好朋友,并亲手给好朋友制作一份小礼物,可以是绘画、折纸、贺卡等作品,以表达对好朋友的喜爱之情。

⊙ 好朋友画展

请每位幼儿将自己的好朋友用绘画、纸盘画等形式描绘出来,引导幼儿表现出好朋友的主要特征或者喜好,请其他幼儿猜想其好朋友是谁,布置在教室里,也便于该幼儿向同伴介绍自己的好朋友。

游戏

⊙ 请你猜猜我是谁

请一位幼儿闭上眼睛,去摸另一位幼儿的脸部,然后猜出他是谁。也可改为听同伴询问的声音:"听一听,请你猜猜我是谁?"让幼儿听声音说出同伴的名字。随着幼儿对游戏熟练程度的加深,可逐渐改为学动物叫或者变音调,以增加游戏的趣味性。

⊙ 藏一藏,找一找

幼儿尝试听指令做出相应的动作反应。藏一藏:教师说出方位,幼儿躲藏到相应位置;做一做:教师说出位于幼儿上面、下面的物体,幼儿根据方位做动作表示,如看到上面的物体就把双手举高;找一找,说一说:一名幼儿藏玩具,并说出简单的方位,其余幼儿去找,提高幼儿区分上下方位的能力。

⊙ 听数抱团

全体幼儿围成一个圆圈,一边唱歌一边转圈,教师说出一个数字,幼儿赶快找到相应数量的朋友抱在一起。如教师报3,幼儿就3人抱在一起,感受和好朋友一起做游戏的快乐。

⊙粘粘口香糖

根据教师的指令,把手当成口香糖,粘在好朋友相应的位置上,也可逐渐增加难度,去粘好朋友,被粘到的幼儿要继续去粘更多的朋友。

家长工作

1. 带孩子外出时引导幼儿主动去结交新朋友,通过分享玩具、对话交流、语言协商等方式,去认识新朋友,体会交朋友的快乐。

2. 在家中或走亲访友时,引导幼儿不独享好吃的东西,能主动地或在提示下和家人、同伴分享,对幼儿分享的行为给予正面鼓励。

集体学习活动方案

活动1:我的好朋友

活动目标

1. 乐意并大胆介绍自己的好朋友,尝试说出好朋友的基本特征。
2. 感受和好朋友在一起的快乐。

活动准备

套圈(两人一个);好朋友在一起的照片若干,布置在展板上。

活动过程

(一)欣赏和好朋友一起游戏时的照片

照片里有谁?他们在干什么?他们玩得开心吗?你是怎么看出来的?如果没有好朋友和你一起玩,你会开心吗?

(二)说说我的好朋友

你有好朋友吗?你的好朋友是谁?你喜欢和好朋友玩什么游戏?和好朋友一起玩,你心情怎么样?(请幼儿上台展示和好朋友玩的游戏,并用相机记录下温馨的瞬间)

(三)游戏"猜猜我的好朋友"

请一位幼儿说出同伴的特征,让其他幼儿来猜他的好朋友是谁。可引导幼儿从服装、

长相、身高等方面进行介绍。可反复游戏。

（四）游戏"汽车滴滴叫"

幼儿找到自己的好朋友，两人一组。教师给每组一个套圈，两人站在圈中间，手扶着圈玩"开汽车"游戏。根据教师的指令"绿灯"行，"红灯"停。

活动 2：草莓甜蜜蜜

活动目标

1. 欣赏故事，理解故事内容，感受小刺猬和好朋友分享草莓时的快乐心情。
2. 懂得好吃的东西要和好朋友一起分享的道理。

活动准备

1. 挂图 6 号。
2. 草莓图片若干、刺猬头饰。

活动过程

（一）出示刺猬头饰，引出故事

这是谁呀？它长得像什么？

（二）教师讲述故事

故事里有几只刺猬？它们分别叫什么名字？

（三）教师出示挂图，讲述故事

1. 出示挂图一：小一出去了，发现了什么？一共有几颗？长得什么样？

小一吃了第一颗，是什么味道的？它正想吃第二颗时，想到了什么，它又是怎么做的？

2. 出示挂图二：小二也出去了，它发现了几颗草莓？它又是怎么做的？

3. 出示挂图三：太阳出来了，四个小刺猬身上都背来了什么？有几颗？

4. 出示挂图四：小刺猬们还吃了谁给它们的草莓？为什么它们觉得这颗草莓特别甜、特别美呢？

（四）幼儿完整欣赏故事

（五）故事情境表演

1. 在活动室内四周各放上四张草莓的图片，教师示范并引导幼儿表演小刺猬吃草莓的过程以及将草莓背在身上的样子。

2. 请几位幼儿戴上小刺猬头饰,教师念旁白,并指导幼儿根据故事情节进行表演。

活动3:最要好的朋友

活动目标

1. 欣赏故事,理解故事内容,感受帮助别人和接受别人帮助的快乐。

2. 懂得好朋友之间要互相帮助的道理。

活动准备

挂图7号、长颈鹿和小刺猬的图片。

活动过程

(一)出示长颈鹿和小刺猬的图片,提出问题引发幼儿思考

长颈鹿长什么样?它有什么特点?跟长颈鹿相比,小刺猬的个子又怎么样?

如果它们要给对方讲故事,会遇到什么样的困难?

(二)欣赏故事

1. 教师完整讲述故事。

长颈鹿听到草丛里的故事了吗?它是怎么听到的?

2. 结合挂图,教师再次讲述故事。

出示挂图一,提问:为什么长颈鹿和小刺猬没法在一起讲故事?

出示挂图二,提问:小松鼠知道了这件事,它是怎么说的,又是怎么做的?

听到了小松鼠说的小刺猬的故事,长颈鹿说了什么?听到了小松鼠说的长颈鹿的故事,小刺猬又是怎么说的?

出示挂图三,提问:三个小动物为什么会成为最要好的朋友?

(三)结合幼儿用书,再次欣赏故事

1. 幼儿边听故事录音边阅读故事《最要好的朋友》。

2. 小结:以后大家都要学学这三个小动物,跟朋友们相亲相爱,相互帮助,这样你会更快乐,也会交到更多的好朋友。

活动 4：两只小鸟

活动目标

1. 熟悉歌曲旋律,学唱歌曲,感受两只小鸟相亲相爱的美好情感。
2. 乐意用动作表现歌词的内容,体会歌曲幽默的风格特点。

活动准备

头饰若干、每人两个小鸟指偶。

活动过程

(一)指偶表演,激发兴趣

教师戴上小鸟指偶,边表演边讲述:有两只小鸟坐在小树上,一只叫丁丁,一只叫东东,它们是一对好朋友,要来一起来,要走一起走。

(二)教师范唱,欣赏歌曲

(教师范唱两遍)两只小鸟坐在哪里?它们分别叫什么名字?丁丁飞走了,东东怎么样?丁丁回来了,东东呢?

(三)幼儿学唱,感受歌曲

1. 在旋律的伴奏下,教师带领幼儿有节奏地朗诵歌词。
2. 幼儿跟着教师学唱歌曲数遍。

(四)表演歌曲,体验快乐

1. 幼儿伸出大拇指学习表演唱。
2. 每人戴上两个小鸟指偶,进行表演唱。
3. 分别请几位幼儿戴上头饰,扮演丁丁、东东,表演歌曲的内容。

活动 5：有那么多的高兴

活动目标

1. 仔细倾听故事,了解故事内容,能用完整的语言表达小狐狸和小兔子的喜悦之情。
2. 懂得和朋友一起分享自己喜欢吃的东西是件快乐的事情,别人高兴我也高兴。

活动准备

挂图8号、笑脸的脸谱若干。

活动过程

（一）回忆生活场景，提出疑问

你吃过冰激凌吗？味道怎么样？这么好吃的东西如果只有一份，你的朋友也想吃，你该怎么办呢？

（二）教师逐幅出示挂图，边讲故事边提问，帮助幼儿理解故事情节

1. 出示挂图一，提问：小狐狸买到了一盒什么样的冰激凌？它心里感到怎样？小兔子买到冰激凌了吗？它的心情怎么样？

2. 出示挂图二，提问：小狐狸看到小兔子难过的样子，它怎么做了？小狐狸为什么要把冰激凌让给小兔子？

3. 出示挂图三，提问：小兔子把小狐狸请到了家里，做了什么？为什么小兔子也有两个高兴了？小兔子请小狐狸吃苹果，小狐狸和小兔子为什么又多了一个高兴呢？

4. 出示挂图四，小兔子和小狐狸在干什么？它们说了一句什么话？小兔子和小狐狸为什么有这么多的高兴？

（三）教师完整讲述故事，帮助幼儿梳理故事内容

1. 依次提问小狐狸和小兔子的高兴是怎么来的，并根据幼儿的回答，出示相应事件的卡片，并在卡片旁依次贴上笑脸，帮助幼儿直观地了解分享能使大家都快乐的道理。

2. 小结：和好朋友分享是一件快乐的事，别人高兴，我们也高兴，高兴越来越多，快乐也就越来越多了。

（四）生活经验迁移

在日常生活中，除了分享好吃的，我们还可以分享什么呢？（引导幼儿了解可以分享更多的东西：图书、快乐心情等）

活动6　3以内数的分类、排序

活动目标

1. 引导幼儿学习将三种实物分类计数，并按数量的多少排序。

2. 学习使用单位量词"头"。

活动准备

1. 每人三张画有长方形房子的图片；1～3的数字点子卡；人手一份操作卡；一只小猪、两只小兔、三只小羊的小图片若干。

2. 教师操作用具除了动物不同，其他与幼儿的都相同。

活动过程

（一）集体活动

1. 实物分类。

（出示图片卡）草地上都有谁？每样有多少头？谁来把相同的动物放在一起？

（请个别幼儿在黑板上操作）他放得对吗？数一数每种动物有多少头？（学习单位量词"头"）

（出示三个方格）这里有几间房子？这些房子是动物的家，谁能把动物送回家？（请个别幼儿将相同的动物粘贴在同一间房子里，并说一说每间房子里分别有几头小动物）

2. 给动物排序。

我们要给三间小房子排排队，按照动物数量从少到多的顺序排队。（请个别幼儿操作）

3. 请个别幼儿上来将1～3的数字点子卡分别贴在三间房子的下面。

（二）幼儿操作活动

1. 发给每位幼儿画有一只小猪、两只小兔、三只羊的小图片以及三张画有长方形房子的图片，请幼儿将相同动物粘贴在同一间房子里，然后按照从少到多的顺序排序，并匹配点子卡。

2. 操作完成后，请个别幼儿上来讲一讲自己的操作结果。

活动 7 好朋友占圈

活动目标

1. 根据指令，和好朋友一起占圈，提高幼儿快速反应的能力。

2. 复习巩固对5以内数的认知。

3. 激发幼儿和好朋友一起参加体育活动的积极性。

活动准备

在一个大圆中放上许多萝卜,中间间隔着放5个塑料圈,圈边上分别粘上数字卡片2～5。

活动过程

(一)热身运动

带领幼儿到户外,创设游戏情境:我们是一群快乐的兔子,现在我们手拉手和妈妈一起来锻炼锻炼身体吧。(引导幼儿做伸手臂、扭腰、动脚腕、跳一跳等动作)

(二)游戏"听数抱团"

小兔子围成一个圈,一边唱歌一边转圈,当妈妈说出一个数字"2"的时候,你们要赶快找到一个朋友,然后两个人赶紧抱在一起。(教师可变换数字2～5)

(三)游戏"好朋友占圈"

1. 小兔子要吃萝卜,可是妈妈还没有买萝卜,怎么办?经常有大灰狼出现怎么办?(出示塑料圈)这是小兔子的房子,妈妈在萝卜地里造了许多的房子。你们觉得这房子有什么用?这房子旁边有一张数字卡,看看上面写着几?上面写着数字"3"的卡片是什么意思?数字卡上有数字"3"说明里面只能住3只小兔,否则门就关不上了,那样的话大灰狼会把小兔子都给抓走的哦。

2. 第一次游戏:老师扮演大灰狼在小朋友拔萝卜时出现,检查房子里小兔的数量和房子外的数字卡上的数字是否一致。

3. 第二次游戏:请能力强的小朋友当大灰狼。

4. 游戏三次,体验和好朋友在一起做游戏的快乐。

(四)游戏结束,好朋友们一起背着"房子"回家

我自己来

主题目标

1. 创造机会与条件多途径展示与练习基本的生活技能,感受独立做事带来的成就感,增强自信心。

2. 自己能做的事情愿意自己做。

3. 锻炼小肌肉,逐步提高生活自理能力。

主题活动一览表

主题	形式	活动名称	活动目标	侧重领域与涉及领域
我自己来	集体学习活动	懒猴上幼儿园	1. 欣赏并理解诗歌的内容,感受诗歌的有趣和幽默 2. 理解"害臊"的意思,知道要自己走着上幼儿园的道理	语言 社会
		一双和一对	1. 学习按物体的特征将相同的物品配对 2. 学习"一双""一对"的概念,会说"一双××""一对××"	科学 语言
		自己去吧	1. 欣赏并理解诗歌内容,感受动物与妈妈之间的爱 2. 懂得自己的事情自己做的道理	语言 社会
		打开来尝一尝	1. 独立探究打开食品包装的方法,了解食品的几种包装方式 2. 品尝几种食物,尝试说出食物的味道	社会 科学
		漱口	1. 通过反复感受,知道歌曲名称,了解歌曲内容,初步学习在念白处跟随老师说出"抬起头,闭上嘴" 2. 在学唱的过程中进一步学习正确漱口的方法	音乐 健康

续表

主题	形式	活动名称	活动目标	侧重领域与涉及领域
我自己来	个别、小组学习活动	生活区	1. 通过给娃娃喂饭(面条)的游戏,引导幼儿使用叉子和勺子,提高他们肢体的灵活性、协调性 2. 引导幼儿学习扣纽扣	
		语言区	1. 根据儿歌图谱,细致观察图片内容,自主排序和讲述,学念诗歌 2. 通过简单的剪贴制作图书,将自己会做的事情制作成书本并讲述	
		美工区	1. 学习用搓、团、压等技能制作用来招待客人的小吃,送到娃娃家中,懂得要热情地招待客人的道理 2. 使用各种材料创造性地装饰和添画 3. 尝试用各种方法打开包装袋	
		角色区	1. 学习扮演家庭中的不同角色来招待客人,从中学习基本的礼貌用语 2. 给小宝宝穿脱衣服以及整理并折叠衣服	
		科学区	1. 将相同特征物品进行配对,巩固对"一双""一对"的认识 2. 图形配对,将图形一一对应投入几何箱子内	
	规则游戏活动	娃娃穿衣	快速给娃娃穿衣裤	
		配对	在规定的时间内快速地找到物品并进行配对	

环境创设与区域设置

环境创设

⊙ 主题墙

1. 举办"自己的事情自己做"照片展,张贴幼儿自己洗脸、洗手、穿衣等自己做事时的照片,增强幼儿的自信,鼓励他们主动去做自己能做的事情。

2. 布置"学一学"图片墙,张贴折叠衣服、裤子以及扣纽扣等的步骤图,引导幼儿进行模仿操作。

3. 教师以图示的形式,记录各种打开包装的方法,引导幼儿了解打开食品包装的几种不同方式。

⊙ 展示区

收集衣服、裤子实物,将折叠衣裤的每一个步骤都以实物展现的方式呈现给幼儿。

将幼儿手工制作的衣服、裤子进行粘贴,串起来布置教室。

区域设置

⊙ 生活区

1. 提供叉子、勺子、纸条、碗等,请幼儿将"面条"和"米饭"从这只碗夹到另一只碗去。将"面条"和"米饭"喂给娃娃吃。幼儿学会后,增加难度,添加花生、大豆、木珠、小石子等,不断提高幼儿使用叉子和勺子的灵活性、协调性。

2. 家园合作,请家长制作"纽扣螃蟹"供幼儿操作,引导幼儿学习扣纽扣。

⊙ 语言区

1. 提供儿歌《我会穿衣》的图谱,请幼儿观察图片内容,自主排序和讲述。

2. 将儿歌《自己去吧》制作成图文结合的大图,其中吃果子、爬树、洗澡、游泳、看风景、飞翔等以活动图片的形式展示,引导幼儿学念诗歌。

3. 教师将幼儿会做的事情制作成书本放置在区域中,供幼儿阅读。

⊙ 美工区

1. 提供橡皮泥和制作步骤图,根据活动"客人来了我招待"中学习到的搓、团、压等技能制作小吃,如:芝麻饼、棒棒糖、巧克力豆、糖葫芦等。

2. 教师提供剪成衣裤形状的彩纸、油画棒、花边等半成品,供幼儿进行装饰和添画。

3. 提供各种不同包装的物品,请幼儿尝试用各种方法打开包装袋。

⊙ 角色区

1. 提供矮床、柜子或架子、小座椅等家具和冰箱、电视机等家电。

提供整套厨房餐具、茶具,请幼儿学习扮演家庭中的不同角色并模仿他们的活动,学习如何招待客人,从中学习基本的礼貌用语:请、谢谢、你好、再见等。

2. 提供不同类型的套衫、开衫、外裤,放置在娃娃家,并在娃娃家放置衣物的柜子上贴上折叠衣物的步骤图,请幼儿角色扮演时给小宝宝穿脱衣服,并整理、折叠衣服。

3. 提供橡皮泥、木棒、纸巾,请幼儿做招待客人的茶点。

⊙ 科学区

1. 给幼儿提供相同特征的物品进行配对,如鞋子、手套、袜子、耳环等的图片,供幼儿操作,巩固幼儿对"一双""一对"的认识。

2. 提供几何图形箱,请幼儿将图形一一对应投入几何箱子中。

日常活动与游戏

日常活动

1. 在晨间接待和离园时,鼓励幼儿自己走,不要爸爸妈妈抱,并对主动自己走的孩子给予五角星等奖励。

2. 午睡脱衣环节,引导幼儿边朗诵儿歌,边学习自己脱、穿开衫和裤子,并能动手将衣服和裤子折叠好(不要求很平整,重点培养幼儿自己动手的意识)。

3. 在午睡起床时,引导幼儿边念儿歌边穿衣服、裤子,尤其是在离园环节中,利用扣扣子儿歌,引导幼儿自己尝试扣纽扣。

4. 在生活过渡环节中,请幼儿轮流当小老师,展示洗手、洗脸、擦嘴巴、叠裤子等方法给同伴看。

游戏

⊙娃娃穿衣

幼儿由起点跑(或爬)向娃娃,跑(爬)到后将开衫穿到娃娃身上,穿好后返回,下一个幼儿出发。游戏道具可以换为套衫、裤子等。

⊙配对

参加游戏的每位幼儿手里有一只袜子(或手套),跑向袜子架,将与自己手里相同的袜子拿下后返回。如果两个是相同的,即配对成功,赢得一颗小星星。

家长工作

1. 请家长在家引导幼儿自己穿脱衣裤、折叠衣裤,对幼儿独立做事(不要提过高的要求)的行为给予肯定和鼓励。

2. 在上幼儿园、去附近超市或走楼梯时,请家长(尤其是祖辈)不要抱孩子,让他们自己走路。

3. 在日常生活中,建议家长在家里培养幼儿的自理能力。如吃饭前,可以请家长和幼儿比赛谁的手更干净,这样可以提醒幼儿饭前要自己洗手;妈妈洗衣服时,可以让孩子学着洗自己的袜子,比比谁的泡沫多,谁洗得更干净;也可采用游戏的形式激励幼儿自己做事。妈妈关上门或者捂住眼睛,看幼儿能否把小被子变成豆腐块,能否把桌面擦干净。

4. 在家和孩子一起玩袜子、手套配对游戏,巩固幼儿对"双"和"对"概念的理解。

5. 建议家长在家里扮演小朋友,让孩子扮演小老师,把在幼儿园里学到的洗脸、洗手、擦嘴巴等方法教给爸爸妈妈。

集体学习活动方案

活动1:懒猴上幼儿园

活动目标

1. 欣赏并理解诗歌的内容,感受诗歌的有趣和幽默。
2. 理解"害臊"的意思,知道要自己走着上幼儿园的道理。

活动准备

背景图片,小猴子、猴妈妈及其他小动物的图片。

活动过程

(一)提问引出诗歌

小朋友们,早上上幼儿园时你们是怎么来的?小动物们又是怎么去幼儿园的?

(二)欣赏诗歌,理解诗歌内容

1. (欣赏诗歌第一段)题目是什么?懒猴是怎么上幼儿园的?有哪些动物看见懒猴上幼儿园了?

2. (欣赏诗歌第二段)猴子小闹闹后来是怎么上幼儿园的?猴子小闹闹还会做什么事?

3. 出示背景图与动物贴图,欣赏诗歌,理解诗歌内容。

草莓兔看见了,两只耳朵翘一翘,它对小猴说了什么?呼噜猪看见了,两只小脚跳一跳,它对小猴说了什么?叮当狗看见了,一条尾巴摇一摇,它对小猴说了什么?

"害臊"是什么意思?

小猴闹闹听了小动物们的话后,说了什么?

妈妈领着小闹闹,去买了一大包水果,小闹闹是怎样做的?

爸爸领着小闹闹,要到森林去看姥姥,小闹闹是怎么做的?

小闹闹还会做哪些事情?你喜欢小闹闹吗?为什么?

(三)完整欣赏诗歌

(四)引导幼儿跟着录音学习朗诵诗歌

活动 2：一双和一对

活动目标

1. 学习按物体的特征将相同的物品配对。

2. 学习"一双""一对"的概念,会说"一双××""一对××"。

活动准备

1. 数学卡：1、2。

2. 袜子、鞋、手套、耳环等跟"对"和"双"相关的实物或卡片若干。

活动过程

(一)身体上的数字

1. 教师出示数字卡：1、2,贴在黑板上。请幼儿找一找,自己的身上有哪些部位可以用1来表示,哪些部位要用2来表示。教师把幼儿的表述记录在黑板上相关数字的后面。

2. 告诉幼儿两个一样的,可以说成是"一双"或"一对"。

请幼儿用"一双"或"一对"来描述一下自己身体的几个部位。

(二)生活中的"一双"和"一对"

生活中有哪些东西也是一双或一对的？

幼儿边说教师边在黑板上记录,有实物或图片的可以出示实物或图片,请个别幼儿分享经验。

(三)游戏"找朋友"

1. 交代游戏规则和玩法：教师把准备好的鞋、袜子、手套、耳环等的卡片分给幼儿,每人一张,幼儿拿着卡片朗诵儿歌：找呀找呀找朋友,谁是我的好朋友。看一看,比一比,找到我的好朋友。幼儿寻找和自己手上的图卡是一双或一对的小朋友,找到后手拉手站到一起。

2. 幼儿游戏一次,找到朋友后,同伴间相互检验,然后教师检验。

3. 重新分配卡片,继续游戏。

（四）操作活动，翻开课本，请幼儿进行配对练习

活动 3：自己去吧

活动目标

1. 欣赏并理解诗歌内容，感受动物与妈妈之间的爱。
2. 懂得自己的事情自己做的道理。

活动准备

挂图 10 号，磁带，录音机，小猴、小鸭、小鹰头饰。

活动过程

（一）谈话：生活中，什么事情你会自己做

（二）欣赏诗歌《自己去吧》

1. 引导幼儿欣赏诗歌第一遍，提问：诗歌里有谁？
2. 欣赏诗歌第二遍，提问：你听到了什么？
3. 遮盖式出示挂图，引导幼儿学说小动物与妈妈的对话。

小猴想吃什么？它是怎么对妈妈说的？妈妈是怎么回答小猴的？小鸭想干什么？它是怎么对妈妈说的？妈妈是怎么回答小鸭的？小鹰想看什么？它是怎么对妈妈说的？妈妈是怎么回答小鹰的？小猴（小鸭、小鹰）学会了什么本领？

（三）欣赏诗歌，幼儿学习朗诵诗歌

1. 欣赏诗歌数遍。
2. 播放录音，引导幼儿跟着录音学习朗诵诗歌。
3. 为什么猴妈妈让小猴自己去摘果子？鸭妈妈让小鸭自己去洗澡？鹰妈妈让小鹰自己去看风景？

（四）诗歌表演

1. 教师扮演猴妈妈、鸭妈妈、鹰妈妈，幼儿扮演小猴、小鸭、小鹰，边朗诵诗歌边表现诗歌内容。
2. 个别幼儿扮演猴妈妈、鸭妈妈、鹰妈妈，其他幼儿扮演小猴、小鸭、小鹰，表演诗歌内容。

活动 4：打开来尝一尝

活动目标

1. 独立探究打开食品包装的方法，了解食品的几种包装方式。
2. 品尝几种食物，尝试说出食物的味道。

活动准备

各种包装的食物，幼儿自己能打开包装的食物若干（也可自己包装一些食物）。

活动过程

（一）提问引入话题

说说自己喜欢吃的食物是什么？这些食物有包装吗？是怎么包装的？为什么要把这些食物包装起来？

（二）出示几种包装好的食物，认识其包装方式

1. 请幼儿说说食物的名称。
2. 观察食物的各种包装方式，说一说如何打开包装。
3. 教师示范将这些食物的包装打开，讲解这些食物的打开方式，并告诉幼儿哪些食物应让爸爸、妈妈来打开，哪些食物小朋友可以自己学着来打开。

（三）游戏"小超市"

1. 教师将几种包装好的食物陈列出来，呈现"小超市"的场景。
2. 教师扮演超市营业员，幼儿扮演顾客，购买自己喜欢的食物。
3. 幼儿交流自己打开包装的方法，并说一说自己尝到的食物是什么、味道是怎么样的。
4. 第二次购买食物，并尝试打开，与小伙伴交流打开的方法。

活动 5：漱口

活动目标

1. 通过反复感受，知道歌曲名称，了解歌曲内容，初步学习在念白处跟随老师说出"抬起头，闭上嘴"。

2. 在学唱的过程中进一步学习正确漱口的方法。

活动准备

小狗、小猫手偶,杯子,歌曲音乐。

活动过程

(一)小故事引题

教师操作手偶讲故事:小猫的牙齿好脏呀,它看到小狗的牙齿这么干净,就问小狗:吃好东西,你是怎么做才让牙齿变干净的呀?小狗说:我用了一个小杯子,请你看仔细了。

(二)范唱歌曲

1. 操作小狗手偶,拿起杯子唱一遍歌曲。

2. 提问:小狗在干什么?小狗是怎样漱口的?(根据幼儿回答连起来再次范唱)

3. 我们来学一学小狗漱口的动作。(学念白 —— 抬起头,闭上嘴,咕噜咕噜吐出水)

(三)幼儿学唱歌曲

1. 小猫也想学会漱口,我们来教教它吧!

2. 请个别幼儿上来表演。

3. 全班幼儿一半唱歌一半做动作,互动演唱歌曲。

(四)漱口结束

我们也拿起杯子来练习下漱口吧!

春娃娃来了

主题说明

　　春天是万物复苏的季节，在幼儿的周围，大自然里处处都表现出勃勃生机，大地一片春意盎然：红红的花，绿绿的草，枝头的嫩芽，飞舞的蝴蝶和刚刚出壳的小鸡、小鸭以及暖暖的阳光、柔柔的春风，到处都充满了春天的气息。幼儿置身于春天的自然景物之中，真切地感知春天来了，春天多么美！

　　在本主题中，以小草作为切入点，让幼儿参与各种活动（听雨、踏春、种植等），体验到春天的变化（天气、植物等），感知柳树发芽、桃树开花、春雨绵绵等春天的特征并通过春天里飞来的蝴蝶和刚出壳的小鸡、小鸭在春天里发生的有趣的故事，探究它们的小秘密，并能用各种不同的方式创造性地表现蝴蝶、小鸡、小鸭，抒发幼儿对小动物的热爱之情，使幼儿在轻松愉快的活动中进一步感受春天的美好，发现春天的小秘密。教师应努力创造条件，鼓励幼儿运用自己的感官通过看、摸、闻、听等多种途径与春天互动，引导幼儿初步感受大自然的神奇，逐步地亲近和喜爱大自然，并学习用多种途径表达、表现出自己对春天的情感、感知和体验。

小草绿了

主题目标

1. 初步感知春天里花草树木等植物的变化,了解春天的明显特征,知道春天是万物生长的季节。
2. 学习用喜欢的方式表达自己对春天的感情。
3. 喜欢亲近花草,懂得爱护花草,喜爱春天,激发热爱大自然的情感。

主题活动一览表

主题	形式	活动名称	活动目标	侧重领域与涉及领域
小草绿了	集体学习活动	小草醒来了	1. 感受散文的温馨、美好,模仿小草睡醒的样子,能与同伴一起合作表演,体验表演的快乐 2. 理解散文内容,尝试运用自己不同的动作、表情和语气来表演散文	语言 艺术
		小雨点	1. 理解诗歌的内容,感受诗歌蕴含的大自然万物和谐、快乐的意境 2. 尝试用动作表现诗歌内容,萌发热爱春天的情感	语言 科学
		春游	1. 能手口一致地点数4以内的物体 2. 比较物体的大小,按大小顺序排列4以内的物体	科学 社会
		尖尖的春笋	1. 认识春笋的外形特征以及与竹子的关系 2. 学习用笋壳制作物品,能发挥想象,大胆地介绍自己的笋壳作品	科学 艺术
		春天	1. 感受歌曲优美的旋律,理解歌词的内容,学会跟唱 2. 能根据形象的歌词,创编动作进行表演,萌发对春天的喜爱之情	语言 艺术

续表

主题	形式	活动名称	活动目标	侧重领域与涉及领域
小草绿了	备选集体学习活动	美丽的桃花	1. 观察桃花的特征,学习用手指点画的方式表现出大小不同的桃花 2. 感受桃花的美丽,知道桃花是在春天开放的	艺术 科学
		花儿好看我不摘	1. 理解儿歌内容,了解春天是花朵盛开的季节,喜爱春天,感受春天的美 2. 知道美丽的花是让大家欣赏的,花儿好看我不摘	语言 社会
	个别、小组学习活动	植物角	通过观察植物的生长过程,了解种子的生长过程	
		美工区	运用多种形式(粘、剪、印画)制作柳树、桃花等来表现春天的景物	
		科学区	投放不同大小的水果、汽车、花朵等的图片,鼓励幼儿按照物品从小到大或者从大到小的顺序进行排列	
	规则游戏活动	风姐姐和柳树宝宝	能够按指令快跑、慢跑等,能听信号快速地做出反应	
		春天到	能够听指令快走、慢走,做出相应的动作	

环境创设与区域设置

环境创设

⊙主题墙

1. 收集春天里各种植物的生长状态的图片并张贴出来,如:小草、柳树发芽,迎春花、桃花开花,让幼儿欣赏了解春天植物的变化。

2. 将幼儿在春天里活动的照片进行展示:春游、放风筝,能说说自己的活动,与小伙伴们共同分享活动中的快乐体验。

3. 鼓励幼儿用自己的作品装饰主题墙。

⊙展示区

把幼儿以绘画、手工等方式展现出来的春天(桃花、小鸡、柳树等)的作品张贴在教室作品栏以及环境布置的区域中。

区域设置

⊙ 植物角

1. 准备小花盆、废旧蛋糕盒等，带领幼儿种一些常见的在春天里发芽的种子，如：葵花籽、豆子、稻谷、玉米等；另外种植一些绿色植物，如：大蒜、萝卜等；还可以种植一些花卉，如：蝴蝶花、迎春花等供幼儿观察、欣赏。

2. 张贴种子发芽的过程图，让幼儿了解种子发芽的过程，鼓励幼儿用身体动作表现种子的生长过程。

⊙ 美工区

1. 提供一些花瓣、野花、野草等实物以及剪刀、糨糊、各色皱纸、颜料、油画棒等工具，请幼儿在画有柳树、桃花的墙壁上，制作一幅春景图。平时鼓励幼儿多做自由粘贴的活动。

2. 将小花漏印模型投放进美工区，鼓励幼儿进行漏印活动，还可以制作更多其他形状的漏印模型，供幼儿在区域中操作。

3. 投放彩纸供幼儿撕花折花，之后将作品布置在"春天的花园"里。

4. 投放皱纸、瓶子等，请幼儿用皱纸和瓶子制作柳树，感受春天里柳树的美丽。

⊙科学区

提供不同大小的水果、汽车、花朵等,请幼儿按照物品从小到大或者从大到小的顺序进行排列。

日常活动与游戏

日常活动

⊙春游真快乐

请幼儿带来亲子春游的照片,利用晨谈、餐后等时间组织幼儿介绍自己参加的活动。说说"春天我和爸爸妈妈去了哪里,玩了什么"。

⊙春天真美丽

在餐后散步的时候带孩子到附近的草地上、小公园里游戏,鼓励幼儿观察春天的特征,感受小草和柳树发芽、桃树开花等春意融融的景象。

⊙种子发芽了

带领幼儿每天给自己种的植物浇水,定时施肥。邀请幼儿观察种子发芽、生长的过程,引导他们知道春天是播种的季节。

⊙花儿好看我不摘

利用晨间谈话、午餐前准备、午睡后时间组织幼儿认识各种花朵,让他们了解好看的花朵不能摘,要爱护它们,让所有人都能欣赏到。

⊙保护小树

带领孩子做"爱护树木"的标记,鼓励幼儿给幼儿园内和周围环境中的树木挂牌,进一

步深化幼儿爱护树木的意识。

⊙ 草地真好玩

在餐后散步环节,请幼儿在小草坪上走走、踩踩、玩玩游戏、摸摸小草,体验在草地上游戏的乐趣,说说自己对小草的认识和体验。

游戏

⊙ 风姐姐和柳树宝宝

教师扮演风,幼儿扮演柳树宝宝。教师播放轻快的音乐,上下左右摆动挥舞纱布,表示大风来了,幼儿往风吹的方向快跑;播放轻柔的音乐,幼儿慢跑。

⊙ 春天到

教师念儿歌:"听说春天来了,让我们一起去找一找春天在哪里?快快走到柳树下,慢慢走到油菜田。快快走到桃树下,慢慢走到青草地。风娃娃听说春天来了,它也想来看一看,请小朋友来当导游,告诉它春天在哪里?快快走到柳树下,慢慢走到油菜田,快快走到桃树下,慢慢走到青草地。"请幼儿根据儿歌做出动作。

家长工作

1. 请家长带幼儿去踏青,引导幼儿观察春天里植物的变化,鼓励幼儿提出问题。家长要耐心地作答,与幼儿交谈,引导幼儿用简单的语言描述春天的景象。

2. 请家长让幼儿把在野外采集来的野花、野草和家中有关春天的图书、照片带到幼儿园里来。

集体学习活动方案

活动 1:小草醒来了

活动目标

1. 感受散文的温馨、美好,模仿小草睡醒的样子,能与同伴一起合作表演,体验表演的快乐。

2. 理解散文内容,尝试运用自己不同的动作、表情和语气来表演散文。

活动准备

　　1. 打雷的声音和画面、背景音乐《夜的钢琴曲》。

　　2. 雷公公、小草、春雨、春风、太阳的头饰。

活动过程

　　(一)利用声音渲染情境导入活动,激发幼儿的好奇心

　　听,这是什么声音?会把谁惊醒呢?

　　(二)教师运用肢体语言模仿小草被惊醒的样子,发散幼儿的思维

　　我们睡醒的时候会做些什么动作?

　　我们一起来学一学小草的样子。

　　小草醒来后会看到谁呢?为什么?

　　(三)快乐聆听散文,初步感知散文内容,感受散文的温馨和美好

　　谁和小草打招呼了?它们是怎样说的?小草是怎样回答的?

　　(四)完整欣赏散文,进一步理解散文

　　1. 为什么春雨"轻轻打"在小草身上?

　　2. 为什么春风"轻轻抚摸"着小草?

　　3. 为什么太阳"笑眯眯"地看着小草?谁穿上了嫩绿的衣服?

　　(五)利用道具表演,巩固对散文的理解,体验游戏的快乐

　　今天我们要评选"小小表演家",请小朋友自选小草、雷公公、太阳、春雨和春风的头饰,一起来表演散文。注意表演的时候要加上自己的动作和表情,还要注意自己的语气,比如雷公公的声音比较低沉;小草的声音比较温柔;春雨的声音比较清脆;春风的声音比较舒缓;太阳的声音比较响亮。看一看谁能获得"小小表演家"这个好听的称号。

活动延伸

　　根据散文的句式结构尝试仿编散文。

附:散文

小草醒来了

　　轰隆隆,轰隆隆,一声声响雷惊醒了小草甜甜的梦。小草伸伸懒腰,踢踢腿,揉揉眼睛,醒来了。春雨轻轻打在小草身上,"你好,小草!"小草说:"你好,春雨。"春风轻轻抚摸着小草,"你好,小草!"小草说:"你好,春风。"太阳笑眯眯看着小草,"你好,小草!"小草说:

"你好,太阳。"小草睁大好奇的眼睛,东看看,西瞅瞅,呀!所有的兄弟姐妹都穿上了嫩绿的衣服,多美啊!

活动 2：小雨点

活动目标

　　1. 理解诗歌的内容,感受诗歌蕴含的大自然万物和谐、快乐的意境。
　　2. 尝试用动作表现诗歌内容,萌发热爱春天的情感。

活动准备

　　雨点、花园、花、鱼池、鱼、田野、苗儿的图片,用来模拟春雨的薄纱布,轻快的音乐。

活动过程

　　(一)猜想,引导幼儿回忆并大胆想象

　　1. 出示三幅雨点的图片,提问:

　　春天到了,细细的春雨唱起了快乐的歌。小雨点是怎么唱歌的?(幼儿自由模仿后,集体学习有节奏地朗诵诗句"小雨点,沙沙沙",并用手指动作表现)

　　2. 小雨点会落到哪里呢?(幼儿自由表达后,依次出示图片"花园""鱼池""田野"贴在雨点图片后,同时教师朗诵诗歌每个段落的前三句)

　　3. 出示花的图片(贴在花园后面),提问:

　　小雨点落在花园里,花儿会怎么样呢?(鼓励幼儿大胆发挥自己的想象,并用动作简单表现鱼儿和苗儿学习方法同花儿)

　　(二)学习诗歌,帮助幼儿理解诗歌内容

　　1. 结合图片,教师完整朗诵一遍诗歌。

　　2. 分段朗诵,引导幼儿逐段理解和学习诗歌中的句子。

　　(1)学习理解第一段。

　　小雨点落在花园里,花儿怎么样了?(集体学说"花儿乐得张嘴巴")

　　小雨点落下来了,花儿为什么会开心地张开嘴巴?喝了雨水后,花儿会怎么样?(引导幼儿理解植物需要雨水,春雨能让植物生长的道理)

　　花儿乐得张嘴巴可以用什么动作来表现呢?(鼓励幼儿大胆创造动作并表现出来)

（2）采用相同方法理解第二、三段。

(三)朗诵,鼓励幼儿用动作表现诗歌内容

1. 感受意境 —— 教师配乐朗诵诗歌。

你们喜欢春天的小雨点吗？听了这首诗歌,你们的心情怎么样？（萌发幼儿对春天的喜爱,感受诗歌带来的快乐心情）

2. 学习朗诵 —— 鼓励幼儿跟着老师边看图片边朗诵诗歌,并做简单的动作,体验朗诵带来的欣喜。

3. 游戏表现 —— 教师手持薄纱布模拟春雨,幼儿分组扮演小花、小鱼、麦苗。鼓励幼儿在轻快的音乐声中,有节奏地朗诵并大胆表现快乐的心情。

附:诗歌

小雨点

小雨点,

沙沙沙,

落在花园里,

花儿乐得张嘴巴。

小雨点,

沙沙沙,

落在鱼池里,

鱼儿乐得摇尾巴。

小雨点,

沙沙沙,

落在田野里,

苗儿乐得向上拔。

活动 3：春游

活动目标

1. 能手口一致地点数 4 以内的物体。
2. 比较物体的大小，按大小顺序排列 4 以内的物体。

活动准备

1. 大象、熊、小狗和老鼠的图片。
2. 4 个大小不同的书包以及帽子、苹果、餐巾纸。
3. 操作板。

活动过程

（一）谈话引出主题

1. 去春游时我们要带哪些东西？（出示准备好的图片）
2. 数数去春游时我们带了几样东西？

（二）整理春游时要用到的物品，练习排序

1. 这里有一圈小动物，它们也想去春游。看！它们来了。
2. 我们排队一起出发，谁来给它们排排队，为什么这样排？
3. 它们也准备了一些吃的，有什么？每个小动物分到的吃的要一样多哦，谁帮他们分一分？（个别幼儿自由分）
4. 为什么大象没有书包，小老鼠没有苹果啊？怎么分才不会分错？（先将四样物品分类放好，再一个个分）
5. 大象这么大，它的东西应该都是怎么样的？小老鼠这么小，它的物品呢？

先给这些物品排排队，排好了再把它们分给小动物们（集体操作从小到大或从大到小排列）。

6. 你们都排好了吗？把这些食物都放进它们的书包里吧，一起出发啦！

（三）一起放风筝，幼儿操作

1. 公园到了，小动物们手里有什么？它们的风筝都拿对了吗？谁能帮它们改过来？
2. 你们想放风筝吗？这里还有几张没有上色的风筝的图，只要涂好色就可以去放（幼儿集体操作）。

活动 4：尖尖的笋尖

活动目标

1. 认识春笋的外形特征以及与竹子的关系。
2. 学习用笋壳制作物品，能发挥想象，大胆地介绍自己的笋壳作品。

活动准备

1. 每位幼儿两根春笋。
2. 春笋挂图。

活动过程

（一）观察春笋的外形特征

1. 请幼儿猜谜语：头戴尖尖帽，身穿节节衣，年年春天里，出土笑嘻嘻。（出示实物）
2. 分给幼儿每人一根笋，让幼儿看一看、摸一摸，"笋娃娃"像什么？
3. 观察，笋壳是什么颜色的？一张笋壳上颜色又是怎样变化的？
4. 剥笋，将"笋娃娃"的外壳一层一层剥去，提醒幼儿不要把外壳剥破。
5. 引导幼儿了解笋是一节一节的，每一根笋在长度上均有一定的差异。
6. 教师把春笋切开，让幼儿观察笋的内部。

（二）笋长在哪里

1. 笋是在什么季节长出来的？长在什么地方？长大后变成了什么？

（出示挂图，引导幼儿观察长在竹林里的竹子和笋）

2. 请幼儿说说笋的外形像什么。
3. 小结：春笋长在竹园里，它的妈妈是竹子，它长大以后也会变成竹子。笋可以吃，味道很鲜美。
4. 玩笋壳。

（1）再分给幼儿每人一根笋，让他们剥，剥下的笋壳给幼儿玩，如可以引导他们把笋壳从小到大套起来，看看像什么。

（2）展示幼儿的笋壳作品。

活动 5：春天

活动目标

1. 感受歌曲优美的旋律，理解歌词内容，学会跟唱。
2. 能根据形象的歌词，创编动作进行表演，萌发对春天的喜爱之情。

活动准备

小动物头饰若干、挂图、磁带、录音机。

活动过程

（一）韵律活动"春天"

1. 在律动中熟悉旋律。

在《春天》的乐曲声中，幼儿扮演春天里的小动物入场，例如：小蜜蜂、小蝴蝶、小青蛙等。

2. 出示挂图，引出歌曲。

请小朋友看看，图片里有什么？春天到了，小动物们在大花园里干什么呢？

（二）欣赏旋律，感受乐曲蕴含的欢快情绪，知道歌曲的名字

1. 教师再次弹奏歌曲，请幼儿说说自己听了这首歌曲觉得怎么样。
2. 引导幼儿再次倾听歌曲旋律，并启发幼儿听音乐做出欢快的动作，告诉幼儿这是一首有关春天的歌，名字叫作"春天"。

（三）新授歌曲《春天》

1. 教师清唱歌曲的第一段，请幼儿说说听到了些什么。
2. 教师范唱第二遍，可以边唱边画。
3. 教师边指图片边清唱，帮助幼儿进一步理解歌词，可以让幼儿轻轻跟唱。
4. 教师带领幼儿边根据歌词内容边有节奏地朗诵1～2遍。
5. 幼儿听音乐，拍手轻轻地哼唱1～2遍。
6. 在《春天》音乐的伴奏下，幼儿欢快地做动作。（创编）

（四）延伸活动

带幼儿去外面找"春天"——歌中的景色我们的幼儿园里有吗？让我们出去找找吧！

附：歌曲

春 天

1=F 2/4

盛璐德词
马革顺曲

```
3 5 2 3 | 1  5̣ | 6 1 1 6 | 5  —  |
春天天气  真  好， 花儿都开  了，
蝴蝶姑娘  飞来 了， 蜜蜂嗡嗡  叫，

6 7 1 6 | 5 1 3 5 | 3 0 2 0 | 1  —  ‖
杨柳树枝 对着我们 弯  弯   腰。
小白兔儿 一跳一跳 又  一   跳。
```

活动 6：美丽的桃花

活动目标

1. 观察桃花的特征，学习用手指点画的方式表现出大小不同的桃花。
2. 感受桃花的美丽，知道桃花是在春天开放的。

活动准备

1. 《小朋友的书·美工》《小朋友的书·春天来了》。
2. 桃花一枝、抹布、各色水粉颜料。

活动过程

(一) 出示桃花，观察桃花的特征

1. 观察开放的桃花。

这是什么花？是什么颜色的？花瓣像什么？是怎么长的？

2. 观察花蕾。

这朵桃花和上面那朵一样吗？有什么不一样，看起来像什么？

(二) 学习用手指点画的方法

1. 盛开的桃花的画法。

教师用食指画一片花瓣，提问：这是什么形状的？它像桃花的什么呢？怎么样才能变成一朵开放的桃花？数一数，有几片花瓣靠在一起？

2. 花蕾的画法。

教师用小指画一片花瓣,提问:这是什么花的什么部位?还可以用手指的什么地方画呢?

(三)幼儿操作

幼儿阅读教材并作画,教师巡回指导。

重点指导幼儿根据"花瓣的一头靠在一起"的特征,鼓励幼儿用不同的手指点画出形态各异的桃花,培养幼儿作画的兴趣和初步的求异思维。

(四)作品展示及评价

重点引导幼儿观察作品中桃花的不同形态。

活动 7：花儿好看我不摘

活动目标

1. 理解儿歌内容,了解春天是花朵盛开的季节,喜爱春天,感受春天的美。
2. 知道美丽的花是让大家欣赏的,花儿好看我不摘。

活动准备

1. 挂图。
2. 《小朋友的书·春天来了》。

活动过程

(一)引出主题,引导幼儿回忆

美丽的春天到了,我们看到了哪些美丽的花朵?你是在什么地方看到的?

(二)借助挂图,引导幼儿感受花带来的美

1. 你们看这是什么地方?公园里开的花是什么颜色的?你们喜欢这些花吗?为什么?
2. 图上的小妹妹要干什么?哥哥是怎么对她说的?

公园里的花是叔叔阿姨种来给大家欣赏的,有了美丽的花,公园就更美了,我们大家要好好爱护,花儿好看,我们不摘。

(三)引导幼儿观察被摘掉的花朵,懂得要爱护花朵的道理

1. 教师出示被摘掉的花,启发幼儿体验:小朋友,你们看,这些花怎么了?花被摘了,它变成了什么样?你们看到花枯萎了心里有什么感觉呢?

2. 我们能去摘花吗？为什么？

（四）欣赏儿歌

1. 教师有感情地朗诵儿歌。

2. 请幼儿一起朗诵儿歌，边念儿歌边做动作。

（五）拓展活动

如果你看到有小朋友去摘花，你会和他说什么？

叔叔阿姨在公园里种了许多美丽的花，我们要欣赏、喜爱这些花，也要爱护这些花，千万不能随意采摘。

（六）幼儿阅读图书，相互交流，学习朗诵儿歌

附：儿歌

花儿好看我不摘

公园里，花儿开，

红的红，白的白。

花儿好看我不摘，

大家都说我真乖。

小动物醒了

主题目标

1. 认识蝴蝶,了解蝴蝶的基本特征,欣赏蝴蝶的美丽,对毛毛虫变蝴蝶的神奇过程感兴趣。

2. 通过观察、比较,感知小鸡和小鸭明显的外部特征和基本的生活习性,乐于表达自己的感受。

3. 学习用多种方式表达和表现对蝴蝶、小鸡和小鸭的认识和感受。乐意运用各种方式创造性地表现其不同的特点。喜欢亲近小动物,萌发关爱小动物的意识。

主题活动一览表

主题	形式	活动名称	活动目标	侧重领域与涉及领域
小动物醒了	集体学习活动	好饿的毛毛虫	1. 愿意大胆表达自己所看见的东西,并大胆地进行猜测 2. 初步理解故事内容,学说"星期X,毛毛虫吃了X个XX,可是肚子还是好饿" 3. 能积极参与游戏活动,体验游戏的快乐	语言 科学
		蝴蝶飞飞	1. 学唱歌曲《蝴蝶歌》,感受蝴蝶飞舞时的美丽 2. 有兴趣参与音乐游戏"蝴蝶找花"	艺术 科学
		三只蝴蝶	1. 倾听故事,理解故事内容,尝试复述故事中的对话 2. 知道同伴间要相互关心、相互帮助的道理	语言 社会
		小鸡和小鸭	1. 倾听故事,感受小鸡、小鸭这对好朋友之间的情感,对小鸡、小鸭的生活习性感兴趣 2. 通过对图片和表格的梳理进一步了解小鸡、小鸭的区别,尝试学习表演故事情节	语言 科学
		鸭宝宝比大小	通过情境游戏比较大小,会按大小排列物体的顺序,并学会一一对应	科学 社会

续表

主题	形式	活动名称	活动目标	侧重领域与涉及领域
小动物醒了	备选集体学习活动	美丽的蝴蝶	1. 了解蝴蝶的外形特征,对蝴蝶的生长情况、变化过程感兴趣 2. 大胆表述自己对蝴蝶的认识	科学 语言
		有趣的蛋宝宝	1. 对常见的蛋感兴趣,激发幼儿爱吃蛋的情感 2. 了解不同的蛋有大小、外壳颜色不同之分,尝试剥蛋壳 3. 知道几种常见的蛋的名称,初步了解不同的蛋所具有的相同结构——蛋壳、蛋清、蛋黄	科学 语言
	个别、小组学习活动	自然角	通过饲养小鸡、小鸭,提升幼儿亲近小动物、关爱小动物的情感	
		美工区	鼓励幼儿学习用渲染的方法描绘蝴蝶的翅膀,感知蝴蝶翅膀上花纹的对称美	
		益智区	小鸡过生日:给小鸡送礼物,提供不同颜色、形状的串珠,请幼儿进行有规律的排序。提供幼儿可操作的范例以及自由操作的材料,为不同能力的幼儿提供不同层次的区域材料	
		表演区	投放母鸡、公鸡、小鸡的头饰等表演材料,供幼儿进行《鸡的一家》的故事表演	
	规则游戏活动	鸭宝宝学本领	鸭宝宝跟妈妈一起走过独木桥、钻过小山洞、跳过小山坡,去看鸭外婆	
		跳过水洼去做客	幼儿扮演小鸭子,根据儿歌"雨停了,天晴了,门前多了片水洼。并脚跳、分脚跳,过了水洼到你家"进行双脚并拢、分开跳游戏	
		来了一群小鸭子	幼儿扮演鸭子,围成半圆,演唱歌曲,当唱到:"嘎嘎嘎,不要闹,嘎嘎嘎,准备好"时,找到和身上标记一样的地方站好,然后扑通扑通往下跳,跳到池塘里去游泳	

环境创设与区域设置

环境创设

⊙主题墙

1. 将幼儿手工创作的动物图片进行展示。

2. 根据幼儿对动物的观察结果,以树状图的方式展示出来,如:小动物喜欢吃什么,它们长得是怎么样的,你喜欢它们什么。

3. 结合春天主题的风景,将春天里的小动物增添上去,丰富画面内容。

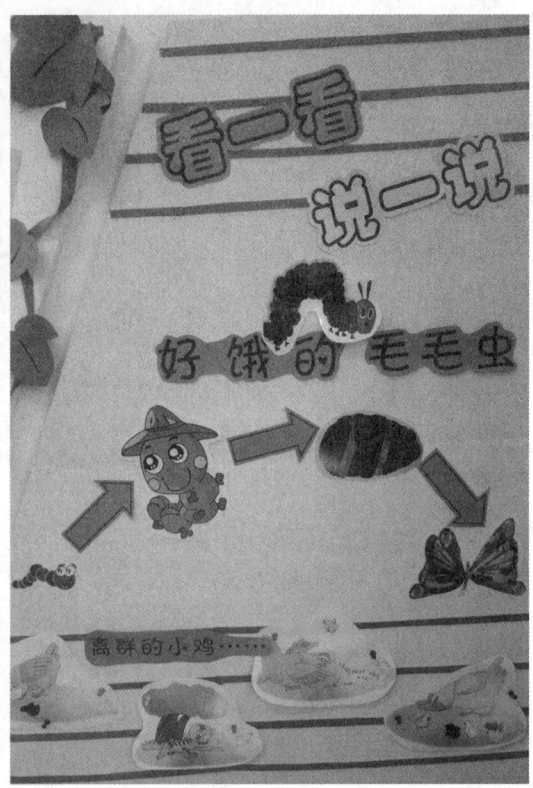

⊙ 展示区

前期搜集图片,标本放置在科学区、美工区,供幼儿欣赏、观察、交流。

区域设置

⊙ 自然角

饲养小鸡、小鸭,引导幼儿关注它们的活动,并请幼儿给它们喂食。

⊙ 美工区

1. 投放彩色纸、棉签、颜料、胶水、剪刀、水笔、动物轮廓纸等,供幼儿练习涂色、撕纸、粘贴。

2. 投放不同的小动物形状的图形纸及不同的纸张和颜料,供幼儿自由选择搭配颜色印画,启发幼儿用大小不同、软硬不等的纸团印画,欣赏印画的不同效果。还可以鼓励幼儿用不同的颜色重叠印画,发现颜色融合后的奇妙变化。

3. 利用彩泥学习用泥塑出小鸡的外形(圆圆的脑袋和身体),并用小棒制作脚和嘴巴。

4. 对折印画:鼓励幼儿学习用渲染的方法表现出蝴蝶的翅膀,感受蝴蝶翅膀上花纹对称的美丽。

⊙益智区

小鸡过生日游戏:给小鸡送礼物,提供不同颜色及形状的串珠,请幼儿进行有规律地排列。提供范例以及自由操作的材料,根据幼儿能力的不同分别为其提供不同层次的区域材料。

⊙表演区

投放母鸡、公鸡、小鸡的头饰。

投放《三只蝴蝶》的故事音乐以及头饰、纱巾等表演材料,供幼儿进行故事表演。

日常活动与游戏

日常活动

⊙小鸡和小鸭

在活动区饲养小鸡、小鸭,日常活动中鼓励幼儿亲近小鸡、小鸭,引导幼儿继续观察,了解其生活习性,同时培养幼儿喜爱小动物、关心小动物的情感。

⊙喂米饭

鼓励幼儿自带食物,学习给小鸡、小鸭喂食,了解小鸡、小鸭喜欢吃什么。

⊙鸡的一家

在餐前、餐后环节给孩子们讲《鸡的一家》的故事,通过聊天的形式来帮助幼儿加深对公鸡、母鸡、小鸡的外形、叫声等方面的印象。

⊙蝴蝶飞

结合餐后散步环节,带孩子们学学蝴蝶飞,闻闻花香,看看小草,晒晒春日的阳光。

游戏

⊙鸭宝宝学本领

请鸭宝宝跟妈妈一起走过独木桥、钻过小山洞、跳过小山坡去看鸭外婆。

⊙跳过水洼去做客

扮演小鸭子,根据儿歌"雨停了,天晴了,门前多了片水洼。并脚跳、分脚跳,过了水洼到你家"进行双脚并拢、分开跳游戏。

⊙来了一群小鸭子

幼儿扮演鸭子,围成半圆,演唱歌曲,当唱到:"嘎嘎嘎,不要闹,嘎嘎嘎,准备好"时,找到和身上标记一样的地方站好,然后扑通扑通往下跳,跳到池塘里去游泳。

家长工作

1. 请家长和幼儿搜集蝴蝶的图片及其他资料。

2. 请家长和幼儿在家一起饲养小鸡或小鸭,引导幼儿关心、爱护小鸡、小鸭,观察小鸡或小鸭的生长和活动,并记录幼儿观察时的语言及问题,随时解答幼儿所提出的问题。

3. 鼓励幼儿将幼儿园里发生的故事讲给家长听,也请家长给孩子讲讲春天里小动物的故事。

集体学习活动方案

活动1:好饿的毛毛虫

活动目标

1. 愿意大胆表述自己所看见的东西,并大胆地进行猜测。

2. 初步理解故事内容,学说"星期×毛毛虫吃了×个××,可是肚子还是好饿"。

3. 能积极参与游戏活动,体验游戏的快乐。

活动准备

1. 课件、毛毛虫的胸饰、各种水果操作材料每人一份、教师示范操作材料一份。

2. 理解开心和不舒服的表情,初步了解蚕宝宝的生长过程。

活动过程

(一)猜谜引题,激发兴趣

1. 今天老师请大家看一幅图画,图中有很多种颜色,代表了各种吃的东西,你觉得红色的是谁吃的东西?绿色呢?黄色呢?

2. 这一个个洞洞又是怎么回事?

3. 这些洞洞都是一条毛毛虫吃的,今天我给大家带来了一本书——《好饿的毛毛虫》。

(二)师幼共读,表达猜测

出示第1~10幅图,师幼共同阅读,通过提问帮助幼儿理解故事内容。

1. 第一幅图：这是什么时候？你们觉得这白白的小东西是什么呢？

引导幼儿仔细观察，发挥想象，教师根据幼儿的观察朗诵：月光下，一个小小的卵躺在树叶上。

2. 第二幅图：（教师直接介绍）星期天的早上，暖暖的太阳升起来了。"啪"的一声，一条又瘦又小的毛毛虫从卵里爬了出来。毛毛虫是怎样的？谁来变给大家看一看？（引导幼儿通过肢体表现又小又饿）毛毛虫饿极了，它的心情怎么样？它会怎么做呢？

3. 第三幅图：它要去找一些东西来吃。你们猜它会找什么东西吃呢？（幼儿猜测）

4. 第四幅图：它到底会找什么吃呢？让我们一起来看一看。

5. 师继续分享4～8幅图：星期一，它吃了一个苹果，可是，肚子还是好饿。星期二，它吃了两个梨。可是，肚子还是好饿。星期三，它吃了三个李子。可是，肚子还是好饿。星期四，它吃了四个草莓，可是，肚子还是好饿。星期五，它吃了五个橘子。可是，肚子还是好饿。星期六，它吃了一块巧克力蛋糕、一个冰激凌蛋筒、一条酸黄瓜、一块奶酪、一截香肠、一根棒棒糖、一块樱桃馅饼、一段红肠、一个杯形蛋糕和一片西瓜。

吃完后毛毛虫怎么了？为什么毛毛虫会肚子疼？我们小朋友要学毛毛虫什么都要吃，但是不要一次吃那么多！（请幼儿学学毛毛虫不舒服的表情）第二天它还能吃这么多吗？

6. 观察第9～10幅图：第二天，又是星期天了。毛毛虫吃了一片又嫩又绿的叶子，觉得舒服多了。

毛毛虫吃了又嫩又绿的叶子之后，肚子变得怎样了？你们舒服的时候是怎样的？（请幼儿表现）

7. 你觉得毛毛虫吃了这么多东西之后，还会又瘦又小吗？它会变成什么样呢？

8. 继续分享：现在毛毛虫不觉得肚子饿了。它不再是一条小毛毛虫了，它是一条又肥又大的毛毛虫。它造了间小房子，叫作"茧"，把自己包在里头。它在里头住了两个多星期，然后，把自己的茧咬破了一个洞，钻了出来。

9. 会发生什么？啊！毛毛虫变成了一只漂亮的蝴蝶。

（二）再次阅读，学说语句

我们一起来跟着讲一讲《好饿的毛毛虫》这个故事吧！

带领幼儿一起阅读。在读到吃的食物时，教师随着幼儿的回答一一出示教具，并鼓励幼儿学说短句。要说出来，毛毛虫才能吃到东西哟！

毛毛虫给自己造的房子叫什么？毛毛虫最后变成了什么？

(三)表演游戏,复习语句,体验蜕变

今天我们一起来表演一下毛毛虫。(带领幼儿一边阅读,一边操作)

毛毛虫最后变成了蝴蝶。现在让我们也来睡一个长长的觉,变成漂亮的小蝴蝶,一起来跳舞吧!幼儿模仿毛毛虫团紧身体变成茧,听音乐变成蝴蝶飞舞着离开教室。

附:故事

好饿的毛毛虫

月光下,一个小小的卵,躺在树叶上,一个星期天的早晨,暖暖的太阳升起来了,啪!从卵壳里钻出一条又瘦又小的毛毛虫。它四下寻找着可以吃的东西。

星期一,它啃穿了一个苹果。可它还是觉得饿。

星期二,它啃穿了两个梨子,可它还是觉得饿。

星期三,它啃穿了三个李子,可它还是饿。

星期四,它啃穿了四个草莓,可它还是饿得受不了。

星期五,它啃穿了五个橘子,可它还是饿呀。

星期六,它啃穿了一块巧克力蛋糕、一个冰激凌蛋筒、一条酸黄瓜、一片瑞士奶酪、一截萨拉米香肠、一根棒棒糖、一块樱桃馅饼、一段红肠、一个杯形蛋糕,还有一块甜西瓜。到了晚上,它就胃痛起来!

第二天,又是星期天。毛毛虫啃穿了一片可爱的绿树叶,这一回它感觉好多了。

现在它一点儿也不饿了 —— 它也不再是一条小毛虫了。它是一条胖嘟嘟的大毛虫了。

它绕着自己的身子,造了一座叫作"茧"的小房子。它在那里面待了两个多星期。

然后,它就在茧壳上啃出一个洞洞,钻了出来……

它已经是一只美丽的蝴蝶了!

活动 2:蝴蝶飞飞

活动目标

1. 学唱歌曲《蝴蝶歌》,感受蝴蝶飞舞时的美丽。

2. 有兴趣参与音乐游戏"蝴蝶找花"。

活动准备

蝴蝶和花的胸饰、磁带以及录音机。

活动过程

（一）欣赏歌曲《蝴蝶歌》

提问：歌曲里是谁在飞？（引出蝴蝶）

蝴蝶长什么样？为什么说它头戴金丝？蝴蝶什么地方最漂亮？（请幼儿回忆歌词的内容）

（二）熟悉歌曲旋律

教师演唱，幼儿拍手，一拍一下打节奏，让幼儿熟悉歌曲的旋律。

（三）幼儿学习歌曲

教师演唱，幼儿跟唱数遍。

（四）音乐游戏：蝴蝶找花

1. 教师和幼儿一起随着音乐旋律在花园里作飞舞状，表现出蝴蝶在花丛中飞舞的动作。教师示范和提示，鼓励幼儿模仿蝴蝶和花朵的各种动作。

2. 扮演角色：蝴蝶和花。听音乐扮演蝴蝶寻找花朵。

附：歌曲

蝴蝶歌

1=E 6/8　　　　　　　　　　　　　　董　幼词
优美地　　　　　　　　　　　　　　汪　玲曲

| 5 3 5 3 | 4 3 2 3. | 5 3 5 6 | 4 3 4 2. |
| 蝴 蝶 蝴 蝶 | 飞 呀 飞， | 飞 过 草 地 | 飞 过 河 旁， |

| 5 5 5 6 6 6 | 6 4 6 5 3 0 | 2 2 2 4 3 2 | 2 1 2 1. |
| 你 像 那 会 飞 的 | 花　　朵， | 张 开 了 五 彩 的 | 翅　膀 |

| 3 3 4 3 2 | 2 1 2 1. | 5 5 6 | 6 4 6 5 3 0 |
| 在 你 飞 过 的 | 地　方， | 到 处 鲜 花 | 开　放， |

| 2 2 4 4 | 2 1 2 1. ‖
| 到 处 鲜 花 | 开　放，

活动 3：三只蝴蝶

活动目标

1. 倾听故事，理解故事内容，尝试复述故事中的对话。
2. 知道同伴间要相互关心，相互帮助的道理。

活动准备

1. 挂图 26 号、课件、三只蝴蝶和三朵花的图片。
2. 故事相关视频。

活动过程

（一）谈话引题，知道故事的名称及主要角色

1. 春天到了，小草绿了，花儿开了，春天多美啊！看一看，在美丽的春天里谁来我们班做客了？
2. 教师分别出示三只蝴蝶和三朵花，引导幼儿根据颜色和蝴蝶、花打招呼。
3. 今天我们就来讲一讲有关蝴蝶的故事，题目就叫"三只蝴蝶"。

（二）完整欣赏故事的视频，熟悉故事的主要内容

1. 播放视频，安静地欣赏。
2. 三只蝴蝶和三朵花之间发生了什么事情？天气为什么放晴了？

（三）出示挂图，互动欣赏，进一步熟悉故事，尝试复述角色之间的对话

1. 出示挂图一，教师讲述后，提问：红花姐姐只让红蝴蝶避雨，怎么办呢？
2. 出示图片二，师幼互动，一起学说："我们三个好朋友，相亲相爱不分手，要来一块儿来，要走一块儿走。"
3. 出示图片三：教师讲述，并引导幼儿尝试复述蝴蝶和花朵之间的对话。
4. 出示图片四：请幼儿尝试复述蝴蝶和花之间的对话。
5. 出示图片五：教师讲述。

（四）再一次完整欣赏故事，感受同伴间相互关心、相互帮助带来的快乐

1. 自由表述：你是怎样关心朋友和帮助朋友的？
2. 学说短句：我们都是好朋友，相亲相爱不分手。
3. 再一次完整欣赏视频。

附：故事

三只蝴蝶

花园里有三只蝴蝶。一只蝴蝶是红的，一只蝴蝶是黄的，一只蝴蝶是白的。它们天天在花园里一块儿游戏，一块跳舞，非常快乐。

有一天，它们正在草地上捉迷藏，突然下起大雨来。它们一起飞到红花那里，齐声向红花请求说："红花姐姐，红花姐姐，大雨把我们的翅膀打湿了，大雨把我们淋得发冷了，让我们飞到你的叶儿下避避雨吧！"

红花说："红蝴蝶的颜色像我，请进来，黄蝴蝶，白蝴蝶别进来！"

三只蝴蝶齐声说："我们三个好朋友，相亲相爱不分手，要来一块儿来，要走一块儿走。"

雨下得更大了。三只蝴蝶一起飞到黄花那里，齐声向黄花请求说："黄花姐姐，黄花姐姐，大雨把我们的翅膀打湿了，大雨把我们淋得发冷了，让我们飞到你的叶儿下避避雨吧！"

黄花说："黄蝴蝶的颜色像我，请进来，红蝴蝶，白蝴蝶，别进来！"

三只蝴蝶齐声说："我们三个好朋友，相亲相爱不分手，要来一块儿来，要走一块儿走。"

三只蝴蝶一起飞到白花那里，齐声向白花请求说："白花姐姐，白花姐姐，大雨把我们的翅膀打湿了，大雨把我们淋得发冷了，让我们飞到你的叶儿下避避雨吧。"

白花说："白蝴蝶的颜色像我，请进来，红蝴蝶，黄蝴蝶，别进来！"

三只蝴蝶，一齐摇摇头说："我们三个好朋友，相亲相爱不分手！要来一块儿来，要走一块儿走。"

三只蝴蝶在大雨里飞来飞去，找不着避雨的地方，真是着急呀！可是它们谁也不愿意离开自己的朋友。

这时候，太阳公公从云缝里看见了，连忙把天空的黑云赶走，叫雨别再下了。

天晴了，太阳把三只蝴蝶的翅膀晒干了。

三只蝴蝶迎着太阳，一块儿在花园里快乐地跳舞、游戏。

活动 4：小鸡和小鸭

活动目标

1. 倾听故事，感受小鸡、小鸭这对好朋友之间的情感，对小鸡、小鸭的生活习性感兴趣。

2. 通过对图片和表格的梳理进一步了解小鸡、小鸭的区别，尝试学习表演故事情节。

活动准备

故事录音；小鸡、小鸭的手偶玩具。

活动过程

(一) 出示小鸭、小鸡手偶玩具引出主题，激发幼儿的学习兴趣

1. 教师出示小鸭手偶玩具向小朋友问好。请幼儿说说这是谁，并向它问好。

2. 小鸭子要找好朋友，你们来猜一猜它的好朋友是谁，好吗？

3. 教师出示小鸡手偶玩具。小鸡和小鸭抱一抱、亲一亲、拉拉手。小鸡、小鸭一起拉着手向小朋友们问好。

它们是一对好朋友吗？你们是从什么地方看出来的？它们是怎么成为好朋友的？

(二) 教师表演并讲述故事

1. 小鸡和小鸭是一对好朋友吗？你们是从什么地方看出来的？它们为什么是一对好朋友呢？

(根据幼儿的回答将小鸡、小鸭的相同特点用表格的形式展示出来：如毛茸茸的很可爱、都有两只脚、喜欢吃小虫等等)

2. 教师表演并讲述故事。

小鸡和小鸭在一起怎么玩？

小鸭干了什么？小鸡呢？

小鸡跳到河里游泳，发生什么事了？

小鸭听见了，又是怎么做的？

现在，小鸡怎么又能和小鸭、小乌龟、小青蛙一起去游泳了？

(再次梳理小鸡、小鸭的特点：小鸡不会游泳、小鸭会游泳)

3. 教师和幼儿一起讲述故事第二段(教师讲小鸭的动作，幼儿讲小鸡的动作)。

4. 播放故事录音，完整听一遍故事。

(三) 幼儿尝试表演故事

1. 教师讲述故事，幼儿分组扮演小鸡、小鸭。

2. 听故事录音，用动作自由表达故事内容。

附：故事

小鸡小鸭

鸭妈妈不会孵蛋,她请鸡妈妈帮忙。蛋壳裂开了,钻出了一只小鸡。蛋壳又裂开了,钻出来一只小鸭。

小鸭去散步,小鸡也去散步。小鸭挖土,小鸡也挖土。

小鸭找到一条蚯蚓,小鸡也找到一条蚯蚓。小鸭喝水,小鸡也喝水。

扑通,小鸭跳进河里去游泳;扑通,小鸡也跳进河里去游泳。小鸡不会游泳,"救命啊!"它在水面上挣扎。小鸭听见叫声,赶来救起了小鸡。

小鸭、小乌龟和小青蛙一块儿去游泳。咦,怎么小鸡还一路跟着呢?原来小鸡带上了救生圈。

活动5：鸭宝宝比大小

活动目标

通过情境游戏比较大小,会按大小排列物体的顺序,并学会一一对应。

活动准备

1. 《小朋友的书·数学》。

2. 大、中、小鸭子的卡片,皮球、房子、饼干等物体的卡片。

3. 操作材料每人一份。

活动过程

(一)出示大鸭和小鸭的卡片,激发幼儿的兴趣,初步感知大小

(二)比较两只鸭子的大小

1. 大鸭和小鸭给我们带来了好多好玩的东西,我们一起来看看。(出示自备贴纸,请幼儿比较每一组物体的大小,并把卡片贴在相应的位置上)

2. 请幼儿说说刚才把卡片放在了哪里,为什么。

3. 请个别幼儿检验。

4. 小朋友真能干,仅凭观察一下子就找出了哪些东西是大的,哪些东西是小的,原来物体的大小需要比一比才知道。

（三）三只鸭子比较大小并按从大到小的顺序排列

1. 出示第三只即最大的一只鸭子,提问:你们看,这回又来了一只鸭宝宝。请大家比一比,哪只鸭宝宝最大,哪只最小?(引导幼儿将鸭子按从大到小或从小到大的顺序排列)

2. 出示三个大小不一的球。提问:三只鸭子还给我们带来了三个球,你们看一样大吗?请你也来排一排。

（四）学习按照物体大小一一对应

1. （出示三座房子）三只鸭子要回家,你们看应该怎么回?

2. 大鸭子个子最大,要住在最大的房子里;小鸭子个子最小,要住在最小的房子里。

（五）幼儿操作,按照大小一一对应

1. 看一看,比一比,找出篮子里最大的和最小的动物。

2. 幼儿操作,按照一一对应的方法送小动物回家。

3. 师幼共同检验。

活动 6：美丽的蝴蝶

活动目标

1. 了解蝴蝶的外形特征,对蝴蝶的生长情况、变化过程感兴趣。

2. 大胆表述自己对蝴蝶的认识。

活动准备

蝴蝶图片若干、绘本《好饿的毛毛虫》。

活动过程

（一）猜谜,引起兴趣

谜面:有只虫儿真美丽,四片翅膀像花衣,春天飞到花园里,停在花上采花蜜。是什么呢?

（二）观察图片中的蝴蝶

1. 看看图片中的蝴蝶,哪里最漂亮?它有几对翅膀?(引导幼儿理解"对"的概念,知道蝴蝶有两对翅膀)

2. 这只蝴蝶的翅膀有哪些颜色?翅膀上的花纹像什么?(逐一观察每一只蝴蝶)

3. 比较蝴蝶一对（两只）翅膀上的花纹,你发现了什么?(引导幼儿认识到一对翅膀

两边的花纹是对称的)

4. 看一看,图片上的蝴蝶的身体在哪里?身体的前面有什么?(引导幼儿观察蝴蝶身体上细小的部位,如腿、触须等)

(三)梳理毛毛虫到蝴蝶的生长变化过程,并表演

1. 阅读《好饿的毛毛虫》,说说毛毛虫是怎样长大的,最后变成了什么。
2. 表演毛毛虫变蝴蝶的过程。

活动 7：有趣的蛋宝宝

活动目标

1. 对常见的蛋感兴趣,激发幼儿爱吃蛋的情感。
2. 了解不同的蛋有大小、外壳颜色不同之分,尝试剥蛋壳。
3. 知道几种常见的蛋的名称,初步了解不同的蛋所具有的相同结构——蛋壳、蛋清、蛋黄。

活动准备

1. 生的鸡蛋、鸭蛋、鹌鹑蛋各1个,与幼儿人数相等的煮熟的鸡蛋、鸭蛋、鹌鹑蛋,碗3个,盘子、毛巾若干,轻音乐,歌曲《爱吃蛋》的视频,煎蛋用的电磁炉、锅、铲子、油,相机,会生蛋的动物的图片。
2. 幼儿有吃过完整的煮鸡蛋的经验,知道鹅、鸡、鹌鹑等会生蛋。
3. 课件。

活动过程

(一)导入:游戏"摸摸乐"

教师在一个大口袋里面放进很多蛋。请幼儿摸一摸,并猜一猜摸到的东西是什么,激发幼儿的兴趣。

1. 小朋友,今天老师带来了一个神奇的大口袋,你们想不想知道里面装了什么?请你们伸进小手去,摸一摸、猜一猜吧!
2. 你摸到的东西给你什么样的感觉?你猜到是什么了吗?
3. 小朋友们可真棒,一下就猜出了里面是圆圆的、硬硬的、滑滑的蛋宝宝。今天就让

我们一起来和蛋宝宝做游戏吧!首先请小朋友们每人拿一个蛋宝宝,一定要轻轻地、小心翼翼地拿,千万别把蛋宝宝摔坏了。请你看看自己的蛋宝宝,再看看其他小朋友的蛋宝宝,谁拿的蛋宝宝是最小的?谁拿的蛋宝宝是最大的?谁拿的蛋和老师拿的蛋一样大?

(二)活动展开

1. 认识蛋的外形。

(1)小朋友们摸到的硬硬的、滑滑的是蛋宝宝的壳,请你们看一看,每一个蛋宝宝的壳一样吗?

(2)你们拿的蛋宝宝的壳是什么颜色的?

(3)原来有的蛋大,有的蛋小;有的蛋的蛋壳是白色的,有的蛋的蛋壳颜色偏红,有的是浅绿色的,还有的蛋带有花纹(出示课件)……不同的动物生的蛋宝宝是不一样的。

2. 蛋宝宝与妈妈一一对应。

(1)瞧,有三位妈妈找不到自己的蛋宝宝了,让我们一起来帮帮它们吧!(出示鹅、鸡、鹌鹑的图片,播放课件,让妈妈们说话,介绍自己的蛋宝宝,幼儿出示相应的蛋宝宝)

(2)谁拿着鹅妈妈的蛋宝宝?谁拿着鹌鹑妈妈的蛋宝宝?谁拿着鸡妈妈的蛋宝宝?

(3)妈妈们非常感谢小朋友们帮它们找到了蛋宝宝,谢谢大家!

3. 简单了解会生蛋的动物。

(1)世界上还有许多动物妈妈也会生蛋,小朋友还知道哪些会生蛋的动物妈妈吗?(幼儿自由答)

(2)世界上有很多动物会生蛋,如麻雀、喜鹊、孔雀、鸵鸟、乌龟、鳄鱼、蛇等等。动物世界可真神奇!小朋友们,蛋宝宝有些累了,让我们先把它们放到小盘子里吧!

4. 认识蛋的内部结构。

(1)我们刚才了解了许多关于蛋宝宝的知识,老师想要再考考小朋友,你们知道蛋里面是什么样的吗?怎样才可以看到蛋宝宝的里面是什么样的呢?(幼儿回答)

(2)小实验(相机辅助):

a. 鲜蛋(将鲜蛋打在碗里,每种蛋打一个)

每个蛋宝宝的里面都是一样的吗?

虽然蛋宝宝的外形不一样,但是它们都有蛋壳,蛋壳很薄,容易碎,蛋壳里面有蛋清、蛋黄。鲜鸡蛋里面的蛋清是透明的,蛋黄是黄色的。

b. 熟蛋(教师煮一个蛋)

那小朋友们想不想知道煮熟的蛋宝宝的蛋清和蛋黄是什么样的?(教师操作,煮

鸡蛋)

蛋熟了之后,蛋清就变成白色的了。哇,好香啊,真想吃一口。

5. 蛋的营养。

(1)小朋友们,你们知道我们为什么要吃蛋吗?

(2)蛋宝宝特别有营养,含有丰富的蛋白质、脂肪和维生素,而且也特别好吃,多吃蛋可以让我们的身体变得棒棒的。老师知道你们一定非常喜欢吃蛋,对吗?

(三)结束:请幼儿动手剥鸡蛋

下面,就让我们一起来动手,剥下蛋壳,吃美味的蛋宝宝吧!(播放轻音乐)

我来试一试

主题说明

　　幼儿是通过"做科学"来学科学的,主题"我来试一试"正是试图让幼儿在"吹泡泡""搭积木"和"玩颜色"中,认识物体的形状、颜色及其特征并探究其中有趣的小秘密。

　　吹泡泡是小班幼儿非常喜欢玩的一个游戏。当大大小小、五颜六色的泡泡在空中飞舞、飘扬时,会引得幼儿的一声声欢呼,他们会争先恐后地去追逐扑打,从中可以引导幼儿感受泡泡的色彩、形状及易破等特性。随着教学活动的展开,当出现了牙刷、树叶等多种不同形状的泡泡器时,幼儿的疑问产生了,他们猜测、验证,最终找到了问题的答案。主题活动"吹泡泡"设计了一系列有意思的活动,幼儿在玩中探索,积累了更多关于吹泡泡的感性经验,锻炼了观察、比较、记录的科学探索能力,对泡泡有了进一步想要探索的兴趣。

　　生活中存在着各种形状的物体,如方方的桌子、椅子、柜子,圆圆的碗、盘、球等。但是幼儿对形状的认识缺乏概括,对形状在日常生活中的广泛应用也缺乏应有的了解,需要通过教学活动给予梳理和提升。

　　主题活动"方方和圆圆"从幼儿喜爱的形状不一的食品开始,通过吃吃、看看、说说、做做、玩玩的方式,在有趣的故事情景和操作实践中感知圆形、方形等形状的不同特征,了解各种形状的物体在生活中的应用,并积累分类、数数、对应、配对等一些粗浅的数学经验。

　　幼儿对科学的探究应该与日常生活密切相关,应引导幼儿在生活中积极提出疑问,鼓励幼儿关注自己周围环境中物体的形状和色彩,享受探索的乐趣,自豪地回忆自己所了解的秘密,这样才能使学习更有趣味,更具意义。

吹泡泡

主题目标

1. 观察了解泡泡的形状、色彩变化等特征,尝试用语言进行描述。探究吹泡泡这一活动中蕴含的小秘密,感受发现的乐趣。
2. 喜欢吹泡泡活动,感受和小朋友一起吹泡泡的乐趣。
3. 尝试用音乐、动作、绘画等自己喜欢的方式和手段表现美丽的泡泡。

主题活动一览表

主题	形式	活动名称	活动目标	侧重领域与涉及领域
吹泡泡	集体学习活动	小朋友吹泡泡	1. 观察泡泡,认识泡泡的色彩、大小、形状等特征,尝试用语言表述 2. 探索泡泡液的秘密,尝试制作泡泡液,对吹泡泡活动感兴趣	科学 语言
		吹泡泡	1. 理解儿歌内容,尝试完整朗诵儿歌,仿编儿歌中的语句"大、小泡泡好像XX",感受想象的乐趣 2. 尝试用绘画表现儿歌内容	语言 艺术
		大泡泡	1. 感知泡泡的大小、形状特征,提高四散奔跑和灵活躲闪跑的能力 2. 尝试"大泡泡"的多种玩法,描述泡泡的玩法,感受集体游戏的快乐	健康 科学
		泡泡不见了	1. 理解歌词内容,初步学唱歌曲,听间奏整齐地唱歌 2. 感知泡泡易破的特征	艺术 科学
		泡泡小精灵	1. 尝试用圆形和单线条组合画出"泡泡小精灵"的样子,并添上表情 2. 乐意用有趣的色彩添画泡泡,能用语言描述"泡泡小精灵"	艺术 语言

续表

主题	形式	活动名称	活动目标	侧重领域与涉及领域
吹泡泡	备选集体学习活动	泡泡乐园	1. 尝试用不同形状的器具吹泡泡,认识到圆形、长方形和三角形器具吹出的泡泡都是圆的 2. 学习运用猜测、操作、观察、记录等方法进行探索活动,并描述探索的过程和结果	科学 社会
	个别、小组学习活动	语言区	尝试将自己对泡泡的想象仿编到儿歌《吹泡泡》中,感受想象的乐趣	
		益智区	练习看数点数,初步学习走泡泡棋	
		美工区	1. 尝试用大小不同的瓶盖进行印画,表现出吹泡泡的画面 2. 尝试用吸管吹画,对漂亮的线条和色彩效果感兴趣	
		科学区	尝试用不同的洗洁用品制作泡泡液,感知不同形状的泡泡器吹出来的泡泡都是圆形的道理	
	规则游戏活动	大泡泡、小泡泡	听指令和同伴一起手拉手变大泡泡、小泡泡,提高反应能力,体验和同伴游戏的快乐	

环境创设与区域设置

环境创设

⊙主题墙

粘贴小朋友吹泡泡的图片以及大小不同的泡泡,用不同材料的表现泡泡。

区域设置

⊙语言区

粘贴儿歌《吹泡泡》的图片,让幼儿根据图片进行朗诵与仿编。

⊙益智区

投放泡泡棋,让幼儿尝试下棋。

⊙美工区

提供大小不一的瓶盖以及不同颜色的颜料、吸管、纸张等让幼儿进行印画和吹画。

⊙科学区

1. 投放洗洁精、沐浴露、洗发水等供幼儿尝试制作泡泡液。
2. 提供不同形状的泡泡器,让幼儿进行猜想、实验、记录。
3. 提供牙刷、网格等让幼儿尝试一次性吹出许多泡泡。

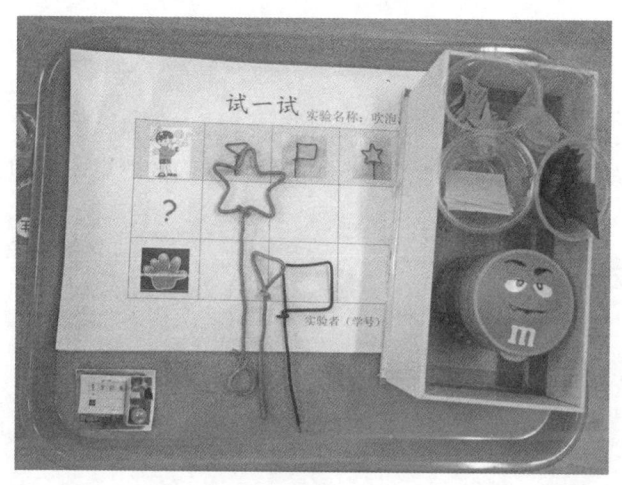

日常活动与游戏

日常活动

利用散步和户外游戏时间,带领幼儿到户外吹泡泡,感知泡泡的大小、形状、色彩变化等特征。

游戏

⊙ 大泡泡、小泡泡

带领幼儿进行大泡泡、小泡泡游戏。幼儿手拉手围成大圆圈,当老师说"小泡泡"时,幼儿向圆心走,圈变小;老师说"大泡泡",幼儿往外走,圈变大。

家长工作

请家长在家协助幼儿制作泡泡液,并寻找能吹出泡泡的器具吹泡泡。

集体学习活动方案

活动1:小朋友吹泡泡

活动目标

1. 观察泡泡,认识泡泡的色彩、大小、形状等特征,尝试用语言表述。
2. 探索泡泡液的秘密,尝试制作泡泡液,对吹泡泡活动感兴趣。

活动准备

洗洁精、水、大小饮料瓶、泡泡器、大记录表。

活动过程

(一)谈话,了解已有的经验

小朋友们,你玩过吹泡泡的游戏吗?没有玩过的小朋友看过别人吹泡泡吗?

吹出来的泡泡是怎么样的?

吹泡泡的要领是什么?把手掌放在嘴巴前边吹吹试试看,手心有什么感觉呢?

(二)感知泡泡的色彩、大小、形状等特征,并尝试用语言表述

出示大记录表,集体逐一猜想泡泡的形状、颜色、大小,并猜想泡泡最后会变成什么样。

请幼儿拿泡泡器去吹泡泡,仔细观察泡泡的形状、颜色、变化,你看到的和我们猜的是不是一样呢?赶紧去试试看吧。

你发现的和我们猜想的一样吗?哪些一样?哪些并不是我们猜的那样?

小结:原来,泡泡是五颜六色的,就像大大小小的球,飘着飘着,有的碰到东西就破了,

有的自己破掉了。

(三)尝试制作泡泡液

想一想,为什么这些水能吹出泡泡?是不是只要有泡泡器,所有的水都能吹出泡泡?

猜猜水里放了什么,才能吹出泡泡来?想想家里哪些东西是能变出泡泡来的?是不是在水里放能变出泡泡的洗发水、洗洁精、肥皂、牙膏、沐浴露等就能让普通的水变成神奇的泡泡液呢?你们也去试一试吧。

你们是怎么做泡泡液的?成功了吗?

用我们自己做出来的泡泡液到室外去吹泡泡吧。

活动 2:吹泡泡

活动目标

1. 理解儿歌内容,尝试完整朗诵儿歌,仿编儿歌中的语句"大、小泡泡好像××",感受想象的乐趣。

2. 尝试用绘画表现儿歌内容。

活动准备

1. 挂图 32 号。

2. 幼儿用作画工具。

活动过程

(一)谈话交流对泡泡的想象

小朋友都吹过泡泡了,吹出来的泡泡像什么?

大泡泡像什么?小泡泡像什么?(教师用简笔画记录并写上序号)

(二)欣赏儿歌,理解儿歌内容

小明明也吹了泡泡,听听儿歌,思考:他在哪里吹泡泡?他觉得泡泡像什么?

(教师朗诵儿歌后提问)小明明,好宝宝,坐在门口吹泡泡。

一吹吹个小泡泡,小泡泡像什么?

一吹吹个大泡泡,好像什么?

太阳公公出来了,泡泡有什么变化?

为什么太阳公公出来了,泡泡穿上了七彩袍?

再听老师来朗诵一遍。可以边看图片边和老师轻轻地一起朗诵。

老师来当听众,请你们试着念一念。

(三)看挂图,仿编儿歌

泡泡还像什么?我们把它编到儿歌里,好吗?(观察教师的简笔画记录)

(四)尝试大胆地用绘画表现儿歌内容

泡泡还像什么?请你们把它画出来。

活动 3:大泡泡

活动目标

1. 感知泡泡的大小、形状特征,提高四散奔跑和灵活躲闪跑的能力。
2. 尝试"大泡泡"的多种玩法,描述泡泡的玩法,感受集体游戏的快乐。

活动准备

每位幼儿发放一个背心式塑料袋。

活动过程

(一)自由探索"泡泡"的玩法

我们已经吹过泡泡了,泡泡是什么样子的?看看老师手上有什么?想一想怎样才能让塑料袋也变成一个泡泡,请你试一试。

你是怎样让你的塑料袋变成泡泡的?

拿一个塑料袋,往里面吹气,把口袋打一个结系紧就成功了。

没有成功的小朋友再试一试,成功的小朋友可以和泡泡一起玩一玩。

(二)尝试用不同的方法玩泡泡,提高四散奔跑和灵活躲闪跑的能力

1. 泡泡跳一跳。

请把塑料袋制成的泡泡系在脚踝上,在圆圈上站好,跟随老师的小铃节奏单脚跳双脚跳。

2. 泡泡追一追。

把用塑料袋制成的泡泡绑在脚踝上,听节奏走。

铃声停止表示泡泡飞走了,幼儿四散分开,铃声开始,泡泡又回来了,幼儿重新围聚在

一起。

（三）放松运动

活动 4：泡泡不见了

活动目标

1. 理解歌词内容，初步学唱歌曲，听间奏整齐地唱歌。
2. 感知泡泡易破的特征。

活动准备

1. 磁带、录音机。
2. 自备简笔画四张（内容分别为大泡泡、小泡泡、云朵旁的泡泡、泡泡破开）。

活动过程

（一）交流已有的经验，理解歌词内容

小朋友都吹过泡泡，说说你吹泡泡时看到的景象。

教师用歌词小结：吹呀吹泡泡，有大又有小。飞呀飞上天，飞呀飞上天，咦！泡泡泡泡泡泡不见了。

泡泡不见了，它到哪里去了呢？

（二）学唱歌曲

有一首歌曲叫"泡泡不见了"，我们一起来听听看。

听了这首歌你有什么感觉？（再听一遍）

你听到了什么？（根据幼儿回答出示图谱，再次用歌词小结）

老师也来唱一唱，要仔细听刚才没有听清楚的地方。

老师什么地方唱，什么地方不唱？

你喜欢哪一句？我们来唱一唱。（分句练习）

小朋友一起唱一唱，在间奏时做双手围拢吹大泡泡的动作。

（三）游戏"大泡泡、小泡泡"

两个小朋友一起手拉手围成"小泡泡"，边唱歌边吹泡泡，唱到最后一句拍一下手表示泡泡爆炸了。

活动 5：泡泡小精灵

活动目标

1. 尝试用圆形和单线条组合画出"泡泡小精灵"的样子,并添上表情。
2. 乐意用有趣的色彩添画泡泡,能用语言描述"泡泡小精灵"。

活动准备

每人一份油画棒、图画纸。

活动过程

(一) 观察教师示范,了解"泡泡小精灵"的不同体态

(教师边讲述边画)今天来了一群"泡泡小精灵",这群"泡泡小精灵"的身体长得都不一样,有的大,有的小,有的飞得高,有的飞得低,有的是这种颜色的,有的是那种颜色的,有的泡泡头朝上,眼睛在上面,有的泡泡头朝下,眼睛在下边,还有朝左边和右边的。一会儿工夫,它们就飞上了天。

"泡泡小精灵"说:真开心呀,好想跳舞呀,于是它们伸出了手和脚。其他泡泡想跳跟它不一样的舞蹈,有没有小朋友可以教教它们不同的舞蹈动作?

你们想不想试一试?

(二) 尝试画"泡泡小精灵"

请你也画一画可爱的"泡泡小精灵",它们的身体是圆圆的,手和脚紧紧地连在身体上,颜色不一样,方向不一样,大小不一样,舞姿也不一样。(幼儿绘画,提醒幼儿绘画要点)

(三) 欣赏同伴作品

和你的好朋友说说你的"泡泡小精灵",它们在干什么,你最喜欢哪一个小精灵,为什么?

活动 6：泡泡乐园

活动目标

1. 尝试用不同形状的器具吹泡泡,认识到圆形、长方形和三角形器具吹出的泡泡都是圆的。

2. 学习运用猜测、操作、观察、记录等方法进行探索活动,并描述探索的过程和结果。

活动准备

1. 《小朋友的书·数学》。

2. 每人一瓶肥皂水,三角形、圆形、正方形铁丝环。

3. 圆形、正方形、三角形标签纸及固体胶每组一筐,记录表。

活动过程

(一)激发探索兴趣

(出示圆形泡泡器)这个泡泡器是什么形状的?吹出来的泡泡是什么形状的呢?(教师吹泡泡)圆形泡泡器吹出来的泡泡是什么形状的?

(二)观察三种不同形状的铁丝环泡泡器,进行猜测记录

这些泡泡器是什么形状的?

用三角形(正方形)泡泡器能吹出什么形状的泡泡呢?

请把你的想法记录在记录纸上。如果猜圆形泡泡器吹出来的是圆形泡泡,就在筐里拿出圆形标签纸粘贴在小问号对应的格子里。

(三)实验验证并记录

小朋友的猜想都不一样,这些泡泡器吹出来的泡泡到底是什么形状的呢?我们来试一试就知道了。

请分别用三种泡泡器吹泡泡,看看用不同形状的泡泡器吹出来的泡泡是什么形状的。把你们观察到的结果用标签纸粘贴记录在记录纸上。

(四)交流实验结果

说说你是怎么实验的,结果怎么样?和你想的一样吗?

小结:原来,用三角形、正方形、圆形的泡泡器吹出来的泡泡都是圆形的,泡泡的形状和泡泡器的形状没有关系。

方方和圆圆

❋ 主题目标

1. 观察方形和圆形，了解方形、圆形的特征，知道方形和圆形在日常生活中运用普遍，对周围环境中物体的形状感兴趣。
2. 积累分类、对应、数数、配对等粗浅易懂的数学经验。

📄 主题活动一览表

主题	形式	活动名称	活动目标	侧重领域与涉及领域
方方和圆圆	集体学习活动	认识图形	1. 认识圆形、三角形、正方形，知道它们的名称和基本特征，并能用语言表述 2. 能发现周围环境中圆形、三角形和正方形的实物或实物的某一部分	科学 语言
		快乐做饼干	1. 初步了解饼干的制作材料和制作程序，尝试将饼干制成自己喜欢的形状 2. 感知面团的可塑性，对面团变化的各种形状感兴趣 3. 体验劳动带来的快乐与喜悦	艺术 科学 社会
		方脸和圆脸	1. 理解故事内容，感受故事的幽默，知道方形、圆形的物体各有其用处 2. 乐意观察，大胆表述对周围物体形状的认识	语言 科学
		纽扣大集合	1. 欣赏不同的纽扣，学习将纽扣分类，复习按点数取物（5以内） 2. 发展图形分类能力，体验数学操作活动的快乐	科学 艺术
		方方和圆圆的故事	1. 尝试运用圆形、方形等形状的物体进行印画，描绘自己喜欢的物体，加深对图形的认知 2. 乐意想象，体验创作活动的愉快	艺术 科学

续表

主题	形式	活动名称	活动目标	侧重领域与涉及领域
方方和圆圆	备选集体学习活动	递增和递减	1. 在操作中认识理解数量递增、递减的关系 2. 比较物体的长短,能找出最长和最短的物体	科学
	个别、小组学习活动	益智区	了解图形棋的玩法,尝试下图形棋,巩固对图形特征的认识	
		美工区	1. 尝试用扭扭棒造型,制作"眼镜",巩固对图形的认识 2. 尝试用圆形、方形等形状的物体进行印画,描绘自己喜欢的物体 3. 欣赏不同的纽扣,尝试用铅丝自制纽扣花	
		科学区	1. 能根据大小、形状、有无螺纹等特征对瓶子、盒子和盖子进行匹配,尝试拧紧瓶盖,掌握拧的动作 2. 给图形分类,巩固对图形特征的认识	

环境创设与区域设置

环境创设

在班级环境中投放圆形、三角形、正方形的物体以及操作材料等。

区域设置

⊙益智区投放图形棋

骰子:正方体,6个面分别画有圆形、正方形和三角形。

棋谱:正方形、圆形、三角形或其他形状的图片或物体图片以环形或其他形状排列,标明起点和终点。

玩法:幼儿掷骰子,抛到什么图形,棋子行至离行进方向最近的相同图形的物体的图片上。多人玩时幼儿轮流掷骰子,先到达终点者获胜。

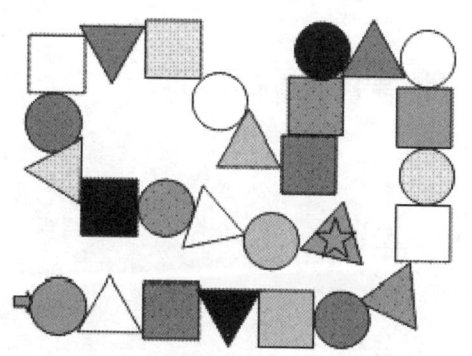

⊙美工区

1. 投放扭扭棒、用扭扭棒制成的眼镜范例供幼儿制作眼镜。

2. 提供各种不同颜色的纽扣、铅丝以及纽扣花范例,请幼儿制作纽扣花。

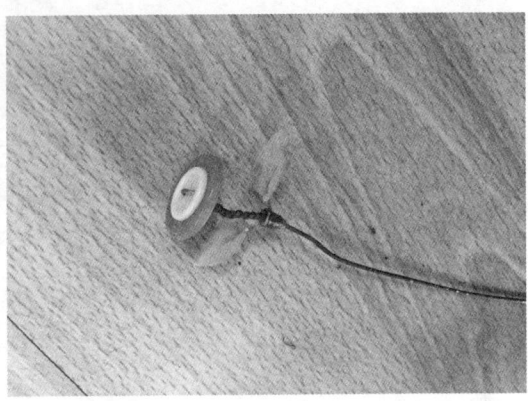

3. 提供形状不同的物体、颜料,让幼儿印画。

⊙科学区

1. 提供各种不同的瓶子、盖子、盒子,请幼儿进行瓶子、盖子、盒子的匹配。
2. 提供大小、颜色、形状不同的图形卡片,请幼儿分类。

日常活动

日常活动

在日常活动中引导幼儿观察周围物体的形状,在吃点心时引导幼儿观察点心的形状。

家长工作

请家长帮助收集不同颜色、形状、大小的纽扣、瓶子、盒子。

集体学习活动方案

活动 1:认识图形

活动目标

1. 认识圆形、三角形、正方形,知道它们的名称和基本特征,并能用语言表述。
2. 能发现周围环境中圆形、三角形和正方形的实物或实物的某一部分。

活动准备

   1. 圆形盘子、正方体盒子、三角形积木若干。

   2. 白纸、铅笔。

   3. 圆形物体若干。

活动过程

   （一）认识圆形

   （出示圆形盘子）这是什么形状的？

   老师把它拓画下来，看看是不是圆形的？

   桌子上还有很多圆形的东西，请你看一看、摸一摸它的边缘是怎样的？摸的时候有什么感觉？

   你还在什么地方看到过圆形的东西？

   （二）认识正方形

   （出示正方体盒子）这是什么形状的？把它拓画下来，是正方形的吗？

   请你看一看、摸一摸正方形的物体，感觉和圆形的一样吗？你发现了什么？

   小结：正方形有四个角、四条边，边缘是封闭的。

   还有哪些正方形的物体？

   （三）认识三角形

   （出示三角形积木）这又是什么形状的？拓画下来看看。

   请你也拿一块三角形的积木，看一看、摸一摸，感受一下。你发现了什么？三角形和正方形有什么不一样？

   小结：三角形的边缘也是封闭的，但它只有三个角、三条边。

   （四）游戏：找图形

   1. 把三种形状的物品都放到布袋里面去，请用摸一摸的方法找出老师说的图形。老师说三角形就摸出三角形的物品，并说说三角形是怎样的。

   2. 和你的好朋友一起玩一玩这个游戏，一个说，一个摸。

活动 2：快乐做饼干

活动目标

1. 初步了解饼干的制作材料和制作程序，尝试将饼干制成自己喜欢的形状。
2. 感知面团的可塑性，对面团变化的各种形状感兴趣。
3. 体验劳动带来的快乐与喜悦。

活动准备

1. 《小朋友的书·数学》。
2. 磁带、录音机。
3. 饼干模具、点心盘、烤箱、大面团、葡萄干、管状巧克力炼奶。

活动过程

（一）认识形状不同的饼干，激发制作饼干的兴趣

老师带来了很多饼干，都是我自己做的。请小朋友们看看，都有些什么形状的饼干？想不想尝一尝？（每人品尝一块）你吃了什么形状的饼干？

这么好吃又有趣的饼干是怎么做出来的呢？

想不想自己做一做饼干？

（二）了解制作饼干的方法

这是个调皮的面团，它可会变了，团一团之后变成了什么？压一压之后又变成了什么？圆形的饼干就是这么做成的。

三角形和正方形的饼干又是怎么做的呢？看，我们有神奇的饼干模具。把面团压一压，用小模具用力地压下去，把模具周围的面团清除，小饼干就做好了。

最后，在饼干上撒点葡萄干或巧克力炼奶，把它送进烤箱，等着香香的饼干出炉吧。

（三）尝试制作饼干

你想做什么形状的饼干？要做几个？一起来试一试吧！（播放《饼干歌》）

你做了什么形状的饼干，做了几个？

（四）品尝饼干

吃着自己亲手做的饼干，感觉怎么样？

自己做的饼干真好吃，是的，享受自己的劳动成果，感觉是很棒的。把多余的饼干带回家和爸爸妈妈分享吧。

活动 3：方脸和圆脸

活动目标

1. 理解故事内容，感受故事的幽默，知道方形、圆形的物体各有其用处。
2. 乐意观察，大胆表述对周围物体形状的认识。

活动准备

1. 挂图 34 号。
2. 《小朋友的书·数学》，磁带、录音机。

活动过程

（一）观察图片，激发活动兴趣

山脚下住着一户人家，我们一起来看看这户人家里住着谁。

老公公和老婆婆长得什么样？

（二）完整欣赏故事，理解故事内容

1. （教师讲述故事一遍）方脸公公喜欢什么东西？圆脸婆婆喜欢的东西和他喜欢的一样吗？圆脸婆婆喜欢什么？

我们教室里有什么东西是方脸公公喜欢的？

如果圆脸婆婆到你家来做客，她会喜欢你家的什么？

2. （教师逐幅出示挂图，再次完整讲述故事）老公公和老婆婆要分家，老公公想要什么？老婆婆呢？

老公公和老婆婆到底分家了没有？为什么他们不分了？

原来圆有圆的用处，方有方的用处。就像方脸老公公和圆脸老婆婆不能分家一样，方和圆缺了哪一个，都发挥不了作用。

（三）阅读《方脸和圆脸》的故事

（播放录音，观察图片，阅读故事）我们周围还有哪些东西是圆的？有哪些东西是方的？如果把它们分开会怎样？

重构孩子的世界——幼儿园经典主题活动创新设计·小班

活动 4：纽扣大集合

活动目标

1. 欣赏不同的纽扣，学习将纽扣分类，复习按点数取物（5以内）。
2. 发展图形分类能力，体验数学操作活动的快乐。

活动准备

1. 大小、形状、颜色、洞眼数量不同的纽扣。
2. 操作图片、分类盒、细绳。

活动过程

（一）欣赏不同的纽扣，感知纽扣的美和多样性

小朋友们带来了各种各样的纽扣，我用这些纽扣开了一家店，请到我的纽扣店里来参观，看看我的纽扣店里有些什么样的纽扣。

你在纽扣店里看到了什么样的纽扣？它们一样吗？

这些纽扣的大小、形状、颜色都是不一样的。

（二）分类操作

粗心的店员把我店里的纽扣都混在一起了，你们能不能帮帮我把这些纽扣分开来？（请幼儿操作）

把分好的纽扣拿上来给大家看看，你是怎么分纽扣的？是按照什么分的？谁和他一样是按照颜色（形状、大小、洞眼）不一样分的？（教师用简笔画记录幼儿的分类方法）有没有不一样的分法？

把纽扣送到店里，再将它们混在一起，试一试不一样的分法。

（请幼儿互相交流）你第一次是用什么方法分的？第二次呢？

活动 5：方方和圆圆的故事

活动目标

1. 尝试运用圆形、方形等形状的物体进行印画，描绘自己喜欢的物体，加深对图形的

认知。

2. 乐意想象,体验创作活动的愉快。

活动准备

1. 《小朋友的书·美工》。

2. 方形、圆形等形状的玩具与物品若干,每组一份。

3. 水彩笔、记号笔、油画棒、已调好的水粉颜料、擦手毛巾、范例图片。

活动过程

(一)观察范例,激发活动兴趣

出示范例图片(毛毛虫、小花、房子、汽车等的图片),引导幼儿观察图片之间的组合。

提问:图形宝宝聚在一起变魔术了,它们在一起变成了什么?猜猜是怎么变出来的?

(二)观看教师示范,了解印画的方法与要求及需要用到的作画工具

它们是怎么变魔术的呢,请你们仔细看、仔细听。

先拿上一个玩具轻轻地蘸上颜料,印在纸上,纸不能动。如果你们想换一种颜料,要先把玩具上剩余的颜料用抹布擦干。

桌子上有各种玩具和作画工具,它们分别是什么形状的?想一想它们可以印画成什么?

(三)尝试印画

想不想试一试?你可以用一种玩具印画,也可以用多种形状的玩具组合印画,印好后也可以在作品上添画。

(四)展示作品、欣赏同伴作品

说说自己的作品,看看朋友的作品,你们更喜欢哪一幅?为什么?

活动 6:递增和递减

活动目标

1. 在操作中认识理解数量递增、递减的关系。

2. 比较物体的长短,能找出最长和最短的物体。

活动准备

1. 《小朋友的书·数学》,磁性教具(逐一递增的木棒图片、逐一递增的长方体积木。

2. 1~5的数字卡片。

3. 每人一些长短、颜色不一的木棒,能力较强的幼儿4根,能力较弱的幼儿3根。

活动过程

(一)理解物体数量的递增关系

(教师在黑板上放上1根木棒)老师刚才在黑板上摆了几根木棒,可以用数字几表示?(在木棒左侧放数字1)

第二排的木棒比第一排多几根?第三排的木棒又比第一排多几根?(换排另起,依次用同样的方式摆放2、3根木棒)

想一想,第四排应该放几根木棒?为什么?第五排呢?(教师摆放第四排、第五排的木棒)

从上往下看,你发现了什么?

小结:木棒越来越多,队伍越来越长了,下面一排比上面一排多1根木棒,上面一排比下面一排少1根木棒。这样的排列方式我们叫它递增。

哪一排最长?哪一排最短?

请你们也来试着摆一摆。

(二)理解物体数量的递减关系

同上方法教师依次摆放5排木棒,每排依次放5、4、3、2、1根木棒。

现在和刚才一样吗?说说你的发现。

小结:木棒越来越少,数字越来越小。下面一排比上面一排少1根木棒,上面一排比下一排多1根木棒。这样的排列方式叫递减。

哪排最短?哪排最长?

你们也用木棒来摆一摆,这次要越来越少。

(三)给木棒排队,比较长短

1. 使用木棒操作。

小朋友每个人也有一份木棒,有的长,有的短,请将你的木棒按照从长到短的顺序排排队。

排在第一的是什么颜色的木棒?

哪根木棒最长?哪根木棒最短?

还可以怎么排呢?请把它们按从短到长的顺序排排队,最短的排在最前面。

2. 使用课本操作。

请取下书上的操作页,我们来玩玩递增和递减的排列游戏。

热乎乎的夏天

主题说明

　　灼热的阳光,葱茏的草木,速来速去的骤雨,释放着无限的活力。池塘里的荷花绽放着清丽的笑颜,一派"接天莲叶无穷碧,映日荷花别样红"的景象。蓝的天、白的云、绚丽的彩虹……缤纷的色彩把周围的角角落落都填满了;脆亮的蛙鼓、知了聒噪的叫声、蚊虫嗡嗡的恼人的低吟、婉转的鸟鸣……丰富的声响把轻飘飘的空气都充盈了。这一切,也悄悄地向幼儿传递着一个信息:炎热、美丽和快活的夏天来了!

　　子主题一"虫虫飞"主要包含"各种各样的小飞虫""我和虫虫一起玩""我也变成虫虫飞"三块内容,意在让孩子们通过观察,了解各种小飞虫的特点,感受夏季活跃的各种虫类,并交流对飞虫的认识,知道在夏天里要更加讲卫生。

　　子主题二"清洁宝宝"旨在让幼儿在有趣的童话故事和儿歌中,懂得爱清洁、讲卫生的重要性,萌发要主动喝水等保护自己身体健康的意识,在活泼快乐的游戏和日常生活中,提高自己爱清洁、讲卫生的意识。

　　子主题三"夏天真好玩"联系了幼儿的生活经验,引导幼儿感知夏季炎炎的烈日、骤降的暴雨和闷热的天气。在体验夏季大自然威力的同时,引导幼儿去发现夏季的神奇和美丽:感受夏日太阳的顽皮,听听夏日里的风声、雨声和雷电声;看看池塘里盛开的荷花;找找树上鸣叫的知了;尝尝地里甜甜的西瓜等。夏天是炎热的,也是多姿多彩的,夏天给幼儿带来了无穷乐趣:可以吃到好吃的冰激凌,可以穿漂亮的花裙子，可以一起玩"荷花荷花几月开"的游戏，更可以尽情地玩水、游戏，还可以寻找纳凉的地方，尝试解暑的办法……正是在夏季特有的活动中，幼儿积累着有关夏日的生活经验，表达着自己对夏日独特的认识和感受。

　　以幼儿感兴趣的夏季特征、夏季生活为主线，让幼儿充分观察夏天，表达对夏天的认识，尽情地享受夏天带给他们的快乐和惊喜的同时，教师也可以引导幼儿与环境展开交流和对话，提高孩子自身的感受能力，让孩子度过一个健康、快乐的夏天。

　　本主题共有三个子主题（虫虫飞、清洁宝宝、夏天真好玩），刚开始我们对主题"虫虫飞"有一定的争论，可是通过讨论和交流，我们觉得夏天有很多常见的小虫子，特别是比较常见的几种昆虫：蜻蜓、知了，还有让人讨厌的蚊子、苍蝇等，于是，决定对"虫虫飞"这一内容进行调整和筛选后放进主题中。在热乎乎的夏天中，有很多的小飞虫，因此在夏天里我们更要注意搞好自己的卫生，所以我们安排了第二个子主题"清洁宝宝"。夏天里还有什么有趣的事呢？小班孩子年龄小，我们安排"夏天真好玩"这个子主题，就是要让他们记住在炎热的夏天中还有很多值得我们去喜欢的东西。

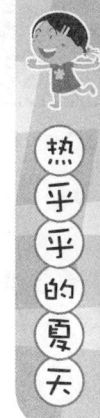

主题目标

1. 了解夏天常见的几种小飞虫,乐于发现它们的特点。
2. 体验与各种小飞虫嬉戏带来的乐趣,感受交流与表现的快乐。
3. 在活动中自然表达"我想飞"的愿望,初步培养乐于交往的积极情感。

主题活动一览表

主题	形式	活动名称	活动目标	侧重领域与涉及领域
虫虫飞	集体学习活动	夏天的知了	1. 了解知了的外形特征和鸣叫特点 2. 懂得在别人休息的时候要保持安静的道理	科学 社会
		亮晶晶	1. 倾听并理解儿歌,发现萤火虫夜间发光的特点 2. 愿意与同伴共同朗诵并用涂画的方式表现儿歌	语言 艺术
		虫儿飞	1. 乐于学习歌谣,感受歌曲优美、轻柔的旋律 2. 学看图片,理解歌词含义,尝试用优美轻巧的声音唱歌 3. 能唱准八分音符,并在理解歌曲内容的基础上有感情地唱歌	艺术 健康
		数点点	1. 感知5以内的数量能按点子卡匹配相应数量食物的图片 2. 乐意参与活动,体验数学活动的乐趣	科学 社会
		我也可以飞	1. 安静倾听故事并乐意跟说重复语句 2. 初步萌发"我也可以飞"的自信	语言 社会
	备选集体学习活动	小蜻蜓	认识蜻蜓,知道它的名称、生活习性及与人们生活的关系	科学 语言
		捉迷藏	1. 学习正确运用方位词:里外、上下 2. 能大胆地讲述,提高口语表达能力 3. 体验游戏带来的愉悦感	科学 社会

续表

主题	形式	活动名称	活动目标	侧重领域与涉及领域
虫虫飞	个别、小组学习活动	科学区	通过放大镜或昆虫盒观察昆虫的身体部位,了解昆虫的外形特征	
		语言区	用语言表达自己知道的昆虫的特征,并能根据要求完成简单讲述	
		美工区	综合运用剪、撕、贴、印、画等方式表现可爱的昆虫的形象	
		表演区	在故事、歌曲、建构等形式的表演中运用动作、表情、声音等表现昆虫的形象	
	规则游戏活动	来来往往	在采蜜过程中,学习"往返跑"的转身要领,提高往返跑的质量	
		拍拍跳跳	在游戏中感受纵跳触物的乐趣	
		勤劳虫	在游戏中发展孩子走跑交替的能力	
		点点飞	巩固幼儿对昆虫的名称和飞行特征的认识	

环境创设与区域设置

环境创设

⊙主题墙

在开展"虫虫飞"主题活动时,我们可以将主题看板布置成夏天里大自然的环境,有草地、花、大树、太阳以及各种各样、各种形态的昆虫朋友。其中的大环境背景如:草地、大树、花、太阳等由教师创设,而主要角色——各种各样的昆虫则可以由幼儿来绘画和布置,可借助各种信息逐步丰富主题墙,如小飞虫生长和生活的图片、照片;幼儿在园教学活动或园外亲子活动中可融入相关探究资料,从而向幼儿清晰、动态地反映出主题发展的过程。

⊙展示区

教师可收集小飞虫玩具、标本,或者也可利用幼儿绘画、制作的相关作品,自制各种飞虫悬挂物,借助纸盘等载体串起来,悬挂在室内、走廊等处,既能富有情趣地展示,又美化了活动空间。

区域设置

⊙科学区

1. 收集各种常见小飞虫的标本或者图片,提供放大镜,让幼儿观察小飞虫的外形和翅

膀等特征。

2. 提供飞虫模型底板（底板中画有小飞虫的图案）和翅膀（与底板中翅膀外形图案需吻合），让幼儿进行飞虫翅膀的匹配。

3. 提供蜻蜓演变过程图，让幼儿简单了解从卵到幼虫到蜻蜓的变化过程。

⊙语言区

1. 幼儿可根据生活经验将小飞虫教具粘贴在背景图中，并运用"小飞虫在……"的句式说说小飞虫所在的具体方位。这样既发展了语言能力，又能增进幼儿对小飞虫的了解。

材料：常见小飞虫简图教具若干（同种小飞虫数量保证在10只左右）、生活场景的背景图一幅（包括公园、幼儿园、家庭等大环境和厕所、花盆、垃圾桶等小环境）。

开展"我和虫儿捉迷藏"的游戏。

2. 提供与常见与小飞虫相关的书籍，满足幼儿对小飞虫的探究意愿。

3. 根据材料找到相应的昆虫，并说说相关的昆虫知识。

准备若干楼层的"虫虫屋"，各楼层墙纸外标有"？"，引发幼儿的探索兴趣。幼儿打开墙纸，内有某一飞虫的相关教学图片等信息。另根据教学内容提供相应的小飞虫奖励标志若干。教师引导幼儿回顾小飞虫的相关信息，并将小飞虫奖励标志贴于相对应的楼层的墙面上，引导幼儿自主回顾主题内容。同时，可单设"神秘楼层"，鼓励幼儿阅读与主题相关的书籍，将教学外认识的小飞虫信息增补到该楼层，进行拓展性学习。

⊙美工区

1. 教师布置"虫虫海报展"，供幼儿呈现不同方式作画的作品。

2. 对对碰（对称印画）：先把画纸对折（其中一边画纸有半个蝴蝶的轮廓），在其中一边画纸的轮廓上用海绵蘸颜料涂色,最后把画纸沿折线合拢压一压,打开后就能变出一只完整的蝴蝶了。

3. 点灯笼(手指点画):请幼儿用手指蘸黄色颜料在黑色卡纸上点画圆点,一边点画一边哼唱歌曲《萤火虫》,用点灯笼的方法让黑黑的夜晚变得明亮起来。

4. 圆点点(撕贴画):提供简笔画小瓢虫(身上贴有少量圆形纸片)半成品若干,彩纸若干(上面画有圆形的轮廓)。用食指和拇指沿着圆形的轮廓线撕,然后涂上固体胶装扮小瓢虫。

5. 虫虫加工厂:提供各色纸张、颜料、油画棒、排刷等工具材料以及垃圾袋、布料等废旧材料,让幼儿制作头饰、翅膀等简易的表演道具。

⊙表演区

1. 虫虫音乐会:布置展台,提供各种小飞虫头饰、图谱、道具、服装,请幼儿表演歌曲、儿歌、故事、虫虫时装秀等。

2. 虫虫聚会:在建构区展示台上拼插蝴蝶、蜻蜓、甲虫等图案,供幼儿欣赏和模仿。

日常活动与游戏

日常活动

⊙户外活动篇:寻找小飞虫

准备捉虫的小网兜和透气瓶,户外活动时老师带着孩子们去操场或者小花园,组织幼儿寻找、捕捉小飞虫。通过观察、比较发现不同的小飞虫的主要特征。重点是引导幼儿细致地观察发现的飞虫的外形特点和身体结构。

⊙课间休息篇:小飞虫书签

幼儿通过对称印画、手指点画、撕贴画等方式自制小飞虫书签,老师帮忙进行塑封处理,然后用打洞机打洞,请小朋友自己在书签上穿一根线,在老师的帮助下打结完成制作。可以把书签送给自己喜欢的人,也可以用来布置主题墙。

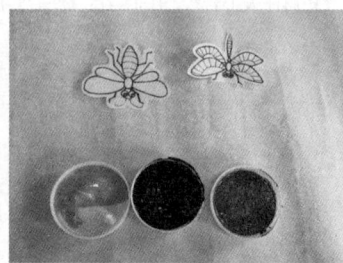
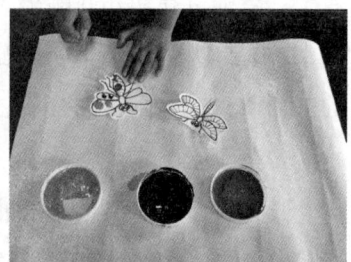

⊙过渡环节篇：虫虫特工队

幼儿围坐在一起,准备许多昆虫的图片,出示其中一张请一位幼儿看看并说说这种昆虫的外形特征,请其他幼儿来猜猜是哪一种昆虫,最后公布正确答案。主要目的是引导幼儿用语言描述昆虫。

⊙亲子活动篇：虫虫的时装秀

请爸爸妈妈一起参与活动,用各种材料制作昆虫外形的帽子或者上衣,把宝宝打扮成可爱的小虫虫,并进行"T台秀",看看哪个虫虫宝贝最时尚最可爱。

⊙晨间谈话篇：讨厌的嗡嗡声

跟幼儿一起谈论被蚊子咬的经历,说说为什么自己会被蚊子咬以及是在哪里被咬的,知道在户外草丛中玩耍时容易被蚊子咬,出汗时也很容易被蚊子咬。接着引导幼儿说一说被蚊子咬了以后会怎么样。然后大家讨论预防蚊虫叮咬的好方法,如涂抹药水、带防蚊圈、穿薄的长袖衣裤、扇扇子、尽量不要让自己出汗等。

游戏

⊙来来往往

提供塑封后的小蜜蜂图片,贴在幼儿胸前;提供制作好的大花,花蕊用小纸团来替代。先引导幼儿两手打开,侧平举,并做上下舞动状,学小蜜蜂飞舞。待幼儿将飞舞动作学会后,带领幼儿学小蜜蜂采蜜(要求幼儿从花蕊上取下一小颗纸团),再把蜜运回家(学习将纸团粘在蜂蜜上)。重复游戏2次,在第2次玩时鼓励孩子多采一些蜜(从花蕊上取下2～3小颗纸团)。

⊙拍拍跳跳

提供蚊子和苍蝇的塑封图片若干,用细绳吊起来挂到一定高度。

先引导幼儿做膝盖弯一弯,两条腿用力蹬地,身体向上,手臂升高,拍打"蚊子"和"苍蝇"的动作。然后玩"走走拍拍"的游戏,一边走一边拍手(听到音乐"嗡嗡"就用双手拍),待幼儿熟悉后将拍手动作改成跳(听到音乐"嗡嗡"就跳起来拍"蚊子"和"苍蝇"),重复玩游戏2次。

⊙勤劳虫

提供盆栽若干作为花丛,间隔摆放。小朋友学小甲虫浇水,快快地飞到花丛边,然后绕着花丛走一圈,慢慢给花朵浇水,再快快地走到下一个花丛边,再慢慢地绕着花丛走一圈并浇水。

⊙点点飞

请幼儿围坐在一起,先请大家说说自己认识的昆虫的名称和飞行的样子,大家一起模仿各种虫子飞一飞,然后从老师开始说"点点我的小虫虫,请你和我一起飞,变成蝴蝶飞一飞",

热乎乎的夏天

左右前后飞两次以后再请被点到的小朋友来当小老师,念儿歌点新的小朋友,以此类推。

家长工作

1. 带孩子到公园、花坛等小飞虫经常出没的地方,和孩子共同观察、讨论小飞虫,丰富幼儿的感性经验,激发孩子对小飞虫的观察兴趣。

2. 与孩子合作设计"虫虫海报"。通过对称印画、手指点画、撕贴画、拼贴画、涂色画等方式,表现各种各样的小飞虫,并带到幼儿园里进行展示。

3. 与孩子共同完成"虫虫记录表",引导孩子用图文并茂的方式在记录表上记录发现虫虫的地点以及虫虫的名称、特征等相关信息。

4. 以亲子活动的方式参加春游,选择公园或者植物园等易于观察、拍摄小飞虫的地点拍摄小飞虫,参与"飞舞的小精灵"主题摄影展;同时开展与小飞虫相关的亲子类游戏,如"虫虫飞""哎哟喂""快快飞"等,体验亲子游戏的快乐,增进亲子间的感情。

附:虫虫记录表

虫虫的名称		虫虫的翅膀	虫虫的家
学名	俗名	画一画	说一说	找一找
蝉	知了	(形状、图案等主要特征)	像"赛车"……	树林里……

集体学习活动方案

活动1:夏天的知了

活动目标

1. 了解知了的外形特征和鸣叫特点。

2. 懂得在别人休息的时候要保持安静的道理。

活动准备

课件。

活动过程

（一）说一说：知了

1. （教师打开课件，点击知了）小朋友，听一听，这是谁发出的声音？

2. 教师播放有关知了的视频，让幼儿欣赏。

3. 知了又叫蝉，是夏天特有的一种昆虫，它一般生活在树上，会发出"吱吱"的鸣叫声。

（二）欣赏儿歌：知了

1. 老师念儿歌，请幼儿从整体上欣赏儿歌。

2. 小朋友，为什么说"知了真不好呢"？

3. 因为知了的叫声听起来很像"知了、知了"，所以我们以为它在说"知道了"呢！

（三）评一评：谁做得对

1. 教师点击课件，呈现四幅图画。

小朋友，妈妈在睡觉的时候，知了总在吵，知了不好。那你们看看下面的几幅图里，小朋友在午睡的时候谁做得不好，谁做得好呢？

2. 教师逐一点开四幅图呈现动画，请幼儿判断：图中的小朋友在做什么，这样做对吗？

3. 根据幼儿的回答将小红花拖放到做得对的图中，验证正误。

4. 在别人休息的时候我们不能学夏天里的知了，打扰别人，应该安静地做事，不要打扰别人休息。

活动 2：亮晶晶

活动目标

1. 倾听并理解儿歌，发现萤火虫夜间会发光的特点。

2. 愿意与同伴共同朗诵并用涂画的方式表现儿歌。

活动准备

1. 画有白点表示萤火虫的黑色卡纸。

2. 挂图。

3. 磁带和CD。

活动过程

(一)观察挂图,了解萤火虫夜间会发光的特点

1. 请小朋友看一看,这些小虫身上有什么特点?(教师手指萤火虫发光的身体)对,这些小虫会发光,你们知道它的名字吗?

2. 小小萤火虫,飞到西,飞到东……(自然哼唱歌曲第一段)

(二)学习儿歌

1. 欣赏儿歌。

萤火虫在夏天的夜晚出现,播放歌曲《萤火虫》:萤火虫,亮晶晶,好像会飞的小星星……(教师自然朗诵儿歌一遍)

萤火虫一般在什么时候出现?请小朋友们再听一听儿歌,萤火虫像什么?(教师再一次朗诵儿歌)

2. 理解儿歌。

儿歌中说萤火虫像什么?(根据幼儿回答,运用儿歌语句自然回应)

为什么说萤火虫像小星星?(结合挂图)萤火虫会发光,所以像小星星。萤火虫不但会发光还会飞,所以像会飞的小星星。我们一起用儿歌里的话夸夸它:"萤火虫,亮晶晶,好像会飞的小星星。"

儿歌中还说萤火虫像什么?我们一起用儿歌里的话夸夸它:"萤火虫,点点红,好像盏盏小灯笼。"

(三)学念儿歌

请小朋友和老师一起说说萤火虫像什么。

请小朋友和老师一起完整地用儿歌夸夸萤火虫。(师幼完整念儿歌2～3遍)

请小朋友自己夸夸萤火虫。(教师动作提示,幼儿独立念儿歌2～3遍。)

(四)练习儿歌

1. 教师示范练习。

教师边念儿歌边用黄色油画棒演示画萤火虫的方法。

2. 幼儿尝试练习。

请小朋友也来说一说、画一画。(播放歌曲《萤火虫》)

(五)拓展延伸

可将示范用的挂图和情景练习画纸张贴在语言区,供幼儿继续说说、画画。

附:儿歌

萤火虫

小小萤火虫,飞到西,飞到东,这边亮那边亮,好像许多小灯笼。

萤火虫,亮晶晶,好像会飞的小星星。

萤火虫,点点红,好像盏盏小灯笼。

活动 3:虫儿飞

活动目标

1. 乐于学习歌谣,感受歌曲优美、轻柔的旋律。

2. 学看图片,理解歌词的含义,尝试用优美轻巧的声音唱歌。

3. 能唱准八分音符,并在理解歌曲内容的基础上有感情地演唱。

活动准备

1. 幼儿已掌握 $\frac{4}{4}$ 拍的节奏型。

2. 挂图、CD、节奏卡。

活动过程

(一)预备起势

1. 师幼讨论,什么时候人会打哈欠?

2. 保持打哈欠的状态,练习歌曲《亲爱的回声》。

幼儿起立,身体和头部保持放松,两臂自然下垂,两眼平视,两肩放松,模仿虫儿飞的声音练习发音。

讨论:刚刚你们学习虫儿飞,飞去了哪些地方?

(二)欣赏感受

1. 播放 CD,幼儿欣赏。

歌曲中虫儿飞去了哪里,你还在歌曲中听到了什么?

2. 请幼儿表达感受,教师提炼 $\frac{4}{4}$ 拍节奏型优美、舒缓的特点。

(三)情境感应

1. 出示节奏型卡 × ×× × × | × — × —|,引导幼儿做动作。

2. 教师出示挂图,引导幼儿说出"黑黑的天空,亮亮的繁星,虫儿在飞"的场景。

(四)学唱歌曲

1. 教师出示挂图,请幼儿一边学歌一边划指,规范歌词及节奏。

教师引导幼儿伸出食指划指,第一遍请幼儿看教师示范;第二遍请幼儿与教师一起划指。

2. 教师钢琴伴奏,幼儿分句学唱。

(五)延伸变式

请幼儿讨论歌曲共有几部分,引导幼儿分男孩和女孩分别唱第一、第二部分,合唱第三部分。

(六)结束活动

1. 请幼儿利用课余区角时间画一画歌曲中的情景并适当创编。

2. 全班幼儿随音乐做小虫飞的动作结束活动。

附:歌曲

虫儿飞

电影《风云雄霸天下》插曲

林 夕词
陈光荣曲

1=F 4/4
稍慢

3 3 3 4 5 | 3 — 2 — | 1 1 1 2 3 | 3. 7 7 — |
黑 黑 的 天 空 低   垂, 亮 亮 的 星 星 相   随,
天   上 的 星 星 流   泪, 地 上 的 玫 瑰 枯   萎,

6 3 2 — | 6 3 2 — | 6 3 2. 1 | 1 — — — :||
虫 儿 飞   虫 儿 飞, 你 在 思 念 谁?
冷 风 吹   冷 风 吹, 只 要 有 你 陪。

3 2 5 — 4 3 | 2 — 5 4 3 2 | 5. 3 2 — | 6 3 2 — |
虫 儿 飞 花 儿 睡, 一 双 又 一 对 才 美   不 怕 天 黑,

6 3 2 — | 4 3 4 3 1 — | 4 3 4 3 1. 2 | 1 — — — ||
只 怕 心 碎,   不 管 累 不 累,   也 不 管 东 南 西 北。

活动 4:数点点

活动目标

1. 感知 5 以内的数量,能按点子卡匹配相应数量食物的图片。

2. 乐意参与活动,体验数学活动的乐趣。

活动准备

1. 胸前有兜兜的绿色围裙,供幼儿系上扮毛毛虫。

2. 与故事内容数量相应的食物小图片若干,根据故事制作的大图书一本,1～5点子卡,毛毛虫贴画,纱巾若干条,欢快的音乐伴奏带。

活动过程

(一)游戏导入 —— 激起兴趣

今天天气真好,毛毛虫们快到草地上来玩吧!

(在欢快的音乐伴奏下,师生一起模仿毛毛虫快乐地在草地 —— 绿地毯上爬行、嬉戏,教师不时地用头轻轻触碰幼儿的头或将脸轻轻地贴近幼儿的脸,并大声地招呼:"你好!""你真可爱!"…… 在教师的感染下,幼儿也快乐地相互碰碰头、贴贴脸,整个气氛轻松、快乐而友好)

(二)寻找食物 —— 感知5以内的数

1. 宝宝们肚子有点饿了吧?我们去找些东西吃。

师生在草地上边爬边寻找食物,教师依次在场地上撒小图片(一个苹果 — 两只梨 — 三根香蕉 — 四颗葡萄 — 五片树叶)。根据幼儿在场地上聚集的情况,不断变换着方向向空处撒,保证幼儿有足够的活动空间。

2. 你找到了什么?数数有几个?

赶快把这些好吃的食物吃掉吧。

(教师通过集体、个别提问的形式,引导幼儿观察并手口一致地点数图片中食物的数量,鼓励幼儿大胆表述。此环节中,教师关注的重点应是能力较弱的幼儿,尽可能地鼓励他们大胆尝试,准确点数出图片中食物的数量,获得成功的体验)

(三)欣赏故事 —— 拓展对数量的认知

1. 宝宝们坐下来休息一会儿吧!(幼儿围坐在老师身边)有一条有趣的毛毛虫,它也出来找东西吃,它找到了哪些好吃的东西呢?

2. 师幼共同阅读大图书,教师引导幼儿在看看、说说、数数、猜猜中,巩固对5以内数的认知。

(色彩鲜明、富有童趣的画面深深吸引着幼儿,教师适时地提问:"毛毛虫找到了什么?""有几个?""一起来数一数。"…… 不断引导幼儿去观察和思考,使幼儿的注意力始终追随着故事情节的发展。)

(四)点子卡找朋友 —— 匹配相应数量的食物

1. (出示点子卡,点子卡数代表第×天)毛毛虫第一天吃了什么?第二天又吃了什么?第三天……

2. 操作活动。幼儿每人取一张点子卡,将兜兜中的小图片按数字匹配到卡片中相应点子卡下面的空格里。(图片的反面贴有双面胶,操作时,幼儿只需撕去面纸,即可将图片贴在卡纸上)

3. 活动评价。在操作正确的小朋友的额角上贴上毛毛虫贴画以示奖励,在同伴和教师帮助下完成的幼儿的额角上同样贴上毛毛虫贴画以示鼓励。

(五)毛毛虫变蝴蝶——感受快乐

1. 毛毛虫吃饱了,它找到了一片树叶,趴在上面睡着了。醒来的时候它发现自己变成了一只美丽的蝴蝶。

2. 你们想变成蝴蝶吗?让我们也趴在草地上睡一觉吧。(悄悄地在幼儿背后粘贴上翅膀——纱巾,解开围裙)!

3. 宝宝们,醒来吧!看看你们长出翅膀了吗?

(幼儿惊奇地发现自己真的长出了"翅膀",音乐声中,师幼一起挥舞着"翅膀""飞"出活动室)

活动 5:我也可以飞

活动目标

1. 安静倾听故事并乐意跟说重复语句。
2. 初步萌发"我也可以飞"的自信。

活动准备

《幼儿园体验·探究·交往课程》、磁带。

活动过程

(一)倾听故事前半段,了解故事中的主要角色

1. 倾听故事第1小节并思考:

有一只还没长大的小鸟,它很想飞上天空,它是怎么样对爸爸妈妈说的呢?

小鸟很想飞,可是爸爸妈妈又是怎么说的?

和小鸟比一比,你们觉得自己有没有长大?

2. 倾听故事第2~4小节并思考:

小鸟想和小蚂蚁一样爬树,小鸟说:"我可以,我可以的,我这就去试试看!"

小鸟想和小松鼠一样在树枝上跳来跳去,小鸟说:"我可以,我可以的,我这就去试试看!"

小鸟想和小鼹鼠一样挖地洞,小鸟又说了什么?

小鸟想和小鱼一样游泳,你们觉得小鸟还会说什么?

(二)根据故事情景,学说故事中重复的语句

1. 小鸟还有很多想做的事,它想捉虫子,它可能会对妈妈说什么?

2. 小鸟还想自己筑鸟巢,它可能会对爸爸说什么?

3. 你们有没有想做的事?你们可以怎么对你们的爸爸妈妈说?

4. 小鸟和小朋友一样,有很多想做的事。可结果小鸟什么事都做不了,它心里是怎么想的?我们继续听故事。

(三)倾听故事后半段,理解故事的主要情节

1. 最后小鸟会飞了吗?

2. 请小朋友们再听一次,小鸟最后是怎么学会飞的?

"扑哧!扑哧!"小鸟用力地把翅膀怎么样?我们一起来学小鸟飞一飞。

小鸟终于会飞了,你们高兴吗?你们想对小鸟说什么?

(四)完整欣赏故事,学说重复语句

请小朋友当小鸟,一起说说故事。

(五)尝试运用故事语句进行表达,体验自信的快乐

1. 小鸟慢慢长大,已经学会了飞,小朋友也慢慢长大,你又学会了什么?告诉大家,我们都来夸夸你。

2. 如果你有一件很想做的事情,可以怎么对大人说?

3. 有些事小朋友暂时还不能尝试,比如倒开水,你们知道这是为什么吗?你们觉得还有什么事可以等我们长大了再去尝试?

附:故事

我也可以飞

[法]让罗姆·瑞利亚

"我想要当一只飞鸟!"鸟宝宝嚷嚷道。

"时候还不到呀,孩子。"爸爸妈妈安慰它说,"你现在还太小啦!"

"假如我还太小,当不成飞鸟的话。"鸟宝宝喃喃自语,"那么……"

"……我就去当蚂蚁。"

"可你不是我们蚂蚁呀!"小蚂蚁说,"你看,你能像我一样,在长长的树干上走路吗?"

"我可以,我可以的,我这就去试试看!"

唉,讨厌的树干是那么硬邦邦、直溜溜的!

鸟宝宝遇到了一只小松鼠。

"嘿,松鼠,我来学你好不好?"

"可你不是我们松鼠呀!"小松鼠说,"你看,你能像我一样,从这根树枝跳到那根树枝吗?"

"我可以,我可以的,我这就去试试看!"

哎,树枝与树枝的距离是那么的遥远呢!

可怜的鸟宝宝一下子跌落在小鼹鼠的面前。

"嘿,鼹鼠,我来学你好不好?"

"可你不是我们鼹鼠呀!"鼹鼠说,"你看,你能像我一样,轻轻松松地挖地洞吗?"

"我可以,我可以的,我这就去试试看!"

唉,地底下真的是好黑好黑啊!

鸟宝宝又遇到了一条正在游泳的小鱼。

"嘿,小鱼,我来学你好不好?"

"可你不是我们鱼呀!"小鱼说,"你看,你能像我一样,在海里自由自在地游泳吗?"

"我可以,我可以的,我这就去试试看!"

唉,可怕的浪花一下子就把鸟宝宝的翅膀弄湿了!

我不会像蚂蚁那样在树干上走路,我不会像松鼠那样从这根树枝跳到那根树枝,我不会像鼹鼠那样挖地洞,我不会像小鱼那样在海里游泳……我什么都不会做!

"那么,你愿意试试来学学我吗?"小蜜蜂邀请说。

"可我什么都不会做……"鸟宝宝好伤心哦,"我连飞都不会!"

"你可以的,你一定可以的,你要再试试看哦!"小蜜蜂鼓励它说。

扑哧!扑哧!

扑哧!扑哧!扑哧!

"我要当蜜蜂,我要当蜜蜂!"鸟宝宝大声喊着。

"不,孩子。"爸爸妈妈大声说,"你已经是一只飞鸟啦!"

活动 6:小蜻蜓

活动目标

认识蜻蜓,知道它的名称、生活习性及与人们生活的关系。

活动准备

课件、橡皮泥、飞机模型。

活动过程

(一)猜谜语

今天老师给小朋友们带来了一个谜语,请你们猜猜它是谁。"头上两只大眼睛,身体细长轻又轻,长着翅膀空中飞,专捉害虫有本领。"它是谁呢?你们见过蜻蜓吗?它是什么样子的?请小朋友们互相说一说。

(二)观察图片

1. 观看课件中的图片,教师讲解蜻蜓身体各部分的名称:蜻蜓头上有两只大大的眼睛,身体又细又长,长着两对透明的翅膀,有六条腿。

2. 分发给幼儿每人一份橡皮泥,按照蜻蜓的身体部位来捏一捏。增强幼儿对蜻蜓的认知。

3. 请小朋友们说说在哪里见到过蜻蜓。幼儿看图片,教师讲解:蜻蜓喜欢生活在池塘边或小河边。这张图片中的蜻蜓在干什么?

那你们觉得它是在玩吗?不,它不是在玩,它是在产卵呢!它飞翔时用尾部触碰水面,把卵排出,幼虫在水中发育,慢慢变成蜻蜓。

(三)与人们生活的关系

1. 谜语中有这样一句话:专捉害虫有本领。那么蜻蜓会捉哪些害虫呢?幼儿先说一说,最后老师结合图片总结:蜻蜓专捉一些蛾、蝶、苍蝇和蚊子之类的小昆虫,它属于肉食类昆虫,特别爱吃蚊子,所以它是我们人类的好朋友,我们要保护它,不能把它捉来玩。那么,如果看到有小朋友在玩蜻蜓,你们应该怎么做?

2. 蜻蜓的飞翔能力很强,有的蜻蜓能飞很远,飞机设计师根据这一特点,仿照蜻蜓的身体结构制造了飞机,飞机的速度是现有的交通工具里最快的。老师今天带来了一个飞机

模型,小朋友们看一看,是不是和蜻蜓很像呢?(引导幼儿观察飞机模型,并和蜻蜓做对比)

(四)结束

教师小结,带幼儿到操场上玩蜻蜓捉害虫的游戏。

活动 7：捉迷藏

活动目标

1. 学习正确运用方位词里外、上下。
2. 能大胆地讲述,提高口语表达能力。
3. 体验游戏带来的愉悦感。

活动准备

1. 创设情境:可活动的小飞虫若干,布置在房子、树、小桥、草地的场景中。
2. 飞虫头饰若干。

活动过程

(一)创设情境,激发幼儿的活动兴趣

夏天到了,花园里来了很多可爱的小飞虫,它们在快乐地游戏。

(二)认识各种场景,学习运用方位词

公园里来了哪些小飞虫?它们在哪?(引导幼儿正确运用方位词,如蝴蝶在窗台上)

(三)游戏:捉迷藏

1. 小飞虫藏,幼儿找。(教师将飞虫头饰藏在各个角落里)

请你们找到后说一说:你在什么地方找到了谁。

2. 幼儿藏,教师找。

我一个也没有找到,你们能告诉我刚才你们藏在哪儿了吗?(幼儿介绍:我藏在了……)

3. 一半幼儿藏,另一半幼儿找。

幼儿介绍:我在××地方找到了谁或我藏在了××地方。

4. 交换游戏。

(四)延伸拓展

带领幼儿到室外玩捉迷藏的游戏。

清洁宝宝

主题目标

1. 学习正确的洗手、洗脸、打喷嚏、擦鼻涕、刷牙的方法。
2. 能主动喝水，喜欢洗澡，愿意剪指甲，养成爱清洁、讲卫生的好习惯。
3. 尝试用儿歌、歌曲、绘画等方式，表现对个人清洁卫生的认识和体验。

主题活动一览表

主题	形式	活动名称	活动目标	侧重领域与涉及领域
清洁宝宝	集体学习活动	灰灰先生	1. 理解故事内容，感受故事的幽默、诙谐，懂得要爱清洁、讲卫生，才能受到别人的欢迎 2. 乐意学讲故事中的语句，用语言表达自己听完故事后的感受	语言 社会 健康
		小猪爱洗澡	1. 理解故事中的小猪为什么最后喜欢上了洗澡，尝试用语言表达对洗澡的认识 2. 感受洗澡的乐趣，喜欢洗澡	语言 健康
		喝了几杯水	1. 知道按提示在杯子中画出小动物的喝水量 2. 在日常生活中能主动喝水，记录一天喝水的杯数	科学 健康
		刷牙、洗脸、梳头	1. 熟悉音乐的旋律和节奏，初步学习按音乐节奏做刷牙、洗脸、梳头的动作 2. 根据自己的生活经验，尝试创编动作	艺术 健康
		猪小弟变干净了	1. 理解歌曲内容，感受歌曲的幽默，产生做个清洁宝宝的愿望 2. 学唱歌曲中的对话，尝试表演歌曲	艺术 语言
	备选集体学习活动	小朋友爱清洁	1. 理解儿歌内容，学习按韵律有节奏地朗诵儿歌，愿意做个爱清洁、讲卫生的孩子 2. 学习与教师、同伴合作表演，体验扮演的乐趣	语言 社会

续表

主题	形式	活动名称	活动目标	侧重领域与涉及领域
清洁宝宝	备选集体学习活动	打喷嚏	1. 理解儿歌内容,懂得打喷嚏时不能对着别人的道理 2. 学习文明卫生地打喷嚏	社会 健康
	个别、小组学习活动	美工区	学习用不同的线条装饰、撕贴、涂色的技能	
		角色区	通过给娃娃洗脸打扮等游戏,提高生活自理能力,增强清洁意识	
		益智区	1. 擦鼻涕:进行正确地是非辨别,知道擦鼻涕的方法 2. 不乱丢垃圾:让幼儿根据不同的垃圾分类筐,投放相应的垃圾,知道不能随便丢垃圾的道理 3. 今天我喝水了:知道白开水是最好的饮料,激发幼儿主动喝水的意愿	
	规则游戏活动	打蚊子	能原地纵跳,用拍子击打目标,锻炼身体的协调能力	
		环保卫士	学习推手推车,将"垃圾"运送到指定位置	

环境创设与区域设置

环境创设

⊙主题墙

1. 学习好榜样:把班级里爱清洁的宝宝作为榜样,为他们拍下照片并张贴成照片墙,使幼儿能更加直观地学习同伴的方法。

2. 家庭好习惯调查表:通过调查,了解宝贝在家时的卫生习惯基本状况,引导家长正确地指导。

3. 多种多样的清洁工具:帮助幼儿了解生活中的清洁工具,并知道它们的使用方法。

⊙展示区

1. 保育台:提供花露水、风油精、驱蚊药水,知道被蚊虫叮咬后,可以擦涂药水来缓解。

2. 小镜子、纸巾:让幼儿自主学习正确擦鼻涕的方法。

3. 洗手、刷牙、擦鼻涕等六步步骤图:通过张贴步骤图,引导孩子了解正确的自理方法。

4. 垃圾分类箱:纸质类、杂物类纸箱各一个,引导幼儿在日常活动中自主分类投放。

区域设置

⊙ **美工区**

提供各种漂亮的毛巾的图片、画有毛巾轮廓的画纸。引导幼儿学习用不同的线条装饰、撕贴、涂色的技能。

⊙ **角色区**

提供脸盆、毛巾等洗漱用品。通过给娃娃洗脸打扮等游戏,提高生活自理能力,增强清洁意识。

⊙ **益智区**

1. 擦鼻涕:提供图片和贴纸,给爱清洁的宝宝戴小花。

2. 不乱丢垃圾:提供生活垃圾的图片以及垃圾分类筐。引导幼儿根据不同的分类筐,投放相应的垃圾,知道不能随便丢垃圾的道理。

3. 今天我喝水了:布置纸杯墙,每个孩子有一个相应的纸杯以及吸管花。幼儿根据自己所喝水的杯数,在纸杯中添加相应数量的吸管花,知道白开水是最好的饮料,激发幼儿主动喝水的意愿。

🦆 日常活动与游戏

日常活动

⊙ **我是清洁宝宝**

请幼儿在妈妈的帮助下,自己动手洗脸、洗手、洗自己的袜子。

⊙ **文明打喷嚏**

狐狸打喷嚏时,扬起了脖子,吓跑了小兔和小马。河马打喷嚏时,捂住了嘴巴,"啊嚏!"

声音轻轻的。请幼儿讨论哪一种动物打喷嚏的方法是正确的。

⊙ 学习擦鼻涕

流鼻涕,不文雅。不乱抹,不乱擦。避开人,小声擤。用纸巾,轻轻擦。

游戏

⊙ 打蚊子

在一根大竹竿上挂上蚊子的图片。幼儿手拿拍子,原地起跳去打蚊子,打落便为胜利。根据打落数量的多少评出灭蚊高手。

⊙ 环保卫士

将幼儿分成4组,在起点位置装上"垃圾"运送到"处理区"。然后由另外一个幼儿接过车子再次去运输,直至垃圾运光为止。

家长工作

1. 填写关于孩子在家卫生习惯的调查表:

幼儿姓名:		评价等级:		
序号	行为表现	很棒	一般	需加油
1	爱清洁,勤洗澡、洗头、剪指甲			
2	乐意在成人的帮助下尝试自己洗澡			
3	会使用毛巾、手帕洗脸			
4	知道手脏了要及时洗手,保持手的干净			
5	会正确地洗手:卷起衣袖,搓手心手背			
6	喜欢刷牙,知道饭后要漱口			
7	会自己如厕,按时排便,便后洗手			
8	触摸脏东西后能主动洗手			

2. 在家帮助孩子培养良好的卫生习惯,如饭前便后洗手,饭后漱口,早晚刷牙,勤洗澡、勤理发、勤换衣服等。鼓励幼儿自己动手洗脸、刷牙、洗澡。

3. 每周给孩子剪指甲一次,督促孩子不要咬指甲。

4. 在休息日,与孩子一起观看《巧虎来啦》中的相关视频。

集体学习活动方案

活动 1：灰灰先生

活动目标

1. 理解故事内容,感受故事的幽默、诙谐,懂得要爱清洁、讲卫生,才能受到别人的欢迎。

2. 乐意学讲故事中的语句,用语言表达自己听完故事后的感受。

活动准备

1. 挂图 40 号,磁带及录音机。

2. 木偶玩具(灰灰先生),道具(香蕉皮、瓜子等)。

3. 《小朋友的书·夏天真热》。

活动过程

(一)木偶玩具表演讲解,激发兴趣

1. 大家好,我是灰灰先生,这是我的家。

2. 灰灰先生的模样是怎样的?他的家又是怎样的?

3. 朋友们去灰灰先生家玩了吗?它们问了什么问题?

(二)教师结合挂图分段讲述故事,帮助幼儿理解故事

1. 从开头讲到"因为灰灰先生家真脏"。提问:灰灰先生想了什么办法,让朋友愿意来玩呢?

2. 教师出示挂图二,讲述故事从"灰灰先生想请朋友来玩"到"一会儿,洗衣机又送出来干干净净的枕头、床单和袜子"的内容。提问:吸脏机吸了什么?最后为什么把灰灰先生也吸进去了?

3. 教师出示挂图三。

灰灰先生又气又急,哭了起来。灰灰先生是怎么向吸脏机请求的?这时候,灰灰先生家的洗衣机听见了,它怎么说,又做了什么?

4. 教师出示挂图四,讲述故事至结束。

灰灰先生的家变成什么样子了？灰灰先生又变得怎样了？灰灰先生是怎么变干净的？

（三）完整聆听故事，进一步深化认识

师幼共同给现在的灰灰先生改名。

活动延伸

幼儿扮演吸脏器，寻找活动室里的垃圾，将垃圾清理干净。

附：故事

灰灰先生

有一个人，名字叫灰灰先生。一提到他的名字，我们就能想到，他浑身上下都是灰。

大家都不高兴到灰灰先生家去做客，因为灰灰先生家真脏。

灰灰先生想请朋友来玩，他就买了架吸脏机。他对吸脏机说："请你把我屋里的脏东西弄掉吧！"

嘟嘟嘟，嘟嘟嘟，苹果核、糖纸儿、哈立克包装袋都被吸进去了。

嘟嘟嘟，嘟嘟嘟，灰灰先生也被吸进去了。真没想到，糟糕！

灰灰先生在吸脏机里伸出一只手大叫着："我不是脏东西，我是灰灰，请把我放掉。"

垃圾车来了，吸脏机把脏东西吐到一个垃圾桶里，垃圾车要把垃圾桶运走，灰灰先生又气又急，哭了起来。

这个时候，灰灰家的洗衣机听见了，跑过来把灰灰先生倒进了自己的嘴里，高兴地说："我都好久没事干了，这下让我也干点活吧！"

一会儿，洗衣机送出一个干干净净的灰灰先生。一会儿，洗衣机又送出来干干净净的枕头、床单和袜子。

灰灰先生的屋子里亮堂堂、香喷喷的。大家都说："灰灰先生要改名字了呀！"

活动 2：小猪爱洗澡

活动目标

1. 理解故事中的小猪为什么最后喜欢上了洗澡，尝试用语言表达对洗澡的认识。
2. 感受洗澡的乐趣，喜欢洗澡。

活动准备

挂图37号、磁带及录音机、洗浴用品、《小朋友的书·夏天真热》。

活动过程

(一)出示洗浴用品,引导幼儿观察并了解其用途,引入主题

1. 看一看老师带来了什么?(出示洗浴用品引导幼儿观察并了解其用途)。

2. 教师用清晰而缓慢的语调讲述画面内容,引导幼儿初步感知、欣赏故事情节。

(二)结合挂图讲述故事,帮助幼儿梳理故事中的角色与主要情节

1. 故事中有谁?他们在一起干什么?

2. 故事中的小动物是怎么洗澡的?

3. 你平时在家是怎么洗澡的?

(三)再次倾听故事,引导幼儿观察小猪的神态和位置的变化,理解它为何最后喜欢上了洗澡

1. 小猪一开始喜欢洗澡吗?

2. 小猪最后跑到哪里去了?后来,小猪为什么喜欢洗澡了?

(四)结合故事,引导幼儿说一说洗完澡后是什么感觉

1. 洗完澡,身上的皮肤会变得怎么样?

2. 你们喜欢洗澡吗?洗过澡,身体有什么感觉?

活动延伸

展示幼儿收集到的洗浴用品,引导幼儿用看、摸、闻等方法了解洗浴用品的名称、外形及气味。

附:故事

小猪爱洗澡

好热!好热!快来洗个澡吧!小兔子、小松鼠、大河马喊着嚷着扑通扑通跳进了大澡盆。大家招呼小猪快点来。可是小猪最怕洗澡,它扭过头,不高兴地说:"不要!我讨厌洗澡!"

小兔子、小松鼠和大河马开心地洗起澡来。擦擦擦、搓搓搓,澡盆里的肥皂泡越来越多。哎呀,泡泡飞起来啦!哎呀,泡泡把大家藏起来啦!

咦,这是谁的耳朵?那是谁的大嘴巴?呀,这又是谁的大尾巴?

莲蓬头冲水了,哗啦啦!哗啦啦!水把肥皂泡泡冲走了。哈哈,原来这是小兔子的长耳朵,那是大河马的大嘴巴,还有一个是小松鼠的大尾巴!

哇,洗澡真好玩!洗澡真舒服!

快看,谁也来洗澡了?泡泡里怎么又多出一个小鼻子?打开莲蓬头冲一冲!啊,原来是小猪!洗完澡可真凉快呀!小猪开心地说:"洗澡真好!我爱洗澡!"

活动 3:喝了几杯水

活动目标

1. 知道按提示在杯子中画出小动物的喝水量。
2. 在日常生活中能主动喝水,记录一天喝水的杯数。

活动准备

1. 《小朋友的书·夏天真热》《小朋友的书·数学》。
2. 大杯子形状统计图,上面有与幼儿人数对应的纸折的小杯子,里面可以插小棒若干,每人一个杯子;每组一张做过记号的大班哥哥姐姐喝水的记录图。

活动过程

(一)复习朗诵儿歌《喝水歌》,理解喝水的作用

你们喜欢喝水吗?在什么时候要喝水?哪些人要喝水?人们为什么都要喝水?

(二)翻开书本,请幼儿按提示在杯子中画出小动物的喝水量

1. 引导幼儿仔细观察小熊的喝水量。
2. 比较小猫和小熊的喝水量;根据提示,比较小狗和小猫的喝水量。
3. 用水彩笔画出小动物的喝水量。

(三)学习如何统计喝水的数量

1. 教师和幼儿一起讨论每日需要喝水的量。
2. 植物需要喝水,爸爸妈妈、爷爷奶奶需要喝水,我们小朋友也需要喝水,一天要喝多少水呢?
3. 幼儿尝试用插小棒的方式来记录自己的喝水量。
4. 请幼儿每人喝一杯水,喝完后将小棒插到统计图上自己的纸折小杯子里。

活动延伸

看大班哥哥姐姐的喝水记录图,数数大班的哥哥姐姐一天喝了几杯水。

活动 4：刷牙、洗脸、梳头

活动目标

1. 熟悉音乐的旋律和节奏，初步学习按音乐节奏做刷牙、洗脸、梳头的动作。
2. 根据自己的生活经验，尝试创编动作。

活动准备

1. 《小朋友的书·夏天真热》；磁带及录音机。
2. 刷牙、洗脸、梳头动作图片以及毛巾、牙刷、梳子的图片。

活动过程

（一）玩"匹配图片"游戏，懂得毛巾可以洗脸、牙刷可以刷牙、梳子可以梳头发

1. 小朋友在干什么？需要用到什么东西？哪两张图片上的东西是好朋友？
2. 你平时用过哪一样东西？是用来干什么的？

（二）尝试创编动作，教师点评并予以提升

1. 早上起床后，我们应先做哪件事情呢？平时你是怎么刷牙的？你能有节奏地学学刷牙的动作吗？
2. 刷完牙齿后要干什么呢？请你有节奏地学学洗脸的样子吧。
3. 出门前，我们还要干什么？我们一起用好看的动作来梳头吧。
4. 引导幼儿闭上眼睛，轻轻地睡觉，好听的音乐响起的时候，赶紧起床，一起跟着音乐有节奏地做好看的动作。

（三）整体表演，按音乐节奏模仿刷牙、洗脸、梳头的动作

1. 教师引导幼儿根据已有的生活经验进行创编。
2. 提问：考考你们，还可以怎么刷牙呢？还可以怎么洗脸呢？
3. 配上音乐，幼儿一起洗脸、梳头，提示幼儿听音乐，按节奏做动作，教师鼓励幼儿进行创造性地表演。

（四）完整表演刷牙、洗脸、梳头，进一步尝试创编动作

带领幼儿听音乐按顺序、有节奏地模仿做刷牙、洗脸、梳头等动作，鼓励幼儿做出不一样的动作。

活动延伸

鼓励幼儿回家勤刷牙、洗脸、梳头，做个清洁宝宝。

附：歌曲

刷牙、洗脸、梳头

佚 名 词
佚 名 曲

1=D 2/4

5 34 5 34 | 5 1 5 | 4 4 32 34 | 5 5 5 |
刷 刷 刷　　　　　　　　　　　刷 刷 刷
洗 洗 洗　　　　　　　　　　　洗 洗 洗
梳 梳 梳　　　　　　　　　　　梳 梳 梳

5 34 5 34 | 5 1 5 | 4 4 24 32 | 1 1 1 ‖
刷 刷 刷　　　　　　　　　　　刷 刷 刷
洗 洗 洗　　　　　　　　　　　洗 洗 洗
梳 梳 梳　　　　　　　　　　　梳 梳 梳

活动 5：猪小弟变干净了

活动目标

1. 理解歌曲内容，感受歌曲的幽默，产生做个清洁宝宝的愿望。
2. 学唱歌曲中的对话，尝试表演歌曲。

活动准备

1. 《小朋友的书·夏天真热》；磁带及录音机。
2. 木偶玩具（小猪、小兔、小羊、小猫、小猴）。

活动过程

（一）听故事引题，熟悉歌曲内容

1. （出示木偶玩具小猪，幼儿观察）这是一只怎样的小猪？
2. 小猪长得很可爱，却不爱干净，身上都是泥。这一天，它想去找朋友玩，我们一起来看看它有哪些朋友。

（二）教师边用说唱的方式逐段讲述歌曲内容，边用木偶表演

1. 小羊愿意跟小猪做朋友吗？为什么？它是怎么对小猪说的？
2. 小猫愿意跟小猪做朋友吗？
3. 如果你是小猪，你会用什么办法让大家都喜欢跟你做朋友呢？
4. 小猪是怎么做的？

5. 最后小猪找到朋友了吗?

(三)教师清唱一遍歌曲,引导幼儿理解歌曲内容,感受歌曲的幽默

1. 一个好听的故事配上音乐,就能变成一首好听的歌,我们一起来听一听。

2. 小动物们是怎么对小猪说的?请幼儿一起用歌词回答。

(四)欣赏歌曲第二遍,请幼儿扮演动物,学说对话

1. 学唱歌曲,学说对话,体验小猪前后不同的心情。

2. 你有找不到朋友玩的时候吗?当时心情怎样?

3. 小猪连着三次都没找到朋友和它玩,它会怎么想呢?引导幼儿表现出伤心、难过的表情。小猪找到朋友后心情是怎样的?引导幼儿表现出快乐的表情。

4. 我们一起轻轻地跟唱这首歌,想想歌曲里哪里应表现出伤心、哪里应表现出开心,分别应该怎样唱。

活动延伸

分角色学唱歌曲。

附:歌曲

猪小弟变干净了

$1=C$ $\frac{2}{4}$

佚 名词
佚 名曲

| 1 3 | 5. 6 | 1 3 5 | 1 1 1 3 | 5 6 5 0 | 5 5 3 | 2. 3 |

猪小弟 呀 猪小弟, 要和 小兔 做游戏, 小兔 说,
猪小弟 呀 猪小弟, 要和 小羊 做游戏, 小羊 说,
猪小弟 呀 猪小弟, 要和 小猫 做游戏, 小猫 说,
猪小弟 呀 猪小弟, 要和 小猴 做游戏, 小猴 说,
猪小弟 呀 猪小弟, 跳到 水里 洗一洗, 擦呀 擦,
猪小弟 呀 猪小弟, 干干 净净 出门去, 好朋 友,

| 5 5 3 | 2 2.3 6 5 | 3 2 1 | × × × × | × 0 ‖

哎呀 呀你的身上 都是泥。(白)快去 洗洗 吧!
哎呀 呀你的脸上 脏兮兮。(白)快去 洗洗 吧!
哎呀 呀你的身上 有臭气。(白)快去 洗洗 吧!
哎呀 呀你的脸上 拖鼻涕。(白)快去 洗洗 吧!
搓呀 搓,洗掉身上 脏东西。(白)可真 舒服 呀!
快出 来,大家都来 做游戏。(白)快快 出来 吧!

活动6：小朋友爱清洁

活动目标

1. 理解儿歌内容,学习按韵律有节奏地朗诵儿歌,愿意做个爱清洁、讲卫生的孩子。
2. 学习与教师、同伴合作表演,体验扮演的乐趣。

活动准备

1. 《小朋友的书·夏天真热》。
2. 动物木偶玩具。

活动过程

(一)教师引导幼儿了解儿歌中的角色

1. 出示木偶玩具小鸭、小鸡、小狗、小猫。看看谁来了,和动物朋友们问个好。
2. 幼儿模仿动物的叫声和动作。

它们是怎么叫的？我们一起来学一学,做一做。

小鸭嘎嘎嘎,小鸡叽叽叽,小狗汪汪汪,小猫喵喵喵。

(二)教师用木偶玩具表演,示范朗诵儿歌

1. 嘎嘎嘎,叽叽叽,汪汪汪,喵喵喵。它们在说什么呢？我们一起来听儿歌。
2. 教师边用木偶表演,边有节奏地朗诵。

(三)幼儿学习理解儿歌内容

1. 小鸭叫我干什么？小鸡、小狗、小猫呢？
2. 幼儿阅读课本内容,运用形象的动作,模仿小动物并表演剪指甲、擦鼻涕、换衣裳、洗脸等动作。
3. 引导幼儿与同伴互相检查一下指甲、鼻涕、衣裳、小脸的情况,引出儿歌《小朋友爱清洁》。

(四)教师带领幼儿一起朗诵儿歌

1. 在木偶表演的提示下,幼儿跟随教师有节奏地朗诵儿歌。
2. 师幼用对念的方式边做动作边朗诵儿歌,教师朗诵前一句,幼儿朗诵后一句。
3. 分男孩、女孩朗诵,女孩朗诵前一句,男孩朗诵后一句。
4. 分角色朗诵儿歌。自选喜欢的角色,与教师、同伴合作表演儿歌。

活动延伸

结合儿歌的学习,开展剪指甲、擦鼻涕、洗脸等卫生习惯的检查。

附:儿歌

小朋友爱清洁

小鸭叫,嘎嘎嘎,叫我剪指甲;

小鸡叫,叽叽叽,叫我擦鼻涕;

小狗叫,汪汪汪,叫我换衣裳;

小猫叫,喵喵喵,叫我把脸洗;

小朋友,爱清洁,人人都欢喜。

活动 7:打喷嚏

活动目标

1. 理解儿歌内容,懂得打喷嚏时不能对着别人的道理。
2. 学习文明卫生地打喷嚏。

活动准备

课件。

活动过程

(一)引导幼儿了解儿歌中的角色

1. 播放课件,幼儿观察,和它们打招呼。

你认识它们吗?和它们打个招呼吧。

2. 这些小动物在一起,发生了什么事呢?引出儿歌《打喷嚏》。

(二)幼儿倾听儿歌,讨论理解儿歌内容

1. 教师边有感情地朗诵儿歌,边表演儿歌。

2. 儿歌里,哪些动物打喷嚏了?它们是怎么打喷嚏的?哪些动物被吓跑了?为什么小动物们会被吓跑呢?

3. 看喷嚏散播病菌的录像。讨论:喷嚏里藏着谁?

（三）学习文明卫生地打喷嚏的方法

幼儿跟着教师朗诵儿歌，到最后一句时，学习用手捂住嘴巴和鼻子，低下头，做轻轻地打喷嚏的动作。

拓展延伸

在日常生活中提醒幼儿要文明打喷嚏，养成良好的卫生习惯。

夏天真好玩

主题目标

1. 关注夏季里环境的变化,学习运用多种感官获取有关夏天基本特征的经验。
2. 喜欢夏天,尝试运用儿歌、散文诗、绘画、手工等多种形式表达对夏天的感受和认识。
3. 了解夏季里防暑降温的方法,乐意参加夏日里的锻炼和玩水活动。

主题活动一览表

主题	形式	活动名称	活动目标	侧重领域与涉及领域
夏天真好玩	集体学习活动	夏天的太阳真顽皮	1. 学习儿歌,了解儿歌的主要内容 2. 尝试根据儿歌中的句型,仿编句子"刷刷××的人",发展思维能力	语言 科学
		夏天	1. 感受音乐的强弱,探索用声音和身体动作等方式来表现音乐的强和弱 2. 初步感受音乐中的力度变化——渐强 3. 体验用不同方式(声音、动作)表现音乐的快乐,喜欢表演	艺术
		荷花娃娃	1. 理解诗歌内容,感受诗歌中充满童趣的意境和韵律美 2. 学会朗诵诗歌,尝试用替换的方式仿编诗歌的结尾部分	语言
		遮挡阳光	1. 知道如何在夏日遮挡阳光和防暑降温,学会防晒 2. 在师生互动中,体验温馨、愉快的谈话氛围,提高孩子的语言表达能力 3. 对烈日下辛勤工作的人们萌发感激、关爱之情	健康 科学
		冰激凌一家	1. 学习用圆形、三角形和其他图形组合的方法画冰激凌 2. 知道吃冰激凌是消暑的一种方法	艺术 科学

续表

主题	形式	活动名称	活动目标	侧重领域与涉及领域
夏天真好玩	备选教学活动	热乎乎的东西	1. 理解故事，了解各种热乎乎的事物 2. 结合生活经验，寻找日常生活中各种热乎乎的事物 3. 讲述自己了解的各种热乎乎的事物	语言 科学
		长尾猴过夏天	1. 理解故事内容，对动物们独特的消暑办法感兴趣 2. 了解可以让自己变得凉快的方法	科学
		扇子	1. 学习用沿直线折叠的方法制作扇子 2. 知道扇子是中国传统的纳凉工具	艺术
	个别、小组学习活动	科学区	1. 观察知了的外形特征 2. 学习使用各种工具运水 3. 根据操作步骤学会调制清凉饮料，并初步认识溶解现象	
		美工区	学习多种形式（粘、剪、画、印、折）来装饰或制作夏天的服装和纸扇	
		语言区	1. 能大胆说说图片上的内容，进一步感受夏天的特征 2. 学习仿编儿歌《知了知了》	
	规则游戏活动	荷花荷花几月开	1. 能够和大家一起手拉手，围成圆圈边儿歌边玩"荷花荷花几月开"的游戏。感受和大家一起玩游戏的快乐 2. 知道荷花是在夏天开放的常识	
		洒水画	1. 尝试将瓶子里的水挤在地上画自己喜欢的图案 2. 感受在户外地上画洒水画的快乐	

环境创设与区域设置

环境创设

⊙ 主题墙

伴随着主题活动的推进，引导幼儿运用多种感官感受夏天的炎热，和幼儿一起利用收集来的各种夏日物品装饰主题墙。

同时，请家长配合，收集幼儿和家人在夏天时活动的照片，如游泳、在海边玩耍等。

⊙ 展示区

将幼儿制作的扇子、精心设计的背心和种植夏日植物的照片进行整体布置。

区域设置

⊙ 科学区

知了知了：

将幼儿抓来的知了用有透气孔的玻璃瓶装好,让幼儿利用放大镜观察知了的外形特征。

运水：

提供毛巾、筐子、塑料袋、小勺、小桶,引导幼儿使用这些工具将大盆里的水运到小盆里。

调清凉饮料：

提供果珍,贴好品种标签和制作步骤图,请幼儿自行调制果珍饮料,观察溶解现象。

⊙ 美工区

夏天的衣服：

投放多种样式的夏季服装的模版,提供水粉颜料以及蔬果的切面供幼儿装饰;提供彩色塑料袋等材料,请幼儿自行设计喜欢的夏装。

扇子：

提供画有直线的挂历或台历纸、毛线、纸团、色卡纸等材料,让幼儿自由制作和装饰各种纸扇。

⊙ 语言区

提供人们在夏季活动的有关图书、图片,让幼儿进一步感受夏天。

知了知了：

提供用于仿编儿歌的荷叶、荷花、雨、雷等图片,让幼儿仿编儿歌《知了》的前半部分。

日常活动与游戏

日常活动

⊙ 夏天的雷雨

教师可在有雷雨的日子里以提问的形式引导幼儿观察天气的变化,如:"太阳公公到哪里去了?""天空中出现了什么?""乌云看上去怎么样?"引导幼儿根据自己的观察说说看到了什么、听到了什么。引导幼儿表现闪电的样子、学学打雷的声音。还可以观察雨从哪里落下、落到了哪里、雨点落下来是什么声音。还可以带领幼儿在雨小的时候打着伞到雨中走一走,听雨点声,看看雨点落到地上的水坑里形成的涟漪、地面的积水、花草的变化等。

⊙ 西瓜

在日常吃西瓜的时候开展观察和体验活动。教师可以引导幼儿观察并说说西瓜的外形,猜猜什么样的西瓜好吃,敲一敲西瓜,听听西瓜发出的声音,还可以把西瓜放到水里,看看西瓜在水里的浮沉情况,或者抱一抱西瓜,感受西瓜的重量。西瓜切开以后,引导幼儿观察西瓜里面是什么样的,品尝西瓜的味道,说说西瓜的营养价值。

游戏

⊙ 荷花荷花几月开

全体幼儿手拉手围成圆圈,一边按顺时针方向走,一边念"荷花荷花几月开",教师在圆圈中间做花蕊,回答"一月开",以此类推。念完最后一句"六月荷花朵朵开"时,中间做花蕊的人就要找空隙,冲出圆圈逃出去,做花蕊的人可以是教师,也可以是幼儿,游戏可以反复进行。

⊙ 洒水画

给每一位幼儿准备一个塑料瓶,在瓶盖上穿一个小孔,并装满水。找一个户外的场地,引导幼儿一边用力挤瓶子一边画自己喜欢的图案。可以反复装水,反复画。

家长工作

1. 请家长和孩子一起去郊外捕捉知了。
2. 请家长引导孩子观察家中是如何防暑降温的。
3. 雷雨时,请家长和孩子注意观察天气的变化。
4. 请家长和孩子一起进行"环保节水"的活动。
5. 请家长注意控制给孩子吃的冷饮的量。

集体学习活动方案

活动 1:夏天的太阳真顽皮

活动目标

1. 学习儿歌,了解儿歌的主要内容。

2. 尝试根据儿歌中的句型,仿编句子"刷刷××的人",发展思维能力。

活动准备

挂图、《小朋友的书·夏天真热》。

活动过程

（一）教师同幼儿谈话,大家一起说说夏天的太阳

现在是什么季节？夏天时你们喜欢出去玩吗？出去玩时你们有什么感觉？

（二）出示范例图片,初步了解画面里的内容

1. （教师出示范例）看图说说,图上有什么？人们都在干什么？

2. （出示太阳娃娃的图片,同时手拿一把蘸有红色颜料的刷子）看看谁来了？它的手上有什么？

3. 夏天的太阳真顽皮,它拿了把红刷子,想做什么呢？

（三）朗诵并演示儿歌,引导幼儿理解儿歌的主要内容

1. 教师边念儿歌,边根据儿歌的内容,拿着红刷子,在画面上刷,给画面涂上红红的颜色。

儿歌里面说了些什么？顽皮的太阳拿着红刷子,刷了哪些人？

2. 边操作边念儿歌,在"刷刷××的人"的地方,放慢速度,等待幼儿参与朗诵,让幼儿进一步熟悉儿歌的内容。

3. 红红的太阳刷在屋子外面的人身上,大家感觉是火辣辣的还是凉凉的？

4. 教师带领幼儿一起看图片念儿歌2～3遍。

（四）启发幼儿进行简单的儿歌仿编活动

夏天的太阳拿把红刷子,到处找人刷,想一想,屋子外面还有些什么人呢？

教师引导幼儿用儿歌中的句型"刷刷××的人"进行仿编之后带领大家重复仿编好的句子。

教师用简笔画的方式记录小朋友讲述的内容,然后带领大家完整地念仿编的儿歌。

（五）游戏活动"夏天的太阳真顽皮"

教师出示并戴上太阳头饰,讲解游戏的玩法:教师扮太阳拿刷子,幼儿做出各种动作,教师说出儿歌中的句型"刷刷××的人"。

活动延伸

1. 教师带孩子到户外体验太阳光照的猛烈。

2. 讨论在太阳下该如何保护自己,积累相关的生活经验。

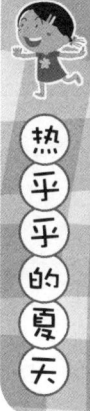

热乎乎的夏天

附:儿歌

夏天的太阳真顽皮

夏天的太阳真顽皮,拿把红刷子,到处找人刷。

刷刷游泳的人,刷刷骑车的人,刷刷卖瓜的人,刷刷踢球的人。

夏天的太阳真顽皮,把屋子外面的人,都刷得火辣辣。

活动 2：夏天

活动目标

1. 感受音乐的强弱,探索用声音和身体动作等方式来表现音乐的强和弱。

2. 初步感受音乐中的力度变化 —— 渐强。

3. 体验用不同方式（声音、动作）表现音乐的快乐,喜欢表演。

活动准备

1. 初步学唱歌曲《夏天》,了解有关夏天的特征。

2. 学过韵律表演"下雨了"。

3. 每人一片小荷叶、一片大荷叶、一个青蛙胸饰。

活动过程

（一）引入主题,复习歌曲

1. 教师和幼儿扮演青蛙,头顶荷叶,跟着音乐入场。（进场后每位幼儿坐在小荷叶上）

2. 复习歌曲,在歌曲中感知夏天的特征。

（二）通过各种方式表现音乐的强、弱,初步感受音乐中的渐强

1. 感受歌曲中雷声和雨声的强弱,并通过声音表现强弱。

2. 感受乐句"小青蛙唱起歌,告诉我们夏天来到了"的力度变化,尝试用声音表现。

3. 鼓励幼儿大胆探索,尝试用各种动作表现音乐中的强、弱、渐强。（拍手、拍肩、手拍地板、脚踏地板等）

4. 教师从幼儿的表现中提取各种不同的身体动作,引导幼儿尝试边唱边有节奏地做身体动作,重点表现强、弱。

（三）音乐表演:夏天

1. 教师与幼儿共同创编表演动作,创编时引导幼儿注意音乐强弱、力度的变化,学习用动作的由低到高来表现渐强。

2. 有节奏地跟着音乐表演,当音乐放到"夏天来到了"时,幼儿一起跳到大荷叶上并摆出青蛙的造型。

3. 在大荷叶上有节奏地跟着音乐表演,当音乐放到"夏天来到了"时,幼儿跳回小荷叶上并摆出青蛙的造型。

4. 打雷下雨了,教师和幼儿头顶荷叶跟着音乐退场。

附:歌曲

夏天来到了

1=D 3/4　　　　　　　　　　　　　　　孙延明词
快活地　　　　　　　　　　　　　　　黄振平曲

5 5 3 1 | 5 5 5 0 | 5 5 3 1 | 2 2 2 0 |
雷公公　　把鼓敲,　小知了　　树上叫,

6 6 6 4 | 1 6 6 0 | 5 6 5 3 | 2 2 2 3 | 1 - - ‖
小青蛙　　唱起歌,　告诉我们　夏天来到　了

活动 3:荷花娃娃

活动目标

1. 理解诗歌内容,感受诗歌中充满童趣的意境和韵律美。
2. 学会朗诵诗歌,尝试用替换的方式仿编诗歌的结尾部分。

活动准备

挂图 44 号、《小朋友的书·夏天真热》。

活动过程

(一)看图欣赏儿歌,初步理解儿歌内容

1. 学习儿歌第一句。

现在是什么季节?(出示背景挂图)炎热的夏天来到了,小池塘里,有一朵美丽的花儿开放了,看,是谁呀?(出示荷花娃娃)荷花娃娃是什么样子的?

教师念第一句"荷花娃娃小红脸儿",引导幼儿用动作表现荷花。

2. 学习儿歌第二句。

(指着图上的荷叶)这是什么呀?荷叶像什么?

教师念第二句"撑着一把小绿伞儿",引导幼儿用动作表现荷叶。

3. 学习儿歌第三句。

教师念第三句"将头露出伞外边儿"。出示荷花娃娃图表现荷花娃娃在荷叶下探出头的样子,引导幼儿用动作表现荷花娃娃"将头露出伞外边儿"的样子。

4. 学习儿歌第四句。

"滴答滴答"是什么声音?(出示雨点图)荷花娃娃为什么不在伞下躲雨呢?(教师念第四句"她要亲亲小雨点儿")

(二)学习儿歌,感受儿歌充满童趣的意境

1. 教师完整念儿歌。

2. 教师表演动作,提示幼儿朗诵儿歌数遍。

(三)尝试仿编儿歌结尾

1. 想一想,荷花娃娃生活在水里,它还可以找谁玩"亲一亲"的游戏呢?

2. 出示图片,幼儿根据图意替换第四句的后半句,仿编儿歌。

附:儿歌

荷花娃娃

荷花娃娃小红脸儿,

撑着一把小绿伞儿,

将头露出伞外边儿,

她要亲亲小雨点儿。

活动 4:遮挡阳光

活动目标

1. 知道如何在夏日遮挡阳光和防暑降温,学会防晒。

2. 在师生互动中,体验温馨、愉快的谈话氛围,提高孩子的语言表达能力。

3. 对烈日下辛勤工作的人们萌发感激、关爱之情。

活动准备

1. 《小朋友的书·夏天真热》,幼儿自带太阳伞、帽子、小毛巾、纸板等遮阳工具和成人防晒霜、幼儿防晒霜、太阳镜。

2. 环卫工人、交警叔叔、建筑工人等的图片。

活动过程

(一)教师和幼儿一起到户外,感受夏日阳光

到外面站了一会儿后,你们有什么感觉?(引导幼儿说自己的感觉,并观察同伴的表情、脸色。启发幼儿用"火辣辣""炎热"等词来描述)

(二)幼儿自主寻找凉爽的地方

太阳底下真热,大家自己找一个凉快的地方休息一下。

为什么这些地方比较凉快?

(三)讨论夏日阳光对人体的危害

火辣辣的阳光照在我们身上,对我们的身体有什么影响呢?

(四)幼儿尝试遮挡阳光

1. 讨论:外出活动时,用什么可以遮挡住火辣辣的阳光?

2. 哪种方法比较好呢?我们来试一试。(引导幼儿选择用多种不同的物品来遮挡阳光)

3. 你用什么办法遮挡住了阳光?(请幼儿操作演示)

怎样才能挡住更多的阳光?什么方法遮挡起来最方便?(教师请使用不同遮挡方法的幼儿上来比一比,请大家说一说谁的方法比较好)

4. 如果夏季要外出活动,除了用这些方法,我们还可以怎样保护皮肤?(出示防晒霜,幼儿或教师介绍防晒霜的使用方法)

(五)以夏季在户外工作的人为主题,展开讨论

1. 你知道哪些人在夏天也要在户外工作吗?

2. 观看环卫工人、建筑工人、交警叔叔等的图片,感受他们在烈日下工作的辛苦。

3. 我们可以用什么方法去表达对他们的关爱呢?

热乎乎的夏天

活动 5：冰激凌一家

活动目标

1. 学习用圆形、三角形和其他图形组合的方法画冰激凌。
2. 知道吃冰激凌是消暑的一种方法。

活动准备

《小朋友的书·美工》、油画棒、范画。

活动过程

（一）以开冷饮店为导入，激发幼儿的观察兴趣

夏天到了，天气真热呀！小朋友们，你们喜欢吃冰激凌吗？我的"清凉一夏"冰激凌店开张了！大家都来看看有哪些冰激凌，有什么口味的冰激凌吧！你们最喜欢吃哪种冰激凌呢？这些冰激凌看上去又好看又好吃，所以来买的顾客非常多。我太忙了，你们愿意帮帮我吗？

（二）观察"冰激凌一家"的范画，激发幼儿画冰激凌的愿望

1. 教师出示"冰激凌一家"的范画，引导幼儿欣赏。
2. "冰激凌一家"长什么样？你们觉得像什么？你们最喜欢哪一个，为什么？
3. 重点观察：冰激凌的不同形状以及不同花纹。

（三）提出绘画要求

1. 构图要求：想一想，冰激凌爸爸应该画在纸的什么地方？冰激凌妈妈应该画在纸的什么地方？小冰激凌应该画在纸的什么地方？
2. 绘画步骤：先画几个三角形，再选择其他图形组合成不同的冰激凌，画一画。

（四）幼儿画冰激凌，教师指导

1. 幼儿选择自己喜欢的冰激凌样式进行绘画。
2. 注意图案的位置分布。
3. 启发幼儿联系生活经验，积极想象，在冰激凌上插上各式水果造型，并给冰激凌一家穿上漂亮的衣服。

你们想给冰激凌爸爸、冰激凌妈妈、小冰激凌分别穿什么颜色、什么花样的衣服？

（五）展示幼儿的作品，幼儿互相欣赏

活动 6：热乎乎的东西

活动目标

1. 理解故事，了解各种热乎乎的事物。
2. 结合生活经验，寻找日常生活中各种热乎乎的事物。
3. 讲述自己了解的各种热乎乎的事物。

活动准备

1. 小熊、小狗、小麻雀、老狼、小公鸡的玩具或图片。
2. 大树、小屋、石头等桌面道具或图片背景。

活动过程

（一）出示教具，讲故事引出主题

1. 夏天到了，天气真热！走两步就让人热得受不了了。瞧，森林里的动物们都聚在大树下面乘凉、聊天呢！
2. 出示道具或背景图片，边讲述故事边操作玩具或图片。（从开始至"会烧掉许多东西"）
3. 谁还记得刚才小松鼠说什么东西最热？为什么？

熊认为什么是最热的？为什么？

狗认为什么是最热的？为什么？

小麻雀又觉得什么是最热的呢？为什么？

狼又认为什么东西是最热的？为什么？

4. 你们认为什么东西是世界上最热的？

正在大伙聊得起劲的时候，一只不起眼的小青蛙跳了出来说："嘿，你们说得都对，可是，你们又说错了，世界上最热的东西就在你们头顶上。"说完，"扑通"一声跳进了河里。现在你们知道世界上什么东西是最热的了吗？

下面，让我们再来听一遍这个故事，好吗？（完整讲述故事）

（二）启发幼儿寻找各种热乎乎的东西

除了刚才小动物说的热乎乎的东西外，家里、幼儿园或者其他地方，还有哪些东西是热乎乎的？

原来，在我们的生活中还有那么多热乎乎的东西，那你们想不想看一看最热的太阳，摸一摸在太阳下的热乎乎的东西？但是在看之前要用上遮阳纸保护好眼睛哟！

> 附故事

热乎乎的东西

天真热,动物们聚在一起聊天。

松鼠说:"我的尾巴是世界上最热的东西,闷得我睡不着觉。"

熊说:"不,我的毛才热呢,热得我喘不过气来。"

狗说:"不,地上的石头才热呢,把我的脚都烫伤了。"

小麻雀在树上尖叫起来:"不,屋顶的烟囱才热呢,常常冒着烟,差点把我的羽毛给烫焦了。"

狼从树丛中探出头来:"不,大火才热呢,会烧掉许多东西。"

"呱呱呱",河里的青蛙说,"嘿,你们说得都对,可是,你们又说错了,世界上最热的东西就在你们的头顶上。"说完,青蛙"扑通"一声跳进了河里。

动物们抬起头,感觉红通通、热乎乎的,眼睛也睁不开。

哦,原来青蛙说的是太阳啊。

活动 7:长尾猴过夏天

活动目标

1. 理解故事内容,对动物们独特的消暑办法感兴趣。
2. 了解可以让自己变得凉快的方法。

活动准备

挂图、动物消暑连线图、《小朋友的书·美工》。

活动过程

(一)讨论消暑办法,引出故事

夏天很热,有什么办法让自己凉快些?

我们小朋友有这么多的办法,那么小动物们热的时候会怎么办呢?我们一起来听个故事。

(二)教师根据故事情节采用遮盖式的方法出示挂图,讲述故事,引导幼儿了解动物独特的消暑办法

1. (讲述故事从开始至"水牛大叔也笑了笑说:'那你自己想办法吧。'")长尾猴遇到

了谁？它们是怎么度过夏天的？这些办法长尾猴能用吗？

2.（讲述故事至结尾）我们再来听听,长尾猴最后用了什么办法？

（三）出示动物消暑连线图

1. 请你们来连连线,看看这些小动物度过夏天的办法,长尾猴能不能用？

2. 讨论如何帮助长尾猴变得凉快。

（四）观察画面,讲讲故事的内容

（五）故事延伸

最后,长尾猴的妈妈告诉了它一个度过夏天的好办法,你们还有什么好办法吗？

活动 8：扇子

活动目标

1. 学习用沿直线折叠的方法制作扇子。
2. 知道扇子是中国传统的纳凉工具。

活动准备

1. 收集不同大小、材质的扇子若干。
2. 挂历纸或台历纸（画有直线）,糨糊,电风扇、空调、竹席的图片。

活动过程

（一）讨论在夏季有哪些能让人们变凉快的工具

1. 夏天很热,有哪些工具可以让我们变得凉快些呢？（回答后,出示相应的图片）

2. 哪种工具最方便携带？

（二）欣赏各式扇子

1. 出示收集到的扇子,供幼儿观察。它们的形状是怎样的？是用什么材料做的？

2. 比较扇子上的图案。扇子上画了些什么？

3. 介绍折扇,把扇子收拢成一长条,提问：这是怎么回事？

4. 幼儿玩折扇,探索折扇收拢打开的奥秘。

（三）幼儿制作折扇

1. 怎样才能做一把收放自如的折扇呢？教师示范：沿折线来回折,折完整张纸,将折

叠好的纸对折,中间接缝处用糨糊粘牢。

2. 幼儿折叠纸扇。要求沿直线折得直,折得挺;帮助有困难的幼儿粘贴折扇。

(四)扇扇自己制作的扇子,感受扇子带来的清凉

(五)设法将幼儿制作的扇子悬挂或张贴在活动室内

数学活动

活动1：用实物再现图片中的造型

活动目标

1. 观察发现范例图中物体的空间关系。
2. 能用实物再现范例图中物体的空间关系。
3. 能根据需要选取积木搭建，轻拿轻放。

活动准备

1. 几何积木：圆柱体2个、长方体1个、正方体2个、球体2个。
2. 已搭好的积木造型的图片若干张。

活动过程

（一）情境导入，激发兴趣

1. 小兔是搭积木的小能手，每天都能搭出一种新花样。（出示积木造型的图片）看看，刺猬为了跟小兔学搭积木，把小兔搭出来的各种建筑造型悄悄拍成了照片，我们一起来欣赏一下。你们能看出小兔搭的是什么吗？（请幼儿看照片自由表达）

2. 看图片找积木。

（教师手指有爱心标记的积木造型）看这张有爱心标记的照片，小兔用了几块积木？分别是哪些积木呢？

3. 提出规则。

我们和刺猬一起来学搭积木吧。每个小朋友可以先选一张照片，看一看用了哪几种积木，数一数每种积木用了几块。再到积木筐里把它们找出来，需要什么积木就拿什么积木，然后就可以看着图搭了。搭好后看看，你搭的造型和照片上的是不是一模一样。检查好后轻轻拆掉，把积木放回筐里，再重新选一张图片搭建下一个建筑造型。（让幼儿复述规则）

（二）分组操作

1. 分组操作，教师逐一请各位幼儿到本组桌边，选图搭积木。

2. 教师整体巡视一遍后，可进一步观察幼儿对操作规则是否理解；询问幼儿搭的是哪个建筑，选用的积木和图上的是否一致；观察幼儿能否看图完成搭建。

观察幼儿搭建小鱼造型的积木时有何表现，适时提问：你能按照片上的样子搭积木吗？为什么搭不起来呢？把照片倒过来再试着搭一搭，行吗？

3. 提示常规。

搭完的小朋友可以请旁边的小朋友检查一下，检查完以后把积木都放回到筐里，再选一张图片来搭。

（三）交流评价

1. 请小朋友把搭好的图片留在桌子上，再请其他小朋友过来看一看，大家互相参观一下，看看好朋友搭的是什么。

2. 今天我看到×××（幼儿名字）用积木把每张图上的积木造型都搭了一遍，你们是不是也都搭了一遍了？每张图上需要的积木都能找到吗？你是怎么按照图纸来搭的？（请幼儿举例说明）

今天我看到×××（幼儿名字）搭积木的时候，会先数数图纸上用了哪几种积木、各用了几块，然后再从筐中拿积木，一块也没多拿。还有哪些小朋友也是像他这样做的？

3. 请幼儿以小组为单位将积木收拾好。

活动 2：比比哪个多哪个少

活动目标

1. 启发幼儿学习用一一对应的方法比较两组物体数量的多和少。
2. 会在标记图上从左向右地摆放物体。
3. 培养幼儿边操作边大声地讲述的习惯。

活动准备

每位幼儿一张操作底板和一套学具（小猫4只、小鱼3条、衣服5件）。

活动过程

（一）集体教学

1. 学习在标记图上从左向右地摆放物体。

有许多小猫要做游戏，请小朋友帮他们排好队，小猫要排在红线的上面、红旗的后面，第一只小猫在最靠近红旗的位置。请一名幼儿在黑板上排放小猫，操作时引导他大声地说："一只小猫请你排在红旗的后面，一只小猫请你跟在后面……"

我们一起来看看这位小朋友是怎样给小猫排队的。(小猫在红旗的后面、红线的上面,一只跟着一只,第一只小猫最靠近红旗)

2. 学习一一对应并排放物体。

小猫想吃小鱼了,请你们给一只小猫一条小鱼,小鱼放在小猫的上面,一只小猫和一条小鱼要对整齐。请一名幼儿在操作底板上摆放小猫,一边摆一边说:"一只小猫我给你一条小鱼,一只小猫……"。

3. 学习对应比较物体的多少。

这位小朋友是怎样给小猫发小鱼的?小猫和小鱼哪一个少?你们从哪里看出来的?

(二)幼儿操作

给小猫穿衣服,在给小猫、鱼排队的基础上,再给小猫穿衣服,一只小猫穿一件衣服,衣服都送完了,再说说小猫和衣服哪个多,哪个少。

活动 3:小刺猬的项链

活动目标

1. 在绘本阅读中,发现物体排列的简单规律(ABAB、ABCABC)。
2. 尝试按照规律(ABCABC)接着往下排。

活动准备

1. 《小刺猬的项链》绘本、课件。
2. 绘本中相应的按照 ABC 规律排序的图片、铅笔。
3. 每位幼儿一份木珠。

活动过程

(一)欣赏、阅读绘本

1. 欣赏前 4 页。

(1)小刺猬为什么哭?为什么小动物不敢靠近它?

(2)小刺猬在吃东西的时候表情是怎么样的?为什么它很不开心?

2. 欣赏第 5~6 页。

(1)你们觉得小刺猬的项链漂亮吗?

（2）请你们仔细看一下小刺猬在穿项链的时候,是怎么排列红豆和绿豆的。你们发现了什么规律？

3. 欣赏第7～8页。

（1）小动物们看到小刺猬,它们的心情是怎样的？

（2）为什么它们又开心又惊讶呢？

4. 欣赏第9～10页。

它们找到了怎样的豆子？

5. 欣赏第11页。

引导幼儿逐一观察小兔、小鸭、小猴、小刺猬的项链,了解项链排列的规律。

（二）幼儿操作

1. 你们看谁来了？大象也要一串项链,你们愿意帮它制作项链吗？

2. 教师出示一串项链,引导幼儿发现项链的规律,然后请一个幼儿接着穿项链。

3. 幼儿人手一份木珠,引导幼儿先观察发现规律,然后接着往下穿。

（三）送项链

给朋友送项链。

活动 4：长短排序

活动目标

1. 能按物体的长短差异排列顺序。
2. 能用语言讲述排列的顺序。

活动准备

1. 教师示范用的长短不一的吸管4根、长短不一的纸条4条,幼儿每人一份相同的材料。
2. 操作底板每人一份。

活动过程

（一）集体活动

1. （出示4根吸管）这是什么？它们有什么不同？

2. 哪根是长的？用什么办法来证明你们说得对呢？（把两根放在一起比一比）比的

时候,要把两根吸管靠在一起,一端要对齐,这样就能看出哪根长、哪根短了。

3.(出示操作底板)谁能在这张纸上给吸管排排队?想想哪根吸管应该排在最前面,哪根应该在最后面,一边排一边说:××的吸管请你排在最前面,××的吸管请你排在最后面。

4.(请个别幼儿在操作底板上操作)请大家说说他是怎样给吸管排队的。

(二)幼儿操作

先把小碗里的纸条拿出来,比一比哪根长、哪根短,再把它们放在操作纸上排队。

(三)活动评价

展示排序活动,请大家说说你是怎么排的,体验队列的整齐。

活动 5:认识多、少、一样多

活动目标

1. 知道3以内数量的多、少、一样多。
2. 能用一一对应的方法对两组物体进行数量比较,说出各有几个、哪个多、哪个少,并尝试将两组物体变成一样多。
3. 能在教师引导下,倾听别人的意见。

活动准备

6张狗熊的动物卡、3张猴子的动物卡、4张玉米的食物卡、2张香蕉的食物卡。

活动过程

(一)情境导入

1. 今天马戏团的明星来表演,请大家看看都有谁呀?(提示幼儿指认分类盒里的熊或猴)

2. 排列动物。

(出示操作纸)狗熊和猴子要上台表演节目了,大家看看,舞台在哪里?我们把动物们送到舞台上排好队吧!(教师巡视幼儿是否理解"从台上的红旗开始往后排"的要求)

(二)分组操作

1. 奖励食物。

一共有几个小动物呀？小动物的表演很出色，驯兽师想请你们帮忙给动物明星发食物，你们会把盘里的两个食物奖给哪两个小动物呢？请幼儿独立地给动物分发食物，观察幼儿的操作表现，了解幼儿是否有一一对应排列物体的意识，进行个别指导。

呈现三种不同的对应排列方式：有的小朋友是在第一和第二个动物的下面放了食物，有的是在第一和第三个动物的下面放了食物，还有的是给第二和第三个动物发了食物。

2. 比较数量。

（引导幼儿逐一观察三种不同的对应排列方式）大家看一看，这里有几只猴子？有几根香蕉？哪个多？哪个少？你们是怎么知道的？

请小朋友再一一对应检查一下自己的操作情况，看看多出来的动物是哪一个。

3. 变成一样多。

想一想，我们怎样才能将动物和食物变成一样多呢？怎样才能知道小动物和食物是否一样多呢？

（三）交流评价

1. 今天你们是怎样检查动物和食物谁多谁少的？你们学会边做边说了吗？我还发现，×××小朋友发言的时候，有的小朋友听得很认真，所以很快就知道了自己的办法跟他的是不是的一样了。还有哪些小朋友也是这样很认真地听了别人的发言？

2. 请小朋友们把材料收拾好，交给老师，活动结束。

活动6：4以内的等量集合

活动目标

1. 感知4以内的数量，能做4以内的等量集合。
2. 体验4以内的等量关系。
3. 能自己检查操作结果，不漏钉纽扣。

活动准备

自制操作卡"钉纽扣1""钉纽扣2"，纽扣若干。

活动过程

（一）以"帮妈妈给娃娃的新衣服钉纽扣"为情境，引出等量集合的问题

1. （出示操作卡"钉纽扣1""钉纽扣2"）妈妈给娃娃做了新衣服，看一看，漂亮吗？衣服上还少什么？这件衣服上要钉几颗纽扣呢？

2. （出示纽扣，可用雪花片代替）先数一数一共有几个扣眼，看看需要几个插钉，然后一次性取出所需要的纽扣，再一一对应插到扣眼上。插好以后说一说，你们钉了几个纽扣。

（二）幼儿分组操作、自主轮换，教师观察指导

1. 观察幼儿"钉纽扣"的步骤是否按规则（先数扣眼，再取纽扣一一对应地扣）进行。同时观察幼儿的操作策略，分析幼儿的发展水平，进行个别指导。

2. 做完自己小组活动的小朋友，把学具收拾好放回原处之后，可以去其他组玩。

（三）集中交流操作经验，教师进行活动小结

1. 教师请个别幼儿讲述钉纽扣的方法并演示。

其他小朋友的做法和他的是一样的吗？谁和他的方法不同？（请一个有不同意见的幼儿上来演示）

2. 整理操作材料。

活动7：5以内的等量集合

活动目标

1. 感知5以内的数量，能做5以内的等量集合。
2. 体验5以内的等量关系，并学习用"几个××吃几个××"的句式进行讲述。
3. 能自己检查操作结果，不漏发点心。

活动准备

1. 猫物群标记卡（4、5），兔物群标记卡（4、5），猴物群标记卡（4、5）。
2. 9张香蕉的食物卡。

活动过程

（一）情境导入

1. 小动物们结伴去花果山玩，孙悟空拿出好吃的点心，请你们帮他招待小动物。孙悟空想请你们招待他最好的朋友（出示猴物群标记4、5）——小猴子。

2. 演示规则

依次在两张卡片上画圈,边画边问:这一家小猴子一共有几只?我们先要帮小猴子们安顿好房间,边说边把猴物群标记插到分类盒上。然后,再根据每家小猴的数量来发点心,卡片上有几只小猴就取出几个点心放到手心里,点心准备好了再一起放到分类盒里。

3. 你会帮孙悟空给两家的小猴子发桃子吗?谁想先来试一试?请一名幼儿上台操作。教师在一旁提示(以 4 只猴子为例):1 只小猴子吃 1 个桃,4 只小猴子吃几个桃呢?好,请你先取出 4 个桃子,放在手心里。大家注意看他拿的数量对不对。待幼儿取完后,问全体幼儿:点心准备好了吗?好,那就放到分类盒里,发给这些小猴子。

4. 集体检查:大家看看,这家的每只小猴是不是都能吃到桃子呢?

最后,我们还要告诉小猴一声:几只小猴,吃几个桃。那我们应该怎么说?

(二)分组操作

教师巡视各组,观察幼儿能否按规则操作。

(三)交流评价、整理材料

活动 8:按点数取物(5 以内)

活动目标

1. 进一步感知 5 以内的数量,能正确点数并说出总数。
2. 能根据点数取相应数量的物体。
3. 能比较专注地包装各种食品。

活动准备

1. 贴好点子卡标签 3、4、5 的易封袋若干,贴好点子卡标签 3、4、5 的大整理框,水果实物任意一种若干。

2. 幼儿每人一份贴好点子卡标签 3、4、5 的易封袋,每组两种(苹果、草莓、桃子任选)水果实物各一筐。

活动过程

(一)以"帮超市将食品装袋"为情景,提出"按点数取相同食品装袋,再按大筐上的点数归类"的规则

1. 引出问题。

（出示实物水果若干）看，超市进了一批好吃的食品，但是还没有包装，想请小朋友帮忙。

2. 演示操作。

（出示有点子卡标签的包装袋）这是包装袋，看看包装袋上有什么？有几个点？（请一幼儿点数并说出总数）

有几个点，就要装几个相同的食品，你们会吗？（请一幼儿按袋上的点取相应数量的一种小实物，并向大家展示）

大家看看，他拿得对吗？（引导幼儿讨论、分析）

3. 提出规则。

这个活动的名字叫"装食品"。每个袋里要装相同的食品，装进去的食品的数量要与袋上的点数一样多。

每个小朋友至少装两袋。（幼儿操作，提醒幼儿边装边说：几个点装了几个××）

（出示大整理筐，装好以后送到这几个大筐里，看大筐上的点数是几，就把有几个点的袋子放到里面）刚才装好的这一袋食品，应该放在哪个筐里？（个别幼儿尝试）装好食品的袋子要放到有相同点数的筐里。

（二）幼儿分组操作，重点关注幼儿准确点数并说出总数、按总数取物的能力

1. 教师观察幼儿的操作情况，了解幼儿是否理解操作常规、是否按规则进行游戏，关注幼儿是否在每个袋子里装了同种食品。

2. 检查正误，然后把食品袋放到有相同点数的筐里。

（三）交流讲评

1. 集体检查：请几个幼儿先检查食品袋有没有放错筐。

2. 提醒幼儿操作过程中要认真、细致，专注点数，根据点数取相应数量的食品。

3. 整理：让幼儿参与收拾材料。

活动 9：点物接龙（5 以内）

活动目标

1. 进一步感知 5 以内的数量，能正确判断 5 以内的等量关系。

2. 能把数量相等的点子卡和实物相接。

3. 能按规则边接龙边讲述。

活动准备

点物接龙卡每人1套。

活动过程

（一）情境导入

1. 引出问题。

看，送食品的小货车开来啦，可是还有很多车厢没有接上呢，谁愿意来帮忙？车厢该怎么接呢？让我们来看看这些卡片上都有些什么。

2. 介绍接龙卡。

这是一种将点子卡和物体接在一起的接龙卡片，叫火车点物接龙卡。

3. 演示规则。

谁能来玩一玩新的接龙卡呢？（请个别幼儿示范，集体观察）他是怎么接车厢的呢？一样多的物体和点子卡接在一起了吗？

这个游戏的名字叫接火车。小朋友在接火车时，先要数一数前一张上的物体是几个，再把点子数一样多的点子卡和物体接在一起，一边接一边说，比如"两块饼干接两个点，三个冰激凌接三个点……"。接完以后再检查一下，是不是把每节车厢都接上了。

（二）分组操作

1. 观察指导。

教师观察幼儿是否都已经开始活动，提醒幼儿，接龙卡上的皮筋取下来后要套在手腕上，了解幼儿是否理解接龙的规则，提醒幼儿一边接龙一边讲述操作结果。观察幼儿的操作策略，分析其发展水平，进行个别指导。

2. 提示常规。

如果你的接龙卡接完了，先检查一下接得对不对，然后和旁边做完的小朋友交换一下。

（三）交流评价

1. 展示部分幼儿已完成的接龙卡，集体检查。

2. 整理操作材料。

活动 10：点子卡排序

活动目标

1. 能按顺序给 5 以内的数量的点子卡排序及匹配实物卡。
2. 继续学习正确整理操作材料的方法。

活动准备

1. 点子卡 5 张（数量分别为 1、2、3、4、5），动物卡片 5 张，标记图 1 张，绒板。
2. 每人 5 张点子卡，5 张实物卡片。

活动过程

（一）集体活动

1. 学习将点子卡按数量从少到多的顺序排列。

（1）（分别出示其中五张点子卡并提问）这张卡片上有几个圆点？（请个别幼儿点数验证）

（2）让幼儿说说表示 4 的点子卡与表示 5 的点子卡的区别：表示 5 的点子卡比表示 4 的点子卡中间多了一点。

2. （出示标记图）谁能在红线上给点子卡排队？想一想哪张点子卡在最前面，哪张点子卡跟在后面。边排边说："×的点子卡请你排在最前面，×的点子卡请你跟在×的点子卡后面。"

（请个别幼儿在绒板上操作）我们一起从靠近红旗的点子卡开始说说圆点是怎么排队的，好吗？

3. 对应匹配实物卡片。

（出示五张实物卡片）谁来了？每种有几只？（请个别幼儿点数验证）小动物要和点子卡做朋友，一棵白菜和几的点子卡做朋友？谁来给萝卜和石榴、西红柿、天线宝宝找点子卡做朋友呢？请大家边送边说："×只××（动物名称）和×的点子卡做朋友。"（请个别幼儿在绒板上操作）

（二）小组活动：给点子卡排队

1. 给点子卡排队，排完后，从前到后说说点子卡是怎么排的。
2. 对应匹配实物卡。

活动11：做颜色标记

活动目标

1. 以游戏的形式复习颜色标记。
2. 引导幼儿在活动中选配及学做颜色标记。
3. 激发幼儿操作的积极性。

活动准备

1. 红、黄、绿的兔子若干(每人1只)，汽车3辆，房子3间，若干花朵实物，音乐磁带。
2. 幼儿操作材料若干。

活动过程

(一)引出课题，复习颜色标记

1. 兔宝宝们看，我是谁？
2. 兔宝宝们今天也很漂亮，来，说说你们是什么颜色的兔子？介绍一下自己。
3. 兔宝宝们，今天我带你们去公园玩，可以怎么去呢？
4. 老师准备好了汽车，看有几辆汽车？看一看，这三辆车有什么不同？（颜色不同）
5. 红汽车上有什么标记？（认读红标记）
6. 黄汽车上有什么标记？（认读黄标记）
7. 绿汽车上也有标记吗？是什么标记？（认读绿标记）
8. 今天我们就坐这三辆汽车去公园，但有个要求：黄兔宝宝坐黄标记的黄汽车，红兔宝宝坐红标记的红汽车，绿兔宝宝坐绿标记的绿汽车，来立正，先找对汽车坐稳了，兔宝宝们互相检查一下，有没有谁乘错了车子。（分红、绿、黄三组由老师当司机，听音乐领着小朋友在教室内转圈）
9. 汽车到站了，兔宝宝们请下车，找个位置坐下，准备逛公园。

(二)选配和学做颜色标记

1. 请幼儿选配颜色标记。

（1）大家看，这里有间房子呢，猜猜是谁的家？哦，原来这是黄花的家呀！

（2）黄花要在它家门口做个标记，应该做什么颜色的标记？老师这儿有好几个标记呢，谁能来找找哪个是黄标记，送到黄花家。

(3) 他送得对吗?

2. 做颜色标记。

瞧,红花家门口也缺个标记呢!请你们帮忙,应该做什么颜色的标记呢?老师是怎样做红标记的?小朋友也来试一试吧!

3. 请幼儿做颜色标记。

(1) 绿花也要你们帮忙,帮它家做个颜色标记,应该做什么颜色的标记呢?

(2) 来,看他做得对吗?

(三)幼儿操作活动

图形宝宝听说小朋友会做颜色标记了,也想请小朋友帮忙做个颜色标记,看,(出示操作纸)图形宝宝在家里,它家的门牌在这里,请你们在这门牌上给它们做个颜色标记,做好了以后请把它们送到相应颜色标记的箩筐里,看谁做得又快又好。

(四)讲评

检验小朋友做的颜色正确与否,如有错的及时纠正,同时鼓励做得好的幼儿。

活动 12:认识 5 以内的数量

活动目标

1. 认识5以内的数量,学习手口一致点数,并能说出总数。
2. 学习按照数量进行匹配,体验数字5与数量的关系。

活动准备

1. 小鸡过生日的图片。
2. 动物图片(3只老虎、5只山羊、4只虾、5只螃蟹)。
3. 蛋糕盘(盘里蛋糕的数量应与小动物的数量一致),1~5数字点子卡。

活动过程

(一)激发兴趣,认识5以内的数

报数游戏:1、2、3、4、5,数到5的时候拍手。

(二)出示动物图片,点数动物数量,并能说出总数

1. 小鸡要过生日了,小动物们都来给小鸡庆祝生日,我们一起来看看都来了哪些小

动物。

2. 请幼儿说说有哪些小动物,并把这些小动物排排队,点数并说出总数。

3. 给小动物们分蛋糕:一起来点数蛋糕盘里的蛋糕,然后想想是分给哪个小动物的。

4. 注意点、数的对应。

活动 13:礼物(按点数取物)

活动目标

1. 喜欢参加操作活动,并能按要求完成操作活动。

2. 能手口一致地点数 5 以内物体的数量并说出总数。

3. 学习按数取物,根据 5 以内的指定数量取出相等数量的物体。

活动准备

1. 用 1~5 的点子卡表示带圆点的蘑菇形房子,贴有五种不同小动物的房间,骰子两颗。

2. 幼儿每人一份操作学具(包含"糖"、糖纸、数字卡等)。

活动过程

(一)创设情景——练习点数

1. 唱《开车歌》,到小动物家做客。

2. (依次出现小动物的房间)看看我们先到谁家啊?

3. 打乱顺序出示,请幼儿点数并说出总数。

请幼儿都数一数每个房间内各住着几只小动物。

(二)游戏"挂门牌"——将数字与数量对应匹配

小动物的房子盖好了,可是它们都忘记挂门牌号了,我们大家来帮它们挂一下吧!(请幼儿分别用数字卡表示门牌号)你们怎么知道这个门牌号是××家的呢?

小狗的房间里住着一只小狗,门牌号应该是 1。(类推)

(三)游戏"包糖果"——练习按数取物

1. 教师抽取点子卡,幼儿根据数字取出相应数量的糖纸,边拿边说:×个点我拿×张糖纸。(重复游戏)

2. 教师掷有数字的骰子,幼儿根据数字取出相应数量的糖纸,并边拿边说:×个点我

拿×张糖纸。

3. 幼儿自由"包糖果",把糖果送给自己想送的小动物,有几只小动物就包几颗糖果。

活动 14：摄影展（按数量分类）

活动目标

1. 进一步感知 5 以内的数量,发现物群卡的数量特征。
2. 能按数量给物群卡分类。
3. 能比较专注地进行操作,坚持按规则把物群卡分完。

活动准备

1. 猫、兔、猴物群卡（2～5 各一张）。
2. 猫物群标记（3）、猴物群标记（4）、兔物群标记（5）。
3. 小实物:鱼 4 条、桃子 5 个、萝卜 5 个。
4. 底纸。

活动过程

（一）以"帮刺猬、小兔整理春游照片"为情境,引出"把动物数量一样多的照片放在一起"的规则

1. （出示物群卡）春天来啦！刺猬和小兔去春游,它们给小动物拍了很多美丽的照片,想办一个摄影展。可是,照片都混在一起了,你们愿意帮忙分一分吗？

2. 我们先来看看,每张照片上的小动物一样多吗？（逐一指着提问）这是几个什么？那是几个什么？还有这些呢,分别是几个？

3. 刺猬希望小朋友能帮它把小动物数量一样多的挑出来放在一起,你们会吗？（出示底纸）找到小动物数量一样多的照片,把它们放在同一个相框里。

4. 谁愿意来试试？（请一位幼儿上前示范）我们来看看,他把什么样的照片放在了一起？这是几只什么？这个呢？还有这个呢？数量一样多吗？有没有按刺猬的要求,把一样多的放在一起？……这个游戏的名字叫"摄影展",你们会玩了吗？

（二）幼儿自主操作,教师观察指导

重点观察幼儿是否理解按物群的数量特征分类的操作规则,观察每个幼儿不同的分类

方法。

(三)总结评价

1. 交流自己的分法。

2. 补充评价指导过程中发现的个别幼儿的操作情况。

3. 整理收拾。

活动 15:认识比 5 少的数量

活动目标

1. 引导幼儿正确感知比 5 少的数量,理解 5 以内数的实际意义。

2. 引导幼儿积极地与材料互动,培养幼儿良好的操作习惯。

3. 引导幼儿体验数学活动的乐趣。

活动准备

1. 空塑料瓶若干、花生若干、1~6 不同数量的食物纸条一份,1~6 数字点子卡每人一份,1~5 的水果卡片若干。

2. 1~5 的数字点子卡,画有 5 只小白兔的动物瓶,1~5 的动物图片每人一份。

活动过程

(一)出示点子卡、动物卡,和幼儿进行问答游戏

师:嘿嘿,我的火车几点开?(随机出示 5 以内的数字点子卡)幼:嘿嘿,我的火车 × 点开。师:嘿嘿,来了几位小客人?(随机出示 5 以内的动物卡)。幼:嘿嘿,来了 × 位小客人。以此来引起幼儿对数字的兴趣。

(二)认识比 5 少的数量

1. 火车开到了动物瓶城。(出示动物瓶)看到漂亮的动物瓶,我们一起来数一数一共有几只小白兔,好吗?5 只小白兔可以用数字几来表示?(幼儿答数,教师操作)5 只小白兔可以用数字 5 来表示。

2. 请小朋友一起来制作动物瓶,要求动物数量少于 5 只。(幼儿操作后讲述动物瓶上有几只小动物)

3. 请小朋友为自己的动物瓶粘贴上门牌号,要求门牌号的数字与动物瓶上的小动物

的数量一样多。

4. 小朋友们制作的动物瓶太漂亮了,有一些花生宝宝也想住进去,现在请小朋友送花生宝宝到瓶子中,要求花生宝宝的数量与动物瓶上的动物的数量一样多。

5. 小朋友,老师还要请你们帮个忙,这里有一些不同数量的水果,请大家分别放在等于5和比5少的动物瓶里。(幼儿操作,教师讲评)

6. 游戏:开火车。请幼儿拿比5少的数字点子卡当作车票,排队上车。请幼儿说说车票上的数字是几以及为什么可以上车。

图书在版编目（CIP）数据

重构孩子的世界：幼儿园经典主题活动创新设计．小班／牟秀玲主编．—宁波：宁波出版社，2016.8
ISBN 978-7-5526-2579-0

Ⅰ.①重… Ⅱ.①牟… Ⅲ.①学前教育—教学参考资料 Ⅳ.① G613

中国版本图书馆 CIP 数据核字（2016）第 191129 号

因幼儿园教学活动需要，本书使用了部分作品，特向原作者表示感谢，也请相关著作权人见到本书后与宁波出版社联系。
电话：0574-87248444。

重构孩子的世界——幼儿园经典主题活动创新设计·小班
牟秀玲　主编

出版发行	宁波出版社
地　　址	宁波市甬江大道1号宁波书城8号楼6楼
邮　　编	315040
电　　话	0574-87259609（编辑部）0574-87242865（发行部）
责任编辑	方　妍　陈　静
责任校对	朱璐艳　虞姬颖　罗敏波
责任审读	庞守江
印　　刷	浙江开源印务有限公司
开　　本	787毫米×1092毫米　1/16
印　　张	21.25
字　　数	450千
版　　次	2016年8月第1版
印　　次	2016年8月第1次印刷
标准书号	ISBN 978-7-5526-2579-0
定　　价	45.00元

如发现缺页或倒装，影响阅读，请与承印厂联系调换。电话：0574-87638192